U0850635

英汉借词范畴化认知研究

王 欣 著

北 京
冶 金 工 业 出 版 社
2018

内容提要

本书以认知语言学理论为指导，以20世纪后半期英语和汉语中出现且具有相当生命力的借词为研究对象，采用归纳与演绎相结合、定性研究为主的跨学科综合实证研究方法，立足英汉语言事实，选取真实语料，研究借词和人的认知之间的内在联系，对英汉借词词义现象做出比较合理和全面的解释，阐释了借词意义形成的内在机制并对比英汉借词词义在产生、同化和融合的动态过程中，认知机制、民族认知心理和认知模式对词义制约作用的共性与差异，深化对语言规律和人的思维规律的认识。

本书可供认知语言学和英语词汇学的研究人员阅读，也可供高等院校语言学及相关专业的本科生及研究生参考。

图书在版编目(CIP)数据

英汉借词范畴化认知研究/王欣著．—北京：冶金工业出版社，2018.9

ISBN 978-7-5024-7892-6

Ⅰ.①英… Ⅱ.①王… Ⅲ.①英语—外来语—借词—研究 ②汉语—外来语—借词—研究 Ⅳ.①H313.5 ②H136.5

中国版本图书馆CIP数据核字(2018)第201855号

出 版 人 谭学余
地　　址 北京市东城区嵩祝院北巷39号 邮编 100009 电话 (010)64027926
网　　址 www.cnmip.com.cn 电子信箱 yjcbs@cnmip.com.cn
责任编辑 俞跃春 杜婷婷 美术编辑 彭子赫 版式设计 孙跃红
责任校对 卿文春 责任印制 牛晓波
ISBN 978-7-5024-7892-6
冶金工业出版社出版发行；各地新华书店经销；三河市双峰印刷装订有限公司印刷
2018年9月第1版，2018年9月第1次印刷
169mm×239mm；10.75印张；207千字；161页
66.00元

冶金工业出版社 投稿电话 (010)64027932 投稿信箱 tougao@cnmip.com.cn
冶金工业出版社营销中心 电话 (010)64044283 传真 (010)64027893
冶金书店 地址 北京市东四西大街46号(100010) 电话 (010)65289081(兼传真)
冶金工业出版社天猫旗舰店 yjgycbs.tmall.com
(本书如有印装质量问题，本社营销中心负责退换)

前　言

语言中的词汇是一个动态的开放性系统，不断吸收外来新词是语言丰富和发展的重要途径。借词的研究始终是语言学的重要研究课题。20世纪以来国内外学者对于借词的研究，在许多方面已取得了丰硕的成果，如在语言接触的理论框架下，对于英汉借词的研究已经颇为成熟和深入，中西方学者均有较多论述；对于借词接触产生阶段和吸收同化阶段的研究关注度较高，从文化、社会和语言学角度均有力作出现；对于英语中借词的研究多为历时的研究，集中于借词借入的时间和音素、音位等语音要素；对于汉语借词则从中国传统文化出发，考察借词的借用和翻译方式者居多；从语言文字的不同和社会文化心理等方面对英汉借词进行对比的研究近些年来也越来越多，论述也较为深入。这些都为我们提供了许多有价值的借鉴。

但是，这些研究中仍有一些薄弱环节，关于这一课题还有许多具有争议和值得探讨的问题。对于英汉语外来词的研究基本上都只局限于对其结构、来源和意义进行描述，大多数是以文化语言学分析和社会语言学分析为主。单纯地罗列出借用词汇的途径、列举借词的来源，而不去揭示产生借词和借词意义变化的实质原因，并不符合现代语言学的解释原则。英汉语借词研究中存在的不足主要表现在如下几方面：

(1) 对借词语义及其演变机制的研究明显不足。对于借词进入目标语后语义的形成及语义的发展，关注度明显不够。

(2) 多共时静态研究，动态研究关注不够。借词作为语言中的“异质成分”，在取得目标语词汇的资格后，需要在音、义、形等各方面进行重新“匹配”、改造同化，这一过程是一个动态发展的过程，需要对借词进行动态观测和考量。

(3) 对比研究不足，尤其是认知框架下的英汉借词的对比研究，尽管已有学者开始着手研究，但都处于起步和摸索阶段，且大多数是针对英语或汉语的单语性研究。尚未见借词在英汉两个目标语中各个阶段的认知模式所产生的借词变化对比研究。

本书共分为7章：第1章首先说明研究英汉借词的重要性，阐明本书意义与目的、研究思路与方法等。第2章概述了国内外对于英汉借词研究的历史及现状。第3章阐述了英汉借词研究的理论框架。第4章概括叙述认知视域下的英汉借词。借词是人类多次认知加工的产物，在不同的认知语境下，人们根据认知体验，结合认知模式与百科知识，对借词语义进行多次认知加工。同时，借词意义具有认知凸显性和理据性，其意义构建凸显了文化与认知理据。第5章阐释了英汉借词语义概念化与范畴化的方式及制约认知机制的作用，并对比其异同。借词的范畴化过程显得更为复杂。范畴化的对象不是客观世界中的具体事物，而是来自外民族的认知产物词汇，在这一过程中，英汉两个民族对于借词范畴化的方式各有不同，并且制约借词语义形成即范畴化的因素有很多，包括文化语境、认知模式、心理动因、语言自身因素及人的认知选择等，这些因素在英汉借词的范畴化过程中的表现也不尽相同。第6章阐释了英汉借词在语义嬗变即非范畴化过程中隐喻、转喻和类推等重要认知机制在借词词义本土化嬗变的过程中发挥了的主导作用，对比阐释了不同认知机制在两种语言中的不同作用。借词的语义范畴形成后，并不是一成不变的，而是在不断地动态变化当中。借词同化作用的本质，是语言按照其核心机制和规则对外来异质成分进行筛选和改造。同化过程也是借词由词汇系统的边缘成员向典型成员逐步靠拢的过程。在这一过程中，隐喻、转喻、类比都发挥了重要的作用。第7章为本书的结论，总结全书并探讨本书内容所涉及的研究中存在的局限性和未来的研究方向。

由于借词研究涉及的面很广，相关的因素很多，认知与借词语义结构之间的关系相当复杂，加之作者的时间和水平有限，书中不足之处，期盼同行专家和广大读者不吝赐教，从而共同深化这个课题的研究。

作　者

2018年5月

目　录

1 绪　论

1.1 关于英汉借词

语言中的词汇是一个动态的开放性系统，不断吸收外来新词是语言丰富和发展的重要途径。美国语言学家 H. L. Mencken 说过："任何一种活的语言像人一样会不断有少量血液流失，它最需要的是必须经常从别的语言获取新鲜血液。一旦它将自己的大门关闭，就是这种语言走向灭亡的开端。"在历史的长河中，各民族之间不断交流，语言之间必然会互相影响，互相渗透，互通有无。美国人类学家、语言学家 Sapir 曾指出："文化接触会造成对语言的诸多影响。""语言，像文化一样，很少是自给自足的。交际的需要使说一种语言的人和说邻近语言的或文化上占优势的语言的人发生直接或间接接触。"世界上很难有完全孤立的语言或方言，邻居的人群互相接触，不论程度怎样，性质怎样，一般都足以引起某种语言上的交互影响。"一种语言对另一种语言最简单的影响是词的'借贷'。只要有文化借贷，就有可能把有关的词也借过来。"任何一种语言，均与操这一语言的民族同步演进。在当今世界上，几乎每一个国家的人口都不可能纯然由本族人组成。同样道理，几乎没有任何一种语言的词汇不受借词的影响而保持"纯血统"的本族语词汇。恰如我们生活于其中的社会一样，语言也是历史发展的产物。一种语言的词汇是政治、军事、宗教、文化、经济、科学诸方面历史发展的积淀，折射出一个民族悠悠的历史进程。

英语词汇量极其丰富，也极为庞大，这是任何其他语言所鲜有的。据 Richards 统计，英语最常用的词汇只有 850 个，但目前的英语词汇总量已超过 200 万。《牛津英语词典》(Oxford English Dictionary) 在 1928 年第 1 版时共收录了 41 万多个词项，可在 1989 年第 2 版时其收词量已超过了 50 万个。有专家估计，英语现每年至少以 850 个左右新词的速度增加，若将各学科的术语和民间喜闻乐见的俚语和方言也包括在内，那么英语目前的词汇量显然已远远超出了 200 万个。英语有如此洋洋大观的词汇量，并不是仅在几年之间形成，而是一个日积月累、长期发展的结果。英语的词汇不仅源自英国本土，在其 1500 多年的漫长历史进程中，英语由于与其他语言的密切交往和接触，吸纳或借用了大量的借词。英国虽为一个岛国，但在其整个发展历程中，与欧洲大陆始终保持着密切的联系，英语词汇借词成分中存在着许许多多来自法语、拉丁语、希腊语等语言的词汇，便是一个很好的佐证。据秦秀白估计，有 50% 以上的英语单词是由拉丁语单词派生出来或直接借用而来，除此之外，英语还向法语借用了大量的词汇。随着英语这一门语言的进一步国际化，"英语具有'世界性词汇'(cosmopolitan vocabulary)这一特征将会更加凸显"。

汉语是历史最悠久、表意最畅达、稳固性最强的语言之一，在它漫长的发展过程中，不断地充实、完善自己，朝着严密化、精确化的方向演进。在汉语词汇系统的变革发展中，借词是不可或缺的一个重要组成部分。伴随着国家民族间不可避免的政治、经济、文化交流，汉语中与其他语言相互影响，彼此渗透，形成汉语中的借词。汉语中借词古已有之，有从国内少数民族语言中借来的词，如借自西域的琵琶、箜篌、苜蓿、葡萄，借自蒙语的褡裢、戈壁、胡同、蘑菇，借自藏语的曼巴、哈达、喇嘛，借自满语的哈尔滨、福晋、觉罗，借自维吾尔语的哈密瓜、肉孜节、雅克西等。有从其他国家语言中借来的词，如尼古丁、伏特、法郎、拷贝、卡通、夹克等。鸦片战争之前，中国基本处于封闭状态，借词主要来自国内少数民族和佛教传入地西域；1840 年欧洲列强用坚船利炮打开了中国的大门，鸦片战争之后大量的西方商人、传教士等进入中国，同时带入了大量的西方文化，在与中国文化互相交流和传播的同时，汉语大量地、迅速地吸收着现代印欧语中以英语为主的借词。新中国成立后，我国与许多国家都有了广泛而平等的往来，特别是改革开放以来的几十年中，更是为语言接触开辟了广阔的天地，汉语大量吸收了来自欧美和日本的词，如克隆、电脑、托福、香波、BB 机、代沟、CT 等。因此，研究汉语中的借词"能窥见汉唐盛世的景象，能听到古代入主中原的各族遗音，能寻觅到域外宗教传播的见证，能感受到外国科学文化对我国的撞击……"。

借词作为社会文化的风向标，改变着人们现有的概念系统，使之不断更新，将新概念、新观念纳入其中，以适应客观世界的变化。同时借词具有重要的认知意义，借词意义的产生和理解都涉及大量的认知操作。借词作为词汇系统中最为活跃的部分，自然而然地成为词汇学研究的重点和难点。

1.2 研究意义与目的

"词汇是集人类主观精神产品与世界客观产物于一体的主客观世界的代表。"词是人对客观世界的经验，而对客观世界的经验又按一定的方式被归入一定的语言范畴，这样的语言范畴需要通过词的形式表达出来。词是对一类范畴的概括，从认知意义上说，词就是概念。一直以来，词汇系统的研究是语言系统中各个子系统中较为薄弱的一个环节。"这在很大程度上是因为词汇系统内部成员众多，成员的特异性又较强，因此词汇系统内部具有较大的异质性；而且词汇是变动最快的，既不断有新的成员加入，也不断有旧的成员退出，这都为研究词汇带来了很多困难。”借词是来自于本族语以外的语言的词语，是词汇中的“异质成分”，它形式新颖、意义多变，“无怪乎借词的研究始终是语言学的热门话题，甚至几乎成为永恒的主题之一”。

词义是语言中变化最明显、最频繁的因素。在稳定的词语形式下，词义呈现出多变的词义内容，并且具有极大的灵活性。借词与其他词汇一样，背后所隐藏着人类思维与认知过程中产生的概念，其意义具有“二重性”，都是基于创造者和使用者的生活体验和对世界的感知和理想化的认知模式。虽然借词在语言形式上经常表现出新异性，但其意义构建仍然要受到认知规律的制约。借词的意义逐渐被更多的人理解、接受和使用的过程，实际上也是词义范畴经历了从“感知义”到“经验义”再到“功能义”的变化，体现着从客观义到主观义的主观化。

从认知的角度研究借词，能揭示语言的创造性，帮助我们了解人类构建借词意义的思维方式、心理机制和认知特点，揭示人们对事物和经验进行概念化，通过语言认识世界的认知能力。张志公先生说：“语汇的身上负载着使用这种语言的民族文化传统，社会风土人情，以至人们的心理特征和思维习惯”。

近几年来，对于英汉语借词的研究大多是以文化语言学分析和社会语言学为视角，基本上都只局限于对其结构、来源和意义进行描述，忽视了作为借词创造者和使用者的人的认知在借词词义构建中的参与。近来也出现了从认知角度的阐发，但研究力度不大。作者认为单纯地罗列出借用词汇的途径、列举借词的来源，而不去揭示产生借词和借词意义变化的实质原因，这种做法并不符合现代语言学的解释原则。现代语言学的发展趋向是向语义研究倾斜。“研究一种语言在面对外国词时起怎样的反应——拒绝它们，翻译它们，或是随便接受它们——很能帮助我们了解这种语言内在的形式规律。”

本书以认知语言学理论为指导，以实际使用中的英汉语中的借词为研究对象，选取真实语料，研究借词和人的认知之间的内在联系，拟对英汉借词词义现象做出比较合理和全面的解释，旨在阐释借词意义形成的内在机制并对比英汉新借词词义在产生、同化和融合的动态过程中，认知机制、民族认知心理和认知模式对词义制约作用的共性与差异，深化对语言规律和人的思维规律的认识。英汉借词的对比认知研究有助于我们深入了解英语民族和汉语民族的整体认知心理、认知机制在借词异质成分同化过程中所起作用和功能的差异。

通过描写、对比、解释相结合的方法，来实现本研究拟定的3个研究目标：

（1）分析英汉新借词词义的动态趋势。

（2）阐释英汉借词动态识解的内在认知机制。

（3）探讨英汉民族认知能力对借词词义制约性的差异。

1.3 研究思路与方法

当代语言学的一个基本特点就是对认知现实主义的承诺，即确认语言是一种心理或认知现象。换句话说，语言分析的目的不只是描写人们的语言行为，而是解释引起语言行为的心理结构和心理过程，揭示语言行为背后内在的、深层的规律。

本研究将在尊重不同文化、语言的事实基础上，运用科学的方法对语料进行对比研究，进行翔实、全面的描写和分析，并作出科学的解释与说明。

（1）采用描写、对比、解释相结合的方法，以基于语料的定性研究为主，从认知的视角对比阐释英汉语中借词意义构建的特点及其异同。

（2）采用静态与动态相结合的对比方法，针对借词在目标语中发展的各个阶段不同，逐一对比阐释。

1.4 语料范围

本文以20世纪后半期英语和汉语中出现且具有相当生命力的借词为研究对象。

二次世界大战后，随着美、苏两大阵营的出现，世界格局有了新的变化。很多国家百废待兴、亟待重建，各国间的文化交流、经济贸易往来日益频繁，人类迎来了相对和平的高速发展的新纪元。同时，随着交流往来的不断深入，语言接触和词汇互换借用日益丰富起来。

在英语语言发展的漫长历史进程中，借词一直是英语新词的一大重要来源，它不断从希腊语、拉丁语、德语、法语、意大利语、西班牙语等语言中吸收词语。“在现代英语所积累的50万词汇中，只有极小的一部分是英语的本族词语……”英语之所以能不断吸收借词，以此扩充其词汇，这与它一贯对借词的兼收并蓄不无关系。在20世纪50年代之后，英语借词也相应地发生了很多变化。就数量而言，Crystal认为在这一时期英语中涌入数量巨大的借词，它们的数量可能最终会超过中古英语时期借词的数量。而Jacbson等却认为近段时间以来，英语中借词的吸收有两个特点：一是能够影响英语的范围越来越广，能从一些越来越不为人所知的语言中借用词语；二是吸收的频率已大为减少。我们认为，英语吸收借词语的频率并没有明显地减少，只是它们所指代的内容和源语的分布发生了一些变化。从源语的分布来看，传统的布局已发生了根本性的变化。直接来自拉丁语、古希腊语等语言的词语已是凤毛麟角，但这并不意味这些语言对现代英语的影响已荡然无存。时下构词能力超强的构词成分cyber-（即中文音译“赛博”之源）就是源出希腊语中表示“引航员，舵手”的kybernētēs一词。作为传统“大债主”的法语，向英语输出的词语也已呈现明显减少的趋势，新增的法语借词数量微乎其微，只有区区的几个，如eau de toilette（淡香水）、animateur（文化活动的发起人）、toot sweet（立刻，马上，为法语tout de suite的谐音）等。总体来看，英语的“债主”还出现了逐渐东移的趋势，来自日语和汉语的借词明显增多。就数量来看，来自日语的借词最多。它们当中大多与日本特有的饮食文化、娱乐游戏等相关，如 kombu（昆布）、edamame（盐水毛豆）、soba（荞麦面）、ponzu（烹滋酱）、toro（金枪鱼鱼腩）等；还有来自汉语的新借词，如 goji berry（枸杞）和 taikonaut（太空人，中国宇航员）。根据《维基词典》的词源说明，goji berry 的出现，完全是出于市场的营销目的。goji berry 最初出现在英文印刷媒体的时间是 1996 年。2002 年 8 月 21 日，它出现在美国的《圣安东尼奥快报》上，之后便被频繁用于英语的报章杂志。从构词角度来说，taikonaut 与表示“俄罗斯宇航员”的 cosmonaut 相似，是 tai kong 和 astronaut（宇航员）的拼合。它的首条例证出现在 1998 年的一个 Usenet 新闻组中。一年后，它又被用在《今日美国报》的一篇报道中。2003 年 10 月，随着杨利伟搭乘“神舟”五号载人飞船顺利升空，taikonaut 在各种媒体中的使用频率呈几何级数增加。

这一时期，英语在世界的政治、经济、科技、文化领域发挥着重要的作用，已经成为一种全球通用语（a global language）。英语对其他语言产生了巨大影响，不少语言的词库里吸收了大量的英语词汇。一些新事物、新现象，特别是科学技术的创新，都是首先在英语里获得命名，继而翻译推广到其他语言的。随着我国对外交流的不断发展，越来越多的英语新借词进入汉语词汇系统，因此，当代汉语词汇中一个重要的组成部分是来自英语中的借词。这是本书汉语借词中的主要考察对象。

汉语借词的另外一个组成部分是来自日语的借词。自从 20 世纪 80 年代改革开放以来，由于中日两国密切的经济联系、中国在日留学生数量的增加、日本影视文化对中国青少年的影响、国内学习日语的热潮等因素，中日两国的语言接触非常频繁。这一时期借入的主要是一些汉语没有的音读汉字词。这里需要说明的是，本书没有将日语借词纳入语料研究范畴，因为通过我们对大量日语借词进行观察后发现，日语借词借入汉语后，一般不发生词汇语义变化。因此，日语借词未成为本研究语料。

本书所用语料来自作者自建的英汉新借词语料库。借词语料主要来自关于英语和汉语借词的词典和英汉语词汇网站。

词典类主要有 Foreign Words（2006）、Foreign Words & Phrases（2008）、Oxford Dictionary of Foreign Words & Phrases（2005）、Webster's Third New International Dictionary（1998）、《英语常用外来语双解词典》(2005)、《英语外来词大词典》(2000)、《汉语外来语词典》(1990)、《汉语外来词词典》(1984)、《当代英语新词语词典》(2002)、《新英语外来语词典》(1997)、《近现代汉语新词词源词典》(2002) 等。网站类主要有 http://www.wikipedia.org、http://www.wordspy.com、http://www.worldwidewords.org、http://www.wordsmith.org、http://www.askoxford.com/worldofwords、http://www.allwords.com、http://

www. etymonline. com、搜狗新词、百度词典、金山在线词典等。

本书所引用的例句均来自当前正在使用的英语和汉语报纸、杂志的印刷版和网络版，各大英汉语新闻门户网站，英国国家语料库（BNC），美国当代英语语料库（COCA）及北京大学语料库（CCL）。

1.5 本书结构

本书共分为7章。

第1章首先说明研究英汉借词的重要性，英汉语中的借词在两种语言词汇学研究中都占有十分重要的地位；阐明本书的意义与目的、研究思路与方法；详述本书的研究对象、研究语料和范围。

第2章概述了国内外对于英汉借词研究的历史及现状。由于英语中大量借词的存在，英语国家的学者对于借词的研究由来已久，学者大多对于借词的分类与演变十分关注；汉语学者对于借词的研究多集中于对借词分类来源、借用方式等，从文化、社会等角度均有力作出现，英汉借词对比研究也日臻完善，但前人研究仍有不足。

第3章阐述了英汉借词研究的理论框架。本书运用认知语言学中的主要理论作为理论框架，如原型理论、概念化与范畴化理论、隐喻与转喻理论、概念整合理论与非范畴化理论等。在英汉借词词义在产生与嬗变各个阶段中，这些认知机制起到极为重要的作用。

第4章概括叙述认知视域下的英汉借词。借词是人类多次认知加工的产物，在不同的认知语境下，人们根据认知体验，结合认知模式与百科知识，对借词语义进行多次认知加工。同时，借词意义具有认知凸显性和理据性，其意义构建凸显了文化与认知理据。

第5章阐释了英汉借词语义概念化与范畴化的方式及制约认知机制的作用，并对比其异同。借词的范畴化过程显得更为复杂。范畴化的对象不是客观世界中的具体事物，而是来自外民族的认知产物词汇。在这一过程中，英汉两个民族对于借词范畴化的方式各有不同，并且制约借词语义形成即范畴化的因素有很多，包括文化语境、认知模式、心理动因、语言自身因素及人的认知选择等，这些因素在英汉借词的范畴化过程中的表现也不尽相同。

第6章阐释了英汉借词在语义嬗变即非范畴化过程中隐喻、转喻和类推等重要认知机制在借词词义本土化嬗变过程中发挥的主导作用，对比阐释了不同认知机制在两种语言中的不同作用。借词的语义范畴形成后，并不是一成不变的，而是在不断地动态变化当中。借词由异质的语言成分逐步转变为完全同化了的词汇，成为某种语言中活跃的成分。完全同化了的借词往往丧失了其异质性，摆脱了词汇系统中的边缘地位，发展了与典型词汇一样的功能，甚至普通的语言使用者已经无法辨认其借词的身份。借词同化作用的本质，是语言按照其核心机制和规则对外来异质成分进行筛选和改造。同化过程也是借词由词汇系统的边缘成员向典型成员逐步靠拢的过程。在这一过程中，隐喻、转喻、类比都发挥了重要的作用。

第7章为本书的结论，总结全书。总结研究中的一些主要发现和创新之处，阐述本书对于词汇教学、翻译及词典编纂的应用启示，并探讨本书中存在的局限性和未来的研究方向。

2 英汉借词研究综述

2.1 引言

英语和汉语同为世界上历史悠久的语言，对其借词的研究由来已久。本章综述国内外已有的对英汉借词的研究现状，对国内外英语借词研究、汉语借词研究、英汉借词对比研究及认知语言学借词研究等进行详细分析，总结前人研究的优点与局限，提出本文研究思路。

2.2 国内外英语借词的研究现状

2.2.1 国外学者对借词的研究

国外学者对于借词演变与分类研究中，影响最大的有 Bloomfield（1914 年）、Sapir（1921 年）、Weinreich（1968 年）、Haugen（1973 年）等；进入 20 世纪 80 年代，有 Garland Cannon（1981 年、1982 年、1987 年、1988 年）等。

Bloomfield 的《语言论》从普通语言学的角度对语言进行了论证，该书用了很大的篇幅来阐述其关于语言接触的理论。他把语言接触的过程分为三种：文化上的借贷，亲密的借贷（占劣势语言向占优势语言的借贷），方言间的借贷。关于文化上的借贷，他认为语言中出现边缘意义、陈废词语和历史词语是理所当然的，通常，我们只是把这些过程看作单个语言中词汇形式和意义的遭遇，却没有理会这是语言间互相抗衡所产生的结果。论及亲密的借用时，他说："英语是优势语言，只从其他语言中吸取极其明显的文化借词。" 任何情况下，总是劣势语言特别显著地向优势语言借用。谈到语言的接触与融合时，他分析了影响应用频率波动的各种各样的因素，这些波动所导致的结果是词汇的而不是语法的替换。

美国人类学家、语言学家 Sapir 以语言类型学为核心，在其论著《语言论》中指出："语言，像文化一样，很少是自给自足的。交际的需要使说一种语言的人群和说邻近语言的或文化上占优势的语言的人群发生直接或间接接触。" 文化接触会造成对语言的诸多影响。被看作文化中心的人群的语言，更可能对附近的语言发生显见的影响，而不那么为它们所影响。邻居的人群互相接触，不论性质怎样、程度怎样，一般都足以引起某种语言上的交互影响。世界上很难有完全孤立的语言或方言，一种语言对另一种语言最简单的影响是词的 "借贷"。只要有文化借贷，就可能把有关的词也借过来。

Weinreich 的专著《语言的接触：已发现的与待解决的问题》于 1968 年出版，堪称是语言接触的经典之著。他强调，任何语言群体都不可能独立存在，也不可能尽善尽美。语言的细胞具有强大渗透性，各种语言类型、言语习惯以及语言间的接触和冲突都在随时发生。他最后指出，语言的接触使彼此的仿效成为可能，而这种仿效又使语言要素的汇聚成为可能。Weinreich 认为，借用往往是处于弱势语言向处于强势语言借用。他将借词分为三类：第一类是从源语言逐字逐句翻译过来的借词（loan translation）；第二类是将源语言的意思大致翻译过来的借词（loan rendition）；第三类是借形并赋予新义的借词，借词的形态和本族语系统保持一致（loan creation）。

进入 20 世纪 70 年代后，Haugen 在《当代语言学走向》(*Current Trends in Linguistics*）上发表了具有总结意义的经典之作《美国 1956 ~ 1970 双语现象、语言接触及移民语言的调查报告》。他指出，两种不同的语言在经过语言接触后所形成的语言系统，通常是源语言中的语法要素和目标语言中的词汇要素的有机结合。在词汇的接触和融合阶段，一般情况下产生的是以意译词和变义词（loan shift，即因外来要素的影响产生的词义经改变或引申的词）为主的两种类型的词汇。对于某些必须要借用的借词，即是为了填补词汇系统中概念空白和空缺而产生的新词。Haugen 指出，即便是那些因为需要而必须要借用的词汇，也不必马上借用，而是可以先通过使用本族词汇系统中所固有的语素产生变义词来进行填补。Haugen 同意 Weinreich 之前提出的观点，即词汇之间的借贷通常会发生在弱势语言向强势语言的借用。接着，Haugen 又进一步说明，自下而上的借贷往往是一种需求的借用（need-filling），而自上而下的借贷是一种带有社会名望和社会地位的借用。

《英语中汉语借词的规模》(Dimensions of Chinese Borrowings in English）是美国著名语言学家 Ganand Cannon 于 1987 年撰文并发表在期刊《英语语言学》(*Journal of English Linguistics*）上的。1988 年，他又在美国知名语言学杂志 *American Speech* 上发表了题为《英语中的汉语借词》(*Chinese Borrowings in English*）的文章。他认为，英语借词中，很多是源自汉语词汇，数量非常丰富，这些词汇有很多是具有普遍意义的，并没有仅仅局限在与中国有关事物的表达上。因此，在研究英语借词的时候，一定不能低估汉语对英语词汇系统的影响。Cannon 强调，只有将统计外来词的方法和标准更加规范化，才有助于推进外来词研究。经过统计，Cannon 提出，在过去的 3 个多世纪里，英语从汉语（包括普通话、粤语以及其他一些方言）中借来的词汇有 1191 个。但有些借词没有年代考证，一些年代的考证不准确。

2.2.2 国内学者英语中的借词研究

汪榕培（2002 年）在《英语词汇学高级教程》中，对英语中汉语借词的来源、分类和特点进行了研究。他首先回顾了汉语词汇进入英语的历史，指出在英语中出现汉语借词已经有1000多年的历史。但由于所处的地理位置不同，汉语影响英语并不是轻而易举的事情。正是由于这个原因，汉语输入英语的借词量远远赶不上其他欧洲语言。只是到了近期，繁荣的贸易、先进的传媒、汉英双语地区的存在及便利的交通通信手段才使得情况有所改观。

汪先生将英语吸收、同化汉语词汇的过程分为四个阶段。在第一个阶段中，汉语借词的前途并不明朗。第二个阶段是初步同化阶段，借用是在词的形式层面和语义层面上完成的。第三阶段是相当同化阶段，也是渗透阶段，未被英语完全吸收的汉语成分会进行调整，以适应英语的语法体系。英语对汉语词汇语义成分的吸收很早就开始了，借用的语义成分在不同场合下被反复使用，逐渐会获得并发展成一个稳定的、约定俗成的词义。第四阶段是完全同化阶段，已经完全同化的汉语借词通常很难看出其外来的特征。最后，汪先生总结了英语中汉语借词的特点：汉语借词的数量较少；汉语借词的读音有变化；汉语借词的拼写变体较多；许多汉语借词生命力不强；汉语借词以汉语普通话为主要来源，部分汉语借词有汉语方言痕迹。

王文斌（2005年）在《英语词法概论》中以较大的篇幅分节对英语词汇的历史源流做了一番追溯、梳理和论析。从英语的“家谱”寻根溯源，对英语的形成和发展中的英语词汇，如中古英语词汇、早期现代英语词汇和现代英语词汇都进行了详尽的描述和分析。他指出，几乎没有任何一种语言的词汇能不受外来语的影响而保持“纯血统”的本族语词汇。一种语言的词汇是政治、军事、宗教、文化、经济、科学诸方面历史发展的积淀，折射出一个民族悠悠的历史进程。有50%以上的英语单词是由拉丁语单词派生出来或直接借用而来的。除此之外，英语还向法语借用了大量的词汇。随着英语这一门语言的进一步国际化，英语具有的“世界性词汇”（cosmopolitan vocabulary）这一特征将会更加凸显。

近20年来，国内发表的有关借词及外来词研究的论文达687篇，其中有关英语中的借词研究的有125篇，我国学者从社会文化和语言学的角度，对于英语中的借词的历史渊源、借用方式以及对英语语言文化的影响等诸方面进行了研究和阐述，具体统计见表2-1。

表2-1 英语借词研究论文分类及百分比

研 究 类 别	论文数量/篇	百分比/%
英语中借词的来源与演变（历史演变、主要来源等）	39	31.20
英语中借词的借用方式（语音、拼写及词义）	40	32.00
借词对英语的影响（语言变化、文化渗透等）	33	26.40
综合研究及其他	13	10.40

2.3 国内外汉语借词的研究现状

2.3.1 国外学者对汉语借词的研究

马西尼（Federico Masini，1960 年—）系意大利罗马大学东方研究所教授，在其论著《现代汉语词汇的形成——19 世纪汉语外来词研究》中，第一部分考察了英语与西方、日本知识传播有关的历史、政治和社会事件；第二部分从纯语言学的角度，观察了第一部分所述事件对汉语词汇的影响。书后有 3 个附录，附录 1 中有一个表，表中是 19 世纪出现的化学元素的各种汉字符号，这是通过创造新字来创造新词的唯一例子。附录 2 中有一个新词词表，表中包括作者做过鉴定的新词。附录 3 是附录 2 中所收词的列表，表中依每个词的英语对应意义和日语读音排列。马西尼宏观勾勒了近代中国外来词出现的历史环境，探讨了对汉语外来词的形成和传播做出过较大贡献的翻译机构、人物、刊物与著作，还从语言角度简明地分析了一些汉语词汇现象，大胆考证，指出了许多词汇的最早使用例证，并纠正了国内学术界存在的不少错误结论等，这些都为这一时期的汉语外来词研究奠定了新的基础。但是，该书对近代中国汉语外来词的研究，在外来词的资格审定和有些属性判断、词源的考定、研究资料的掌握和所涉及的词汇容量等方面，都还存在着一些明显的不足。

20 世纪 90 年代，在汉语词汇史研究方面异军突起的是德国学者。在德国大众基金会的鼎力资助下，由哥廷根大学和柏林工业大学汉学研究机构合作，成立了一个阵容强大的“近代汉语学术用语研究课题组”。这一机构由著名汉学家 Michael Lackner 教授领衔，全面开展对近代汉语词汇史的研究。他们认为，在不同的语言之间，真正完全对应的同义词其实只是极小的一部分，各种语言各自的特色即不对应处常使翻译家大伤脑筋。汉语自成一体的语言机构和书写规则，与欧洲完全不同，这两种语言在沟通时，其间的鸿沟是不言自喻的。他们认为，近代的西学东渐极大地丰富了汉语的词汇，然而，令人无法理解的是，近现代汉语学术用语及其产生和演变，至今没有得到语言学或汉学界的足够重视和研究。随着亚洲的崛起和中国的不断强盛，汉语影响必将不断扩大，单单这一点就足以说明汉语研究的重要性和必要性。他们因此开始了对于这一重大而艰难的课题的研究，编纂了一部多卷本的《近代汉语学术词汇史词典》，建立了一个近代汉语词汇数据库。

2.3.2 国内学者对汉语借词的研究

对现代汉语外来词进行系统的研究，始于 20 世纪 50 年代。罗常培（1950 年）《语言与文化》开始注意到借词现象，是文化角度研究外来词的一个典型。高明凯、刘正埮（1958 年）《现代汉语外来词研究》是一部全面而系统地分析现代汉语外来词的著作。该书从普通语言学的角度探讨了不同语言间的接触和融合，非常详细地考察和分析了现代汉语中外来词的创制方式、来源、规范和定义等方面内容。

进入20世纪90年代后，香港中国语文学会词库工作组从1993年7月到2000年6月出版《词库建设通讯》共22期。该杂志是国内唯一一本专门探讨汉语新词词源的杂志。所有的研究以释义为主，兼及语源等项，以其“说文解字”的特色弥补了现有词典对释义和词源说明的不足。

史有为（1991年）《异文化的使者——外来词》对古今汉语外来词作了较为全面的介绍。该书重点介绍了自古至今三千年来在汉语中出现的各种外来词，从历时和专题相结合的角度描述了形形色色的外来词的各种情况，对前人纷繁复杂的外来词研究成果做了必要的整理，并从构词法方面对外来词中出现的新现象作了创造性的论述。作者本着雅俗共赏、深入浅出的原则，写来既具有学术性，又具有可读性和趣味性。正文后附有词语笔画索引，收词共约3000个。不过这本书作为基础读物确实有些厚古薄今了，前面200页列出了几百个古早时期对各个国家、民族的借词，但是现代汉语中的常用词却不及10个。而近代西洋和日本借词，数量又略显太多。全书共分六章，分别论述了周边民族和国家文化、少数民族文化、宗教（佛教、伊斯兰教、基督教、犹太教）文化、欧美文化、日本文化和中国文化（汉族文化）接触而产生的借词。季羡林老先生为此书作序，认为此书头一次将外来词研究的重要性和迫切性向国内从事语言研究的学者提出来。史有为先生的这本专著无疑将外来词研究向前推动了一大步。

史有为（2000年）《汉语外来词》侧重从语言学和社会学的角度研究外来词语，该书就汉语外来词的诸多问题进行了较全面的论述、探讨和总结。作者从语言、文化、社会三个视角综合介绍了汉语外来词的历史和现实概貌，剖析了它们在语言、文化和社会中的性质、作用及类型，探讨了外来词的走向与规范，回顾了外来词研究的概况，提出了许多新的见解。该书引入许多量化的数据统计，共收录外来词一万多条，以全新的姿态向读者展示了外来词研究的新颖思路与已取得的成果。

2001年汤志祥所著的《当代汉语词语的共时状况及其嬗变》一书，主要是对近一二十年来的汉语词语现状作了研究。第一，对发展到20世纪90年代的汉语不同地区的语言情况作了一个全面的描述，填补了这方面的空白；第二，探讨了当代汉语的共同底层——汉语主干的基础范围有多大，以确立今后进一步研究的原坐标；第三，探索整个汉语文化圈从20世纪50年代到90年代半个世纪以来发生了哪些变异，变异各有多大，大到什么程度，变异的发展趋势怎么样；第四，用计算机这一现代化手段建立一个计量性的当代汉语描写语言学，走从“定量统计”到“定性分析”的科学路径，彻底改变了汉学界传统的“口耳之学”

的手工小作坊式的研究方法，以及仅仅凭借部分词例，按研究者主观臆断作分析的“主观定性”的旧路子。

作者共得到汉语中的借词研究论文469篇，汉语研究的热点问题主要集中在以下几个方面，整理统计见表2-2。

表2-2 汉语借词研究论文分类及百分比

研 究 类 别	论文数量/篇	百分比/%
综合研究（述评、回顾、特点等）	38	8.10
文化社会及民族心理视角	48	10.20
汉语中借词的来源及构成	25	5.30
汉语中借词的分类（翻译借用方式：音译、意译、半音半译等；意译词及字母词等）	85	18.10
汉语中借词语义研究（语素化、汉语化、理据性等）	36	7.70
汉语中借词的规范化	44	9.40
汉语中的日语借词	34	7.20
个案研究	50	10.70
借词对现代汉语的影响	80	17.10
其他	29	6.20

2.4 英汉借词对比研究现状

2.4.1 国外借词对比研究

Folk-Etymological Nativization（本土化理据论），简称为FEN理论，是由毕业于牛津大学的Ghil’ad Zuckermann博士于2000年提出的，该理论出自他的博士论文《隐性借词：适用于简洁语言机制的“本土化理据论”模式》。书中提出了词语在由一种语言中的词汇变为另一种语言中的借词过程中，慢慢具有一定的理据性，也即常伴随着词义通俗变异的趋势。从形式上看，“外来”（exotic）的特征已经在很多借词中感觉不到了。这意味着对语言接触研究的传统方法与方式提出挑战。

在《语言接触与以色列希伯来语词汇扩充研究》一书中，Zuckermann将FEN理论引向深入。他不仅对新生词语的造词机制、语义指向以及源语言在其中扮演的角色进行了系统的归类与分析，还用社会语言学的方法对各语言讲母语者进行访谈。对于语言接触带来的各种变革，他不仅对以色列语进行分析，还列举了大量现代汉语、日语、土耳其语、克里奥尔语、依地语以及阿拉伯语等进行对比分析。他的分类标准具体如下：

(1) 利用源语言的语言材料创造新词（neologization）：

1) unassimilated borrowing, pure borrowing（不同文化借用；纯借用）。

2) phonetic adaptation, assimilatect borrowing（音素借用；同化借用）。

3) morphemic adaptation（词素借用）。

(2) 利用目标语中已有的构词要素及词根词缀（roots/lexemes）作为基本材料创造新词：

1) phonetic matching（PM）（音素相配）。

2) semanticized phonetic matching（SPM）（语义化音素相配）。

3) phono-semantic matching（PSM）（音素语义相配）。

其中，PSM 模式是 Zuckerrnann 重点推出的理论。而对于 PSM 模式，最具有说服力的莫过于汉语。在汉语中，凡是引入外来借词，一定要在本族语言中选择汉字来进行记录，尽管语音上要尽量与源词保持一致，但是在若干同音字中选择某一汉字的过程中，总是要尽量照顾到语义标准。

总之，Zuckermann 通过列举以色列希伯来语、土耳其语、现代汉语、日语、阿拉伯语、依地语以及克里奥尔语等词汇的借用模式，阐述了 PSM 理论在文化和社会相互影响中的重要作用。PSM 模式反映了一种语言与文化在遇到更“强大”文化氛围（an overpowering alien environment）的冲击下努力保存自己形态特征的意识。

2.4.2 国内借词对比研究

胡兆云（2001 年）《语言接触与英汉借词研究》一书中，对语言接触和英汉两种语言的词汇借用作了较为系统的探讨。语言接触是社会文化的接触与交流必然带来的结果。不同程度的语言接触是由不同社会的文化接触所引起的。语言接触可能是长期的，也可能是短暂的。社会文化接触的产生和消亡往往会引起语言接触的产生和消亡。在参与接触的语言中总要留下语言接触的影响。一般来讲，语言的亲缘关系越近，语言的相互影响就越大；接触的时间越长，其相互影响也就越大。长期的、密切的接触都会留下较大的影响。词汇借用是一种不可缺少也不可避免的语言现象，是语言接触的必然结果。它是语言丰富发展的重要途径，提高了接受语言的表达能力，大大地增加了借入语言的词汇。当然，词汇借用应该尽量减少对借入语的负面影响，需要有一定的限度和规范。该书中分为三章谈到了语言接触和语言借用、英语词汇的词形和借用、汉语词汇从英语中借用的词形及其他的借用等。但胡兆云在他的书中研究的大部分是从鸦片战争以来，尤其是五四运动前后，汉语从英语借用的词语，而对 20 世纪 80 年代以后汉语对外来词的借用研究得较少。

魏志成（2003年）《英汉语比较导论》中强调，在英汉语言吸收外来词的历史进程中，由于英汉语理据性不同，导致了外来词在英汉语同化过程中理据的变化过程有显著差距。英汉语比较而言，英语的形态理据性大，也就是说英语以表音见长，比较方便或容易接受外来词；汉语文字理据性大，而形态理据性小，也就是说汉语以表意见长，不太方便或不太容易接受外来词。这一方面是语言结构本身的问题。另一方面，汉文化尤其是近代汉文化有非常保守的一面，这使得汉语在对待外来词的态度上总体倾向于保守；即使到了当代，汉语在强调“规范化”“纯洁性”的同时，有时对外来词也持否定甚至排斥的态度。但总的来说，外来语对汉民族语言有着直接的影响。

蔡基刚（2008年）《英汉词汇对比研究》的第九章“英汉借词对比研究”分析了汉语和英语中借词的方式和特点，对比了英汉借词的异同。作者指出，英语中的借词引申出很多义项，而汉语中的外来词基本上是一词一义。造成这种不对称的情况，主要原因是英语词汇中的多义词比例较高，汉语借入后只取所需要的其中一个义项。而汉语词汇中多以单义或少义的复合词为主，英语借入后，凭借其语言机制，很容易引申和派生出其他相关意义。英汉语借词的另一个不同是，以英语为主的外来词涉及政治、经济、科技、社会、文化、体育等各个方面，构成了现代汉语词汇的主流。而英语中的汉语借词大多是具有中国文化特色的日常用语（如食品、节日），和与中国政治相关的政治用语，很少有科技、经济和人文方面的世界能够通用的词汇，因此流通度不大，仅限于介绍中国时使用，不能进入主流词汇。随后，作者又从语言本身和文化传统两个方面分析了差异的原因。最后作者还从词汇、词缀、词素、词语表达等各方面分析了英语词语对汉语的深刻影响。

潘文国（2010年）《汉英语言对比概论》中，专门阐释了英汉语的“词汇的输入与输出”。该书先介绍了汉语和英语吸收外来词的情况，对两者的外来词进行比较，再讨论汉语和英语向其他语言输出词语的情况。作者指出，在输入词语方面，汉语与英语的表现不同。第一，汉语外来词数量少，英语外来词数量多。外来词在汉语的词汇中比重不大，但在英语中却占到词汇总数的一半，其中借自法语的又占大多数。汉语的数量的确不能与英语的几十万相比。第二，汉语借用范围窄，英语借用范围广。这与地理、历史有关。汉族人主要与周边的民族交往，满足于在本土安居乐业，不思向世界各地扩张。而盎格鲁—撒克逊人则处在不断的征服和被征服的过程中，接触的外国事物多，借用的外来词也多。第三，汉语在需要借用时，尽量意译和汉化，而英语实行灵活的拿来主义，吸收能力非常强。这点与两种语言文字的特点有关。汉字以表意为主，除了音、义外，还讲究文字的方正匀称，排斥拼音文字，所以借用时尽量同化。而英语采用拼音文字，文字符号表示音素，拼写外来词语比较方便。另外，两个民族的心理也不同。汉族人习惯于有意义的汉字，在心理上排斥没有意义字母。英国人习惯于拼写，所以音译较多。汉语偏重于借用名词，而英语各种词类都借用。另外，汉语和英语借词的来源不同、途径不同；汉语借入外来语词，加以汉化后，也能利用外来成分构成新词语；汉语借词的改造不同。

在英汉借词对比研究中，共收集论文 71 篇，学者们从英汉语借词的领域、数量、借用方式及对社会文化的影响等诸多方面进行了对比研究，统计见表 2-3。

表 2-3　国内借词对比研究论文分类及百分比

研　究　类　别	论文数量/篇	百分比/%
借用及同化方式对比研究	46	63.90
社会文化对比研究	22	30.60
借词的影响对比研究	4	5.50

英汉两种语言中的借词涉及政治、经济、科技、语言、哲学等诸多领域。在对英汉语之间的借词进行跨文化比较研究后发现，英语从汉语借用更多的是属于中国传统文化生活的范畴，而汉语从英语借用的则主要集中在物理、化学等现代科学技术领域；英汉两种语言在表达时存在词汇空缺，不同的文化背景、地理环境，历史变迁、科学技术及其发展水平等因素导致了英汉借用领域中存在较大差异。在借词的数量上，汉语借用英语的较多，而英语借用汉语的较少。在语言词汇的吸收同化功能上，英汉两种语言对外来词语的吸收、消化的能力存在很大差异，造成这种差异的原因，既有语言的因素，也有非语言的因素。英汉两种语言的外来词在同化速度、产生历史条件及所反映的民族文化心理等方面形成鲜明的对照。英汉词汇中的借用方式也存在较大的差异，英语外来词主要分为纯借词、混合借词、翻译借词。汉语外来词的借用方式主要有纯借词、半音半意词、音加意词、仿译词、描写词、中外文夹杂词等。造成这些差异的原因很多，其中英汉语的发展历史、所处环境的不同，语言结构的差异，两种语言对外来词的容纳程度等都是英汉语借词差异的重要因素。

随着我国对外交往的日益频繁，中外文化的多层次、多渠道交流为词语的借用提供了多种条件，英汉语中的借用词汇都在日益增多，外来词的渗透对社会造成了很大影响。来自英语的借词不仅丰富了汉语的构词手法，还丰富了汉语的书写手段。英语借词为汉语提供了丰富的词缀或准词缀，而汉语借词并未为成为英语中词缀的主体，这与语言类型密切相关；在一定程度上，英语借词改变了汉语的书写习惯，汉语的书写有欧化的趋势，而汉语借词对英语的书写产生的影响较小。这些借词对提升英汉语言文化价值、丰富文化内涵、促进彼此文化交流具有积极的影响和作用。另外，英汉语词汇变化已经不是单纯的语言交流和对话，而是涉及强势文化和弱势文化之间的话语压迫和反抗。从英汉外来词的变化可以看出，第三世界在崛起后，争取自身独立话语权力、从边缘走向中心的抵抗历史。

2.5 借词认知语言学的研究现状

吴传飞（1999年）在《论汉语外来词分类的层级性》中指出汉语外来词分类之分歧是一个棘手的老问题，作者运用认知心理学的原型模式理论来考察汉语外来词的分类。通过考察，他确认汉语外来词的分类是有层级的：分类里的各个成员充当汉语外来词的资格不是平列的，而是有优先级次序的。在此基础上，他建出了汉语外来词分类的层级体系。吴传飞认为外来词是一个原型范畴，在这个范畴中存在着典型成员与非典型成员。音译词是原型外来词，它最能代表外来词，也最能替换外来词。所以，在给外来词下定义时，也可以用音译词的定义去代替外来词的定义。非原型成员则是音译加注词、半音译半意译词、意译词和借形词等，根据其与原型外来词（典型成员）的相似梯度的不同而处于范畴的不同位置。由于借形词和意译词中没有音译的成分，即在音译的层面上与典型成员相似度最低、与原型外来词相差最远而与本族原有词汇相似度较高，因此属于“边缘外来词”。在典型成员与非典型成员之间，存在着中间层次的成员即音译加注词、半音译半意译词，被称为“特征外来词”。这些外来词都有一半的外来词音层面，与音译词具有一定的相似性，又有一半的意译层面，与意译词也有一定的相似性，故把它们归为同一个层级。

在认知语言学的理论框架内，葛宁宁（2007年）在《从认知视角看英汉词语的语义变化趋势》中分析比较了英汉语的共性和个性。文章通过语言发展规律的生成机制，结合国情、哲学、心理、文化、社会等外在因素，揭示了英汉两种语言中，词语的相互影响、借用使得词汇表意形式趋同这一语言变化趋势。文章从语言文字的起源以及发展昭示语言的本质特点谈起，指出各民族的语言虽然不同，但由于生活在同一个物质世界，人类共同的思维能力和思维规律使不同文化背景的人们对相同的事物产生了共同的认知。词的语义理据，彰显人类的认知能力，英汉词语在表达上有很多相同之处，反映出人们“常常有着基本上同一的生活经验和认识，这种同一的生活经验和认识是构成不同语言间词义基本对应的最本质的因素”。词和词之间的语义关系反映了人类认知机制对事物及生活经验的归类和概括，凸显出语言使用者在变化的社会环境和知识背景下对语言外部世界的认知能力；同时，词语的认知意义映照人类的认知方式，英汉语在认同某一事物或概念时，由于不同的文化氛围和自然生态环境的影响，产生出不同的语义联想。总的来说，这些语言表达形式上的差异恰好反映出人类思维的共性和个性，即获取、加工和输出方式的不同。词语借用折射文化的趋同和语义的相融、异族文化的新词语会如此之快速而广泛地融入汉语词汇，均是由于认知能力的快速进化。“物质世界的共同性、社会发展的相似性、人类思维和情感的共通性形成了各种文化和语言的相融性和相通性。”

齐冲（2006年）在《借词生成过程中的认知性及概念合成》中从认知学的角度，运用“概念合成”理论，以汉语借词中的“仿音模义词”为研究对象，对其语义和联想特征进行了系统的描写；在分析借词语义的联想模式过程中，归纳出了借词的生成规律和它独特的传达信息功能。齐冲首先概括性地介绍了认知范畴中的“合成空间”和“联想模式”。借词的创造是在充分了解源语义的基础上进行的，其创造者的母语通常是目标语。对于以目标语为母语的人而言，创作者对语素的选择及语素间认知关系的知识和心理感受是有一定代表性的。人们的心理词库中有一个语义网络，由联想而激活的语义和语义网络里的中心语义不属于同一个义域，但激活的次数越频繁，联想语义就越接近中心语义而变得更稳定。他进而分析得出了借词概念整合模式，指出从认知的角度也可以非常有效地分析和辨察词义的生成规律。这些规律常具有一定的普遍性。汉语借词的语义指向与生成结构从表面上看似乎无规律可循，但通过对认知领域中概念合成和联想模式的分析，我们可以对借词的语义和在合成空间中的联想特征进行较为系统的描写，这个特征描写可以揭示借词的生成规律和它独特的传达信息的功能，这些规律的存在对借词的生成具有一定的解释力和预见性。

陈蒙（2008年）在《汉语外来新词翻译的认知语言学研究》中从认知语言学角度对汉语中英语外来新词的翻译方法作了一些探讨，总结了汉语吸收外来新词的认知规律。根据认知语言学的体验互动观，翻译是以现实体验为背景的认知主体所参与的、以多重互动为认知基础的行为。词义的辨别需要语言知识和语境知识的参与，对始发语的理解不完全是依靠词语本身的意义，有时也需要依赖激活世界知识（包括社会文化知识、概念、信念及图式）并在此基础上进行合乎逻辑的推理，建立起认知语言学所倡导的“解释的合理性”模式。这些在音译词、意译词、音意兼译词中都可以得到印证。这也说明虽然英汉民族在认知规律上具有差异性，但是共同性占主导地位。在翻译过程中，认知语言学的体验互动观在宏观上要求译者将三个要素（作者、文本、读者）紧密结合起来，充分挖掘语言知识、语境知识和世界知识。而基本范畴、隐喻思维等认知方式在微观上对于词义的确定、翻译方法的选择具有指导意义，即译者要设法使译介的外来词最大程度地符合本民族人的认知能力和模式。

李艳和施春宏（2010年）在《外来词语义的汉语化机制及深度汉语化问题》中从外来词语义的汉语化过程入手，指出外来词在借入汉语后，为了适应汉语的特点，其语义或多或少都要发生一些变化，这些变化在汉语语义系统的制约下呈现出一定的倾向性。借词词义的变化凸显了交际的需要，在借入汉语中后，随着源出语言环境的隐退和新的语言环境的出现，该词固有的认知基础发生了变化，源出语言中的语义联系也随之中断；另外，隐喻和转喻机制也由于中外文化背景的不同、语言交际场景的差异和实际事物的不同导致外来词的词义发生偏离。这种错位并不是任意的，而是会受到交际情境、已有语义系统和汉语认知系统的制约。人们的生活经验对语言表达有促动和制约作用，同时，生活经验的结构对语言表达的结构也有促动和制约作用，这在汉语对外来词语义的吸收、改造、引申的过程中有明显的体现。从语义系统演变过程本身来看，隐喻机制和转喻机制是外来词语义深度汉语化的内促力。

2.6 小结

纵观20世纪以来国内外学者对于借词的研究，在许多方面已取得了丰硕的成果，如在语言接触的理论框架下，对于英汉借词的研究已经颇为成熟和深入，中西方学者均有较多论述；对于借词接触产生阶段和吸收同化阶段的研究关注度较高，从文化、社会和语言学角度均有力作出现；对于英语中借词的研究多为历时的研究，集中于借词借入的时间和音素、音位等语音要素；对于汉语借词则以从中国传统文化出发，考察借词的借用和翻译方式者居多；近些年来，从语言文字的不同和社会文化心理等方面对英汉借词进行对比的研究也越来越多，论述也较为深入。这些都为我们提供了许多有价值的借鉴。

但是，我们也应该看到前人的研究中仍有一些薄弱环节，并且仍存在着一些争议问题，如对外来词或借词的界定和分类等。对于英汉语外来词的研究基本上都只局限于对其结构、来源和意义进行描述，大多数是以文化语言学分析和社会语言学分析为主。作者认为，单纯地罗列出借用词汇的途径、列举借词的来源，而不去揭示产生借词和借词意义变化的实质原因，并不符合现代语言学的解释原则。现代语言学的发展趋势是向语义研究倾斜。在英汉语借词研究中存在的不足主要表现在如下几个方面：

（1）对借词语义及其演变机制的研究明显不足。近20年来英汉借词的对比研究，大多集中在借词的方式、来源，以及对于社会文化的影响等方面，理论的广度与深度不足，止于简单的分类，疏于系统的构建；多描写，少阐释。对于借词进入目标语后语义的形成及语义的发展，关注度明显不够。根据文献显示，无论在英语还是汉语的借词研究中，对于借词的语义及其发展的研究论著和论文数量都相对较少，研究力度不大，尤其是对借词语义形成和发展中认知机制和认知模式的研究以及借词在语用过程中的语义发展机制的研究。除上述5篇文章外，作者还没有见到。

（2）多为共时静态研究，对历时动态研究的关注不够。英汉语发展的历史都经历了大规模借词的时期，在现代汉语和现代英语的形成和发展历程中，借词的引进和吸收都是不可或缺的一个重要组成部分。借词作为“异质成分”，在取得目标语词汇的资格后，需要在音、义、形等各方面进行重新“匹配”、改造同化。这一过程是一个动态发展的过程，而且在一定程度上也会引起目标语的变化与调整，对目标语的发展产生某些影响。已有的关于英汉语借词的研究，往往只截取借词发展的其中某一个时期作为观测点，对借词进行共时静态的研究。笔者认为，现阶段对于借词的产生、吸收、同化和融合，缺乏历时动态的考察研究。郭伏良（2001 年）将这种研究称为“共时动态词汇学”。共时动态词汇学的研究不仅要揭示共时平面上相对稳定的状态，分析它的构成和组织情况、组织成员间的各种关系，而且还要密切注意词汇系统在共时平面上不同阶段的变动情况，及时发现和总结属于历时性变化的词汇现象、预见词汇发展变化的未来趋势等，这非常适合对于借词的动态观测和考量。

（3）对比研究不足。在文献中显示，英汉借词的对比研究数量远远低于英语和汉语单语中的借词研究数量，只占总数的10.5%，比例相对较低。认知框架下的英汉借词的对比研究，尽管已有学者开始着手，但都处于起步和摸索阶段，且大多数是针对英语或汉语的单语性研究，对比研究只是个别。关于借词在英汉两个目标语中各个阶段的认知模式中所产生的变化的对比研究罕见。

3 英汉借词研究的理论框架

3.1 引言

认知语言学提出了崭新的与传统语言学完全不同的语言观点，它是以人们对世界的经验和人们对世界的感知、概念化和认知方式为基础来研究语言的。从认知的角度研究英汉借词能够更加深刻地揭示借词的范畴及发展的规律。本章简要介绍英汉借词认知研究的相关理论背景，为从新的视角审视和阐释英汉借词的产生发展提供理论基础。

3.2 认知语言学

"认知语言学"这个术语首先出现于1971年，原指研究大脑中语言机制的学科。其哲学基础是主观和客观相契合的现实主义中的经验（体验）现实主义（experiential realism）认识论，简称经验主义。目前盛行于欧洲、北美及其他地区的"认知语言学"指的是诞生于20世纪70年代末、在80年代和90年代得到迅猛发展、至21世纪渐成主流的新兴语言学流派。经验主义的重要认识就是世界上没有绝对客观的现实，主观和客观是相对存在的，不是绝对的，感知和思维也不可能离开客观实在而独立存在，认知只是在一个特定的环境中，比如在自然环境和社会文化环境中相对而言才能成立。经验主义强调经验在人的认知和语言中的重要性。人类的经验源于人类与大自然（物理和生理）、人与人（社会和文化）之间的相互作用，来源于人类自身的感觉动力器官、智力与自然环境的互动（吃、穿、住、行），以及人与人之间的交往（社会、政治、经济、宗教等）。

一般说来，认知语言学主要有以下3个来源，国外认知语言学界的主要代表人物也是相关领域的重要学者：

（1）关注认知研究的人类学家、社会学家、心理学家、哲学家等，主要有Lounsbury、Lamb、MaClelland、Rumulhart、Labov、Fauconnier、Piaget、Rosch、Gibbs、Putnam、Johnson、Kay和Berlin。

（2）从转换生成学派中分离出来的生成语义学家，如Fillmore、Langacker、Lakoff等。

（3）从功能和/或认知角度研究语言的学者，如Taylor、Brugman、Dirven、Talmy、Givón、Sweester、Turner、Geeraerts、Rudzka-Ostyn、戴浩一等，他们主张

深入研究语言表达背后的认知机制，运用普遍的认知方式来解释语言的功能和形式，这一阵营中还包括研究语言类型学和共性，或从认知角度和类型学角度研究语义象似性、语法化、演变等现象的学者，如 Hünnemeyer、Hawkins、Croft、Traugott、Hopper、Heine、Haiman 等，同时也包括认知语用学家 Wilson 和 Sperber 等。

认知语言学不是单一的理论、没有形成统一的理论体系，而是一个语言学研究范式，包括一系列不同的理论和研究领域，其重点是揭示语言与人的其他认知能力的紧密关系。认知语言学强调心智的体验性、认知的无意识性、思维的隐喻性。认知语言学的目的并非是对认知进行全面的研究，它的研究源自一个基本前提：在语言和客观世界之间存在着一个中间层次——认知。认知指通过心理活动（如形成概念、知觉、判断或想象）获取知识。人们习惯上将认知与情感、意志相对应。认知过程是大脑对客观世界及其关系进行处理从而能动地认识世界的过程，是人们认识活动的过程，即个体对感觉信号接收、检测、转换、简约、合成、编码、储存、提取、重建、概念形成、判断和问题解决的信息加工处理过程，包括感知觉、知识表征、概念形成、范畴化、思维。从这个定义中可以看出，认知包含两个过程：一个是思维过程，即人们能动地去认识世界；另一个是认识的结果，或称知识和文化的沉淀。思维过程是认知的核心，因为它是信息加工过程中最高的阶段，是在感知觉、表象、记忆等基础上形成的，又反过来影响着这些过程。人对世界的感知和经验、观察事物的方式，影响着人们对语言的使用，特别是在同样符合语言规范的条件下如何选择不同的词与句子来表达非客观意义，是认知语言学关于认知的内涵。人的认知是语言与对现实世界的反映之间的中介，人类的经验都积淀在了语言的功能与结构中，其过程大体是：外部世界→认知加工→概念范畴→语言符号。所以，词汇是思维活动的结果。

认知语言学坚持概念的语义观，认为意义就是概念化。一个表达法的意义是其在说者或听者头脑中激活的概念。意义体现了词与心智之间的关系，而不是词与世界之间的关系，因此，认知语言学坚持百科知识语义观。词或更大的语言单位是激活开放式知识网络的触点，要全面地说明一个词或表达式的意义，就需要考虑与其相联系的视觉的和非视觉的意象、隐喻联想、心理模式和对客观世界的知识。所以，一个词的意义远不是传统词典中的定义可以概括的；范畴不是根据充分必要特征决定的，而是根据原型、家族相似性和范畴成员之间的主观联系等确定的。认知语言学研究的主要内容有：

（1）体验与认知。语言的形成和发展与人类的身体经验和认知密不可分，语言能力是人类整体认知能力的一部分，同时语言的出现和发展又促进了人类认知的发展。Ungerer 和 Schmid 指出："认知语言学是根据对世界的经验、感知和概念化的方法来研究语言的。"可见，客观世界是认知形成的基础，而语言是对客观世界认知的结果、是对现实进行概念化后的符号表达。认知和语言都是基于对现实的体验，认知先于语言而决定语言，是语言的基础；语言又可反作用于认知，可促进认知的发展和完善。因此，语言和认知是相互作用、相互影响的。以往的语言研究多重视语言的形式、结构、内部关系，或强调语言与客观世界的对应，没有从认知角度，将主观与客观结合起来深入解释语言，这是认知语言学不同于许多其他学派的根本区别之一。

(2) 意义为中心。认知语言学是以意义为中心的语言学，人类在对客观现实进行体验和范畴化的基础上形成了范畴，每个范畴对应于一个概念，同时形成语义，逐步形成了概念结构和语义系统。因此，概念和语义既具有客观性，也具有主观性。

认知语义观是传统客观主义观念论的一次革命性的升华。体验哲学和认知语义观批判地接受了传统的观念论，将意义视为基于身体经验的“概念化”(conceptualization)。认知语义观一方面强调了意义与人们的认知密切相关，突出意义的动态观、认知主体的创造性和想象力，摒弃了观念论中客观主义的镜像观，这是“避其短”；另一方面则是“扬其长”，认知语义观继承了传统客观主义的“意义是抽象概念”的观点。因此，比起将语义视为概念（concept），认知语义观具有避其短而扬其长的性质。意义基于体验；意义在人们头脑里。这种语义观解释了语义的本质和来源，决定了语义具有体验性和创造性。

(3) 认知方式（cognitive strategy，又称认知工具、认知策略）。要用有限的词语来描写世间纷繁芜杂、无限的事物，人们只能依靠有规则的认知方式和有组织的词语，否则，人们就无法认识和理解世界。认知方式主要包括体验、原型、范畴（化）、概念（化）、认知模式（包括框架）、意象图式、识解、隐喻（含换喻）、概念整合等，这些认知方式适用于分析语言的各个层面，对语言做出统一的解释。人类认识世界的方式直接影响了语言的表达、运用和理解，语言的差异也直接导致了认知的差异，这也是研究语言与认知关系的主要内容之一。对同一事物从不同角度去体验，就会认识或凸显事物的不同特征，因此就会出现不同的名称。同样，对同一事件的不同视角、态度以及认识限制，就会凸显事件的不同成分，从而形成不同的句式。

(4) 统一解释。认知语言学在描写语言事实的基础上，努力解释其背后的认知机制和规律，因此，认知语言学当属“解释语言学”。语言形式反映了人们对世界的认知方式和内在的认知机制。语言形式相对于人们的经验结构、认知方式、概念框架、语义系统以及客观世界来说，应是有理可据的。因为这些形式有生理、心理、认知等诸多方面的动因，所以，认知语言学强调深入探索符号形式与所指意义之间的理据性联系，努力解释语言交际过程中的一般认知机制和规律。这就形成了认知语言学中的象似性理论。

认知语言学不仅要解释语言现象、阐述语言与认知的关系，而且要尽力做出统一解释。传统语言学在分析语言的不同层面时，往往采用了不同的方法，如用形态分析法分析词汇，用成分分析法分析句子，用组合原则等分析语义，用会话含意、间接言语行为等分析话语，分析语篇则又需要用另外的方法。而认知语言学则尽量简化和统一分析方法，尝试寻找适合分析语言各个层面的几种基本的认知方式，这是其他理论范式所不及之处。

（5）知识结构。语言与人类知识（包括概念、结构、社会、习俗、文化、规约等）密切相关。结构主义理论研究语言时，排除了人和社会文化的因素，认为语言是自主的。认知语言学则认为语言不是独立的系统，它是客观现实、生理基础、心智作用、社会文化等多种因素综合作用的结果，对语言的解释必须参照人的一般认知规律和百科知识，要将语言描述清楚，必须充分考虑这些因素。

3.2.1 原型理论

认知语言学认为，认知范畴是将属性的集合作为范畴化的依据，范畴的属性是事物性质的心理表征，而不是事物固有的内在基本特征。范畴是围绕一个原型而构成的。范畴的中心区域比边缘区域更为重要。范畴的原型既可以指范畴中的一个或是一群核心成员，也可以是范畴原型的特征组合，还可以对应于范畴中核心概念的图示表征（schematic representation）。认知心理学研究表明，原型范畴具有以下一些特点：实体是根据它们的属性来加以范畴化的，而这些属性经常是连续的标度；在区别一个范畴时，没有任何一个属性是必要的；范畴内部的成员地位并不相等，有的与其他的成员之间表现出较多的共性，具有较高的相似度，这类成员是原型成员，反之则是非原型成员。人们对原型成员的认定比较一致，对非原型成员，不同的人可能有不同的看法，甚至同一个人在不同时期对其范畴的归属也可能不一致，范畴之间没有确定的界限。

人们对世界进行范畴化认知的参照点是原型范畴。原型范畴作为范畴核心图式化的心理表征，包含着一系列次范畴。它们虽有意义上的细微差别，但又相互联系，具有信息密集性：一方面，原型是最为核心和典型的成员，是范畴成员中最具代表性、最为突出、属性表现最佳的成员。原型范畴应该足够灵活，以适应不断变化的外部环境；另一方面，原型是通过对各种典型特征的命题描述来完成的，可能是图像或是图式，也可能是“理想化的”心理表征。Dirk Geeraerts 指出，因为原型范畴具有结构稳定性、信息密集性和灵活适应性的特征，所以认知系统总是以原型为中心进行范畴化。

原型范畴既具有结构稳定性，又富有灵活适应性。要评估和判断是否是一个范畴的成员，要涉及一系列的心理过程，如“完形—感知”属性的计算，也就是将范畴中最重要、最显著的部分作为范畴感知的对象，并将其和周围的显著特征整合为一个心理整体特征。范畴不可能总是一遇到新情况就改变其整体结构，为了保证范畴自身的稳定，范畴会灵活适应并调整属性功能，有些功能和属性会与其他范畴中的功能和属性重合。在语言词汇中，由于新事物和新概念不断出现，这就要求运用认知中非常经济、高效的原型范畴的概念，用已有的概念和词汇语素去理解和解释新概念，以适应外部世界的变化。这样，原有的范畴就得到了扩大。同世界其他语言一样，随着不断增加新的词语和借词语义，英语和汉语中词汇的原型义项也会产生相应的变化，对某些概念的崭新认识会不断刷新词汇意义的变化，使词汇意义呈现动态的特征。新的语言形式必将与认知范畴的扩展在外部要求上相适应。

例如，游戏原本是指一种文娱活动。分智力游戏（如玩魔方、打扑克、下象棋、猜字谜）、活动性游戏（如叠罗汉、打沙包、丢手绢、捉迷藏）等几种。例如，"在公园的草坪上，幼儿园的孩子们正在愉快地做游戏。"其显著部分是人、游戏内容、场地、功能工具等，凡是不符合上述功能的活动，只要缺乏或不符合其中的任何一项，都不是原型的游戏活动。然而，不同的群体、不同的年龄、不同的时代对原型范畴成员的完形感知会有所不同，也就是说，各种各样外部因素都会影响人们的心理感知。对于追逐时尚的年轻人来说，他们每天从早到晚"挂"在网上、耳朵里塞着 MP3、整日抱着 lap top、手拿 iPhone 或 iPad，一刻也离不开网络，"网络游戏"也许才是他们心目中游戏的原型。此时的"游戏"已经不是传统意义上的游戏了，"在特定的场合做人与人之间正面互动"的属性淡化甚至消失，"人和某种介质互动"的属性得以凸显，另外又增添了网络对话、购买装备、外挂练级等属性。由于互联网技术和电子商务革命方兴未艾，当我们谈起"游戏"这个词时，最好指明是什么样的游戏，是传统意义上的真人版互动游戏还是网络游戏。如今，当我们在中国最大的搜索门户网站"百度"中输入"游戏"二字时，无所不知的"百度"会告诉我们"经典网络小游戏"若干、"2011 年最热门的网络游戏"若干、"某网络游戏"今日通过测试、"某网络游戏"火爆开启等结果，可是没有一个结果是与传统意义上的跳皮筋、踢毽子、下象棋等相关的介绍。幸与不幸，我们如何看待？

又如，"同志"本义为"志向相同、志趣相同的人"之意，在清代林觉民《与妻书》中便有"自有国同志者在"，《红楼梦》中也有"乐得与二三同志，酒余饭饱，雨夕灯窗，同消寂寞"；后引申成为"为共同理想事业而奋斗的人，特指同一个政党的成员"，鲁迅《且介亭杂文末编》中"我得引为同志，是自以为光荣的"。在我国，同志是人民彼此之间的通称，如"同志，你的帽子掉了"。可见，认知过程是受特定的社会文化环境影响的，原型义的确定是与认知过程密不可分的。根据 Dirven 和 Verspoor 的研究，有三种相互关联的方式可以评估和判断一个义项是否具有词汇范畴的原型意义：一是可以先看看这个义项是否是凭感官直觉判断，即要根据这个义项的“凸显性”来做出判断；二是看这个义项是否是使用频率最高的那个，通常情况下，原型义就是使用频率最高的义项；三是看这个义项相对于其他义项的解释是否更为基本。

认知心理学认为，每当我们在进行范畴化时，在头脑中已有的认知模式都会成为借鉴的对象，而这种借鉴通常是无意识的。即使在第一次身处在相当陌生的环境下，完全没有适当认知模式可以借用的情况下，也会努力搜索大脑中的储存，根据相似经验，提取出某些认知模型来认识新事物、新环境和新概念，并根据自己的理解将其范畴化。通过进一步的次范畴化，语义范畴辐射或分裂出很多次范畴和次原型，其主要表现为原型分裂（prototype splits）和原型转移(prototype shift)。以现有的语义范畴为基础，词的意义才会发生扩展与演变。Aitchison 曾指出语言中新的意义就像不断分裂的变形虫一样，悄然繁衍开来。Lehrer 指出，原型意义虽然是使用频率较高的义项，但词语义项的主要使用并不仅仅在于其原型意义上，由于语言材料有限，原型意义被经常扩展用来对边缘性的情景、事件和过程进行解释。这样，单一词的意义得到了发展。这种策略对于用有限的词汇来满足无限的表达需要是极为有用的。

3.2.2 概念化和范畴化理论

非语言认知活动中充满了范畴化现象。在物理世界和社会世界里的行动依赖于我们对事物、过程、社会关系和他人的范畴化。范畴化对语言也极为重要，词语可以被看作是范畴的名称。认知语言学认为，语言中的词义是具有认知和心理基础的。人类的认知始于范畴化，然后获得范畴，形成概念，因此概念和范畴形成的基础是范畴化，而范畴和概念是范畴化的结果。也就是说，在我们赖以生存的世界中，所有的概念系统与概念结构都是根据人们的经验范畴组织起来的。人类自从产生了文明、有了语言之后，这种概念化和范畴化的结果自然而然地会被人们相对固定于词语表达之中，这称做范畴或概念的词汇化。这一过程简示为：客观世界——范畴（化）、概念（化）——词汇化——词语。

Ungerer 和 Schmid 指出，语言的词语所表达的意义以及如何结合使用，取决于人们对周围真实世界的感知和范畴化。范畴化指的是人们对事物进行分类的过程，即将不同的自身感受、各种行为及大量的客观物质形式划分入特定领域的过程。从体验哲学角度来说，人类主要是基于自身的体验，经过主体和客体之间的互动，才会形成范畴和概念。范畴化是思维活动的一种表现方式，也是人类认识世界和描述世界的一种方式手段，是人们将通过体验获得的概念以及这些体验与经验用语言形式表达出来的认知过程。Halliday 在他的 *Lexicology: A Short Introduction* 中指出：“给身边的世界赋予意义是人之为人的特征之一，而在这一过程中，对所感知和经验的世界进行排序和分类是重要的任务，语言为我们做这件事情。”人们在关注某种事物而为之命名造词的时候，已经初步地概括和解释了这种事物的某些特性和功用，实际上是将某些或某种事物归为一类，与其他种类事物区分开来，并为这种事物初步赋予了某种“意义”。

人们会按照自己的规律构造理念世界，认知的运行大部分是自主的。语义即是对世界进行范畴化和概念化的过程在语言中的相对固定。Langacker 也认为客观世界在大脑中的重现就是人的大脑中所储存的经验（mental experience）。概念世界（conceptual world）之所以形成，正是由于有了从人的真实生活和经历中得来的这些经验。直接来自感官的经验会导致我们形成对具体事物的意象，然后人们会在此基础上加工、综合，产生对抽象事物的意象，也就是说，抽象概念来自具体概念，前者是后者的结果。这样的概念结构与真实世界中的结构是不同的，它为语义结构提供了环境。其概念化的过程如图 3-1 所示。

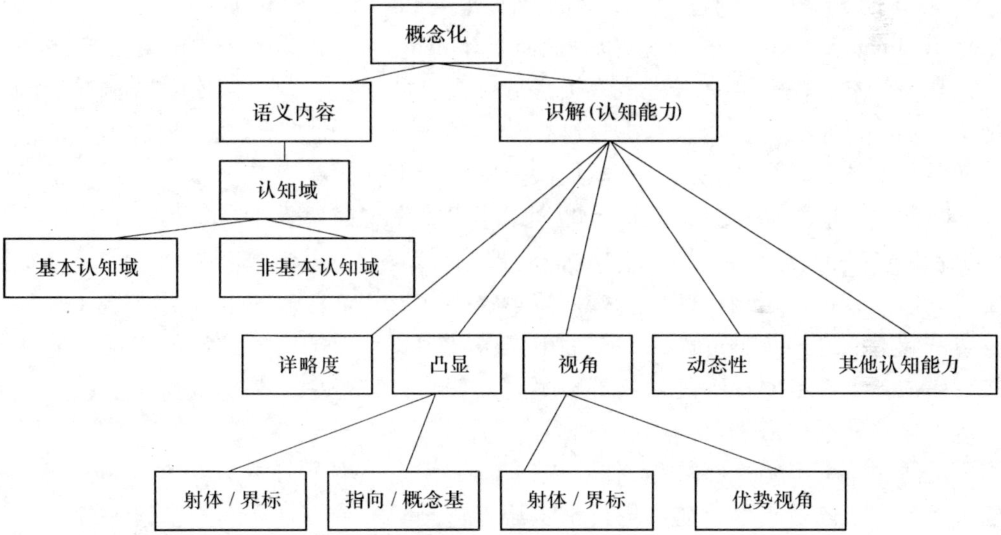

图 3-1　概念化过程

概念化是人的认知能力作用于语义内容的结果。语义内容是概念化的对象，是概念化的材料。语义内容是用概念域来描述的，尤其是和概念隐喻中的概念域完全相同。识解指的是人们具有的认知能力。识解能力是一个开放系列，随着人们对识解能力的研究，可以发现其他类型的新的识解能力。人们以不同的方法去认识和解释事体的能力，强调了人的主观因素。“因此语义与人们的认知能力和认知方式密切相关。”识解侧重于认知能力和认知方式，凸显了认知主体的作用。

客观世界的事物虽然杂乱无章，但人类的大脑对事物的认识却不是杂乱的。人们是根据事物的特性来认识事物的，世界上所有事物的产生和现象都有特性。

在自身经验的基础上，人类世界进行必需的组织，采取判断、分析、归纳的方法，对客观事物的关系和性质进行概括并形成概念，这就是范畴化和概念化过程。为了对从客观世界所接收到的信息进行记忆和储存，大脑必须采取最为有效的方式，只有这样，人们才能充分、准确而快速地认识客观世界。经过人类认知加工后的世界是主客观相结合的产物，是认知世界。范畴的形成受制于多方面的因素，包括物质的外在客观世界、人的物理和生理基础、认知能力，甚至文化上的需求。范畴是不能完全独立并客观地存在于我们思维之外的。范畴不断系统化、条理化人们的经验和知识，它的建立可使人们对客观世界的认识不断深入。范畴化最直接的作用是减轻认知过程中的工作负担。根据这一基本特征，Rosch提出了范畴化的两个基本原则：一是在功能上达到经济性，范畴系统必须以最小的认知投入提供最大量的信息；二是在结构上，提供的最大量的信息必须反映出感知世界的结构。

认知范畴可以划分为基本层次范畴（basic category）、上位范畴（superordinate category）和下位范畴（subordinate category）。范畴化具有等级特点，其中基本层次范畴是首先被人类掌握和命名的层次，这一层次具有最明显的物理区别特征，是人类用来对事物进行分类的最基本的心理等级。相对于上位范畴词汇和下位范畴词汇，处于基本层次范畴的词汇使用频率高。汉语中的基本层次范畴词汇一般为单音节或双音节的词或字组，发音简单易学，容易与其他字或词组合构成新词；英语中的基本层次范畴词汇一般来说多为单音节词，也是结构简单、形式较短、运用范围广、构词能力极强。处于下位范畴的词语多是在基本范畴基础上的进一步划分而来的，而上位范畴主要突出了所属成员的概括功能和共有属性，大部分属性都是依赖基本范畴而获得，它寄生于基本范畴之上，是人们认识世界的间接层面。

范畴原型词汇绝大多数是词形简单、音节较少、不可分析的本族语词，因为范畴原型词汇的所指事物与人们日常生活有直接的关系，是人们经常接触的单一完形的事物，是人们最早就习得的语言符号。这种词汇属于中性词，使用频率最高。范畴原型词汇构词能力最强，语言符号的产生经历了由繁到简，由潜意识走向有意识，由少许任意性转向充分理据性的过程。范畴原型词汇数量有限，大体上已基本固定，但在此基础上，用合成与生成的方法能够组合出无限的非原型基本词汇。一些下属词汇是由两个范畴原型词汇构成的复合词，例如handbook、football等。这些隐性的下属词汇是由合成词或短语、词语演变而来的，具有很强的理据性。范畴原型词汇在从基本意义，即从原型意义向外扩展过程中，向非原型等级词汇发展，并拥有了较多的隐喻和转喻意义。最基本的典型意思是范畴中语义凝聚力（se-mantic cohesion）的中心效应，它们通过使其他意思进入人类的理解系统，而把范畴凝聚在一起。中心效应或原型效应意味着在一个范畴中，一些范畴成员远比另外一些范畴成员更典型、更容易提取、使用频率更高。这种原型效应不仅表现在词义这一层次上，而且也表现在所指层次上。

基本层次范畴在认知上具有3个明显的心理因素：

（1）在感知上，事物之间的差异最明显。

（2）具有最常见的完整形状，即格式塔或完形（gestalt）。完形感知来自完形心理学的“完形原则”（gestalt principles）或“感知组织的完形法则”（gestalt laws of perceptual organization）。完形原则包括两个主要原则：连续原则（principle of continuation），即能够被感知为整体的往往是连续不断的物体；相似原则（principle of similarity），即能够被感知为同类物体的常常是那些在功能、形状方面比较相似的物体。基本范畴成员更容易被感知为同一范畴，因为它们具有最大的相似性。

（3）伴有动觉（motor movement）。基本范畴所指的是，人们与客观世界的相互作用中最直接、最基本的层面，其词汇大多数是不可拆分的隐形词汇，而下属词汇绝大多数是在范畴原型词汇的基础上产生的。这些下属词汇由两个或两个以上的原型词合成，或者利用原型词在认知域之间的投射或者凸显事物的某些具体属性，通过隐喻或转喻手法发展而来。值得注意的是，认知单位不是有明确分界线的非连续体，范畴原型与非原型之间的过渡是渐进的，不是绝对的。

基本范畴词汇具有历史稳定性，基本范畴词汇的范围比语言词汇窄小得多，而它们的生命却长久得多，它们在千百年里长期生存着，是语言构成新词的基础。基本范畴词汇在历史长河中长期存在着，生命力很强，变化也极其缓慢，这就是它历史稳定性的表现。当然，基本范畴词汇也不是一成不变的，只是它的变化，比起非基本范畴词汇，速度要慢得多、幅度要小得多。基本范畴词汇具有使用全民性，基本范畴词汇所称谓的事物以及所表达的概念，都是人们日常生活中反复接触、反复称道的，因而，它就不再受人们的阶层、地域、行业、文化水平、年龄、经历的局限，而是被普遍地、经常地用来进行交际或是交流思想，为全民所熟悉、为全民所理。基本范畴词汇全民性的特点，是它历史稳固性的社会基础。基本范畴词汇的构词能力最强。语言符号的产生经历了由繁到简，由基本无意识走向有意识，由较低的非任意性转变为有理据的联想的过程。语言词汇中的主要成分就是基本范畴词汇，其中包括所有的根词，它们是基本范畴词汇的核心。语言词汇，只有随着社会的发展、随着社会日益增长的新的交际需要，不断补充新词、丰富词语的内容，才能保证其旺盛的生命力。新词的创造总是以既存的语词为材料，离不开现有的词汇基础，因此基本范畴词汇具有很强的构造能力。

范畴化的重要性在于它是词义及语言运用的基础。认知过程的结果（范畴）作为概念（mental concepts）储存于大脑，形成心理词汇（mental lexicon），心理词汇又表现为外部的语言符号。“如果我们为每一个新的概念性的下级范畴都创制一个新的简单词，那么我们的记忆容量将不胜负荷，而且将不再拥有一个具有清晰的层次结构的词汇库。”新的概念进入接受语后，人们首先要对其进行范畴化，这个过程既要考虑到源语的语义制约，更多的是要顾及接受语中的认知模式、心理机制和语义联系等诸多因素。一般说来，概念或意义具有普遍性，而语义则会因语言而异，不同民族用语言表达概念的方法，即词汇化方法会有很大差异。在借词语义的形成过程中，有的会形成一个新的原型范畴，有的则会导致原有范畴边界扩大，表达一个更复杂、更个别、更特殊的概念范畴。范畴的边界不是清晰的、一成不变的，人们在面对新事物时会不自觉地用已知的概念帮助理解，用已有的范畴对其进行框定，结果新的事物成为已有范畴的成员，甚至有时会向原型成员过渡。范畴化的过程是动态的、永不停止的，因而语言的词汇会不断更新、不断有新的借词加入。

3.2.3 非范畴化理论

Company（2002 年）指出，语言范畴会形成原型效果的连续体，语言中的任何范畴都构成这样一个连续体。在这个原型效果的连续体中，如果某些成员能够体现范畴的所有语义、句法以及形态特征，这些成员就是范畴中的原型，是范畴内的最佳成员或称典型成员；还有一些其他成员是次典型成员；除这两种成员之外，有更多的、大部分成员具有两个甚至多个范畴的特征，这些是范畴中的边缘成员，离典型成员的距离较远，它们处于一个范畴与另一个范畴的交界或边缘地带。如果一个语言实体（词、短语或句子）与典型成员的语义与句法相似性越低，则证明它对于原范畴的归属越来越模糊，即逐渐远离原型，当前范畴的特征逐渐消失，开始获得其他范畴的特征。也就是说，第一，范畴中的最佳成员原型是所有范畴分类的基础；第二，范畴中的最佳成员原型也是判断范畴身份变化程度的参照。这是我们从 Company 的这段话中理解出的两层含义。因此，要制定划分范畴的基本标准和方法，就必须以原型为基础，才能明确某些范畴特征的本质。

范畴的动态性为范畴发生转移打开了方便之门。范畴转移的过程实际上就是非范畴化的演进过程。非范畴化不但是语言变化与发展的重要途径，更是人类认识的一种重要方式。非范畴化表达两层含义：一方面是语言变化，另一方面是认识方法。在语言研究层面，我们将非范畴化定义为：在一定的条件下范畴成员逐渐失去范畴特征的过程。如果范畴 A 中的成员在丧失了自身范畴的（某些）特征与功能后，获得范畴 B 的某些特征和功能时，我们说该范畴成员发生了非范畴化。有某种模糊的中间范畴存在于即将进入的新范畴和原有范畴之间，即范畴成员将会处于一种不稳定的中间状态，在重新范畴化之前、非范畴化之后。这类中间范畴的某些特征来自新的范畴，但同时某些来自原有范畴的典型特征也丧失了。在方法论层面上，它是以现有的语言资源表达说者或写者想要表达的特定思想内容；在认识方法层面上，非范畴化是一种认知过程，更是一种思维创新的方式。这一过程强调原有概念在认知发展过程中的作用以及人类知识的相互作用与联系；在认知操作层面上，它是用转喻的方式扩展名词原有的意义，以范畴隐喻实现范畴身份的改变。

范畴化与非范畴化二者共同构成一个完整的认知过程，二者缺一不可；范畴化与非范畴化共同参与有机整体，就像一个硬币的两个面。寻求共性的认知过程是范畴化过程，而寻求个性的过程则是非范畴化过程。范畴化是不断发展、不断变化的一个动态过程，这个过程应该是有起始点和中间的发展动态过程，只有这样才能充分体现人类对于世界的认知是不断向前发展的。完整的范畴化过程如图3-2 所示。

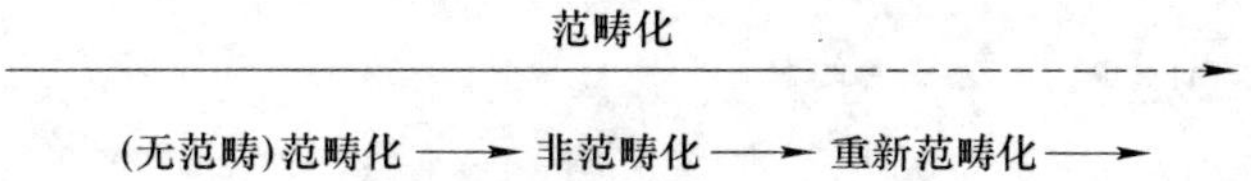

图 3-2　范畴化过程

图 3-2 展示出范畴化不是一个单一变化的过程，是一个由不同阶段组成的循环往复的过程，一个分阶段、有步骤的动态变化过程。实体或语言从无范畴状态到有范畴状态，然后又失去原范畴的某些特征，开始非范畴化的过程，重新经历范畴化过程，也可能发生第二次、第三次非范畴化，从一种中间状态逐渐过渡成为一种具有稳定范畴身份的实体。经反复、多次使用之后，实体完成重新范畴化的过程。这也是语言发生变化的动因之一，是语言发展过程中认识过程的一种表现。非范畴化的作用在于建立新的关系与联系，实现新的突破，打破原有的平衡状态。

在非范畴化过程中，根据自己言语表达和当前语境的需要，语言使用者可以灵活地提取某个语词所具备的意义，如联想意义、关系意义、功能意义、特征意义等，这样选择和提取类概念中的信息，主要是为了表达目的服务。在此过程中，语言实体在非范畴化的作用下，能够为语言不断创新与发展创造条件，也能够不断获得新的意义与功能；为了产生语用指向和话语相关性，还可以根据需要附加说话者的意义。总之，表达需求与新的认知可以不断地被非范畴化主体所满足。因此，常常把非范畴化看作是词语语义创新的一个机制。

非范畴化在语言发展中起重要作用。可以总结其具有以下特征：

（1）在句法形态上，范畴之间的对立中性化。非范畴化使范畴成员跨越自己的边界进入另一个范畴成为可能，范畴分布特征（句法/语义特征）的消失为一个范畴中的实体能够成功接纳另一范畴的成员打开了方便之门。

（2）在语义上，由于非范畴化作用，词汇产生语义抽象与泛化。

（3）在范畴属性上，范畴会发生范畴转移，或由高范畴属性成员转变为低范畴属性成员，如从上位范畴转变为基本层次范畴。

（4）在信息组织和语篇功能上，发生语篇功能的转移或扩展。

范畴化的体现形式是形态句法特征的改变与消失，这与意义和功能的转移紧密联系在一起。语义变化主要是指称与陈述的相互转化和意义主观化。在非范畴化过程中，语言实体有时并不是突变式的，从一个范畴跨入另一个范畴，它们有时会经历同一个中间状态。

概念的形成过程是一个泛化的过程。范畴成员的个体差异由它们在范畴内的共同特征而被中性化，因此，泛化又是一个抽象的过程。语义泛化指体现概念的词或固定语的 A 义在演进到 B 义的过程中发生了部分概念内涵消失的现象。对语义泛化、泛指和词义扩大之间的差异与联系做了以下区分：泛化与泛指并不形成冲突，没有本质上的差异，是对同一现象从不同角度认识的结果。泛化着眼于意义演化前后的相互比较，侧重表示同一或固定语意义的动态变化过程，而泛指是泛化的结果，是静态性的，如“柴米”泛指生活必需品。词义扩大着眼于词义演变的结果，并不涉及演变的具体过程，只针对成为词语稳定内容的某一意义，不包括那些处在变化过程中的临时性扩大。词义扩大与语义泛化有重叠的部分，前者包含在后者中，但彼此不完全对等。

实现语义泛化的根本方式是减少原来的概念内涵。一般情况下，可以将词语的意义大致分为限定意义和中心意义。概念内涵的减少过程可以通过以下两种意义的变化情况反映出来：

（1）中心意义基本保持不变，限定意义部分或全部消失。例如，beat 本意是“用棍子打或击”，引申为“打击或打败（某人）；打拍子等”，其限定意义“用棍子”不见了；场景由指电影、戏剧中的场面，扩大为泛指“情景”，其限定意义“电影、戏剧”消失了。

（2）限定意义基本保持不变，中心意义的范围发生扩展，表现为从具体到抽象，从个别到一般。例如文学中的典型人物，转而表示具有某类特征的人，如国外的葛朗台、哆啦 A 梦，国内的阿 Q、诸葛亮、潘金莲等。

（3）限定意义和中心意义都发生变化。表现为限定意义和中心意义的所指范围都有所扩大，限定意义部分已完全消失，中心意义部分的所指范围有所扩大。例如，zany 本指戏台上的谐角和模仿主角的小丑，扩大为形容傻瓜、笨蛋及他们可笑的行为；代价本指为获得某种东西所付出的金钱，扩大为表示为了达到某种目的所消耗的人力与物力。

词汇意义泛化的主要机制是隐喻扩展，用具体的意义表达抽象的意义。由于日积月累的作用，抽象意义沉淀下来，取代了具体的意义，或者说具体意义逐渐淡化并失去与源词的原有联系。随着词汇意义越来越抽象，使用频率也越来越高。我们知道，语法意义都是比较抽象的。因此，词汇意义的抽象或泛化是语法化和非范畴化的前提。

英汉语中的某些词类之间都存在一些共同的功能，如形容词可以修饰名词。但是，并非只有形容词可以修饰名词，名词和副词等也都可以作名词的定语修饰语。可以充当主语的，除了名词以外，还有形容词、动词不定式、动名词等。名词、形容词可以作表语，副词、动词和其他一些词类也可以作表语。英语各词类的功能，是相互交错、重叠在一起的，这使得词类无法完全分割开。词汇非范畴化是由词类的不确定性引发的。这种重新范畴化，也即非范畴化，表明范畴并非是一成不变的。范畴成员的范畴属性由它所具有的原型属性数量所决定，范畴具有的原型特征越多，原型属性就越高。原型属性具有相对性、可变性和语篇性三个特征。

所有的范畴成员都在某种程度上具有范畴属性特征，所具有的特征不是有或没有的问题，而是多与少的问题。人们通常所说的范畴差异，往往是针对不同范畴的原型处于中立语境时的情况，如在词典中，可数名词和不可数名词的区别是较清楚的。只有不同范畴中的原型成员才能体现出范畴之间的区别性特征，例如，名词 desk 和动词 study 能够体现出名词和动词这两个范畴的对比性差异。范畴属性在语篇的作用下能够发生变化，体现出范畴特征的增减和相对性。

借词被吸收进入接受语之初，需要经历语义范畴化的过程，形成借词语义的原型范畴。借词语义的范畴一旦形成，并不是一成不变的。在词汇的使用过程中，其语义范畴是变化的，而不是固定的，这就是原型性的可变性。无论是名词还是动词，它们的语义特征、所指内容的确定程度，在语境的作用下都会发生变化。在一定语境下，范畴甲的成员可能变成范畴乙的成员，原型成员可能变成非原型成员，指称意义可能变成非指称修饰意义。范畴的稳定性和动态性是一对辩证统一的矛盾结合体，是绝对与相对的辩证关系，都是以对方的存在为前提的。没有稳定性，动态性就无从谈起。片面强调范畴的动态性将导致无序状态，片面强调稳定性，则会抹杀事物的运动性和发展性这一本质特征。事物的运动性和发展性是范畴动态性的基础。正是范畴的动态性为范畴转移和变化打开了一个通道，范畴转移和变化的过程是事物从无序到有序的过程。这一过程就是事物变化的过程，也是非范畴化的演变过程，即范畴化、非范畴化、再范畴化的过程。

范畴具有动态性和开放性的特征，这就使借词语义在接受语中进一步发展成为可能。有些借词能够成为接受语的有机成分，也有一部分借词渐渐被淘汰。借词范畴由词汇系统的边缘成分向典型成分逐步靠拢的过程，是接受语按照其核心机制对外来异质成分进行筛选和改造的过程，被称为借词的同化作用。英汉借词同化的速度和程度与其使用频率紧密相关。那些使用频繁的借词，同化的程度比较高，同化的速度也比较快。这就印证了语言学中的观点：使用频率是语言系统中一个重要的衡量指标，语言系统中很多现象都和它息息相关。如 Haiman 指出，语言形式上的缩略通常都发生在使用频率较高的语言成分中，这在语法化过程中是一个极为常见的现象；如果一个词语越是贴近我们的生活，越是与人的生活密切相关，就越容易词汇化，这也是在词汇化过程中常见的现象。由于语言使用模型理论（usage-Based Model）是当代认知语言学的基础，因此，“语言使用和语法知识之间的关系在图式化的各个层面都受到语法构式的使用频率的影响。”另外，由于借词进入语言系统时间不同，导致每个借词的同化速度、程度不一。从共时角度看，语言中存在着大量处于同化过程不同阶段的借词。

借词的词义范畴具有以原型意义为中心不断向外扩展的结构，原型义项即词的本义，扩展义项与原型义项共同形成一个意义链，其数个子范畴（即子义项）之间通过家族相似关系相联系，其范畴成员之间常常难以用某个共同的语义特征来概括。随着词义的发展，非原型义项也可能在认知隐喻和认知转喻的作用下引申成为其他义项的原型义项，原型义项也可能发生义项的分裂和转移。一个词在单一意义的基础上获得新意义的过程，一般说来有两种类型：一是连锁变化型（concatenation），指各种扩展意义从一个词的基本义出发，一个紧接着一个地发生变化，如同一根链条，一环一环地相连在一起；二是辐射变化型（radiation），即各种扩展意义从同一个中心辐射而来，而这个中心往往就是一个词的基本义；还可能是两者混合型的，即连锁辐射型结构，如图 3-3 所示。

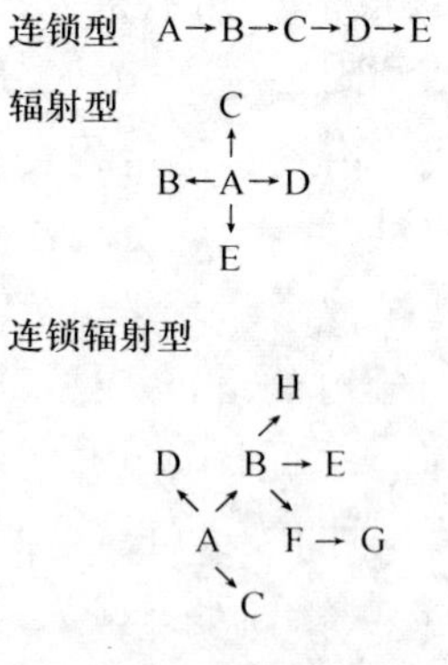

图 3-3 词义范畴变化发展类型

一个借词词义项目的多义构成并集或重叠范畴，每一个表达都向我们提供了通向大量概念及概念复合体的通道。所引起的概念的全集（即矩阵）作为一个表达意义的部分（即它的认知域）是该表达的常见多义。一个多义集合的意义是整体矩阵的概念网络和它们的认知域，单个意义不能和它们的图式结构分开来。认知语言学认为词汇意义是整个知识库的通达节点，而且知识库是动态性的。因此，从认知的角度看，多义是认可和目标结构之间的部分图式化（partial schematization）的结果。

Lakoff 和 Johnson 认为，如果一个句子不被人理解，那么它就没有意义。“真理并非绝对，也非客观，而是依赖于人们的理解。”不存在句子的意义独立于人之说，语言的意义总是对人而言的意义。过去，传统理论认为意义独立于人的理解，意义依赖于真值内容。这与我们的理论截然不同，当我们谈起句子和会话的意义的时候，它总是对言语社区中的一个假设的典型成员、一个现实中的人、或者说是某个人的意义。维特根斯坦提出一个词的意义就是它在语言中的使用。依据维特根斯坦的理论，一个词的意义不只是要通过它的作用来“确定”，一个词的意义就“在于”使用。“每一个符号自身似乎是死的。什么给它生命?——使用中它活了。”威瑟斯布恩也强调:“每一个记号就其本身而言都是死的。是什么赋予了它以生命呢？它的生命在于它的使用。”因此，借词的意义发展也来源于借词的使用过程，在使用过程中，人们对其进行进一步认知加工，这时，借词词义的非范畴化开始了。

3.2.4 隐喻理论

隐喻（metaphor）原意为一种转换，一种“由此及彼”的运动。metaphor 一词来自希腊语，meta 含有 across 的意思，phor 或 pherein 表达 carry。这就意味着隐喻一定要涉及两件事物，一个作为起始点，一个作为目标点。汉语中分别称为“喻体”与“本体”。Lakoff 等人称前者为“源域”（source），后者为“目标域”（target）。Richards 将前者称为“载体”（vehicle），后者称为“话题”（tenor）。

束定芳根据研究的范围和方法，把西方的隐喻研究分为 3 个时期：

（1）大约从公元前 300 年到 20 世纪 30 年代。在这 2000 多年的漫长时间里，隐喻一直被当作修辞学的内容来研究，代表人物有 Aristotle、Richards 等哲学家。

（2）约从 20 世纪 30 年代到 70 年代初。这一时期是隐喻的语义学研究，包括从语言学的、哲学的和逻辑学的角度对隐喻进行的语义研究。

（3）从 20 世纪 70 年代至今。这一时期为隐喻的多学科研究，包括从现象学、认知心理学、符号学、阐释学、哲学、语用学等角度对隐喻的多层次、多角度研究。在隐喻研究传统里，对隐喻认知特征的阐述最系统、最明确、最早的人是 Richards。他指出，隐喻是人类“语言无所不在的原理”（the omnipresent principle of language）。20 世纪 70 年代后期，欧美学术界纷纷出版了针对隐喻研究的著作，又接连召开了有关隐喻研究的学术会议，各种新理论、新观点纷纷登台，人们对隐喻研究的兴趣达到极点，掀起一股“隐喻狂热”（metaphormania）。这一时期引人注目的隐喻研究者有语言学家 G. Lakoff、哲学家 J. Searle 和符号学家 U. Eco 等。到 20 世纪 90 年代后，研究者已经把隐喻研究作为认知科学研究中的重要组成部分。Lakoff 和 Johnson 对隐喻的定义是：隐喻的实质就是通过另一类事物来理解和经历某一类事物。

隐喻的工作机制模式，如图 3-4 所示。

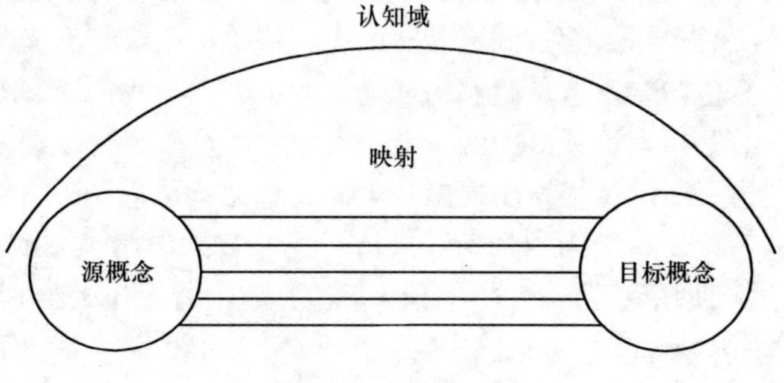

图 3-4　隐喻工作机制模式

隐喻涉及两个领域，每一个领域的结构图式都有其特殊性。在语言结构中，不同的语义领域具有不同的语义结构特征。某种关系存在于这两个不同的领域之间，即其中某一领域被用来说明另一领域。说明的领域被称做源域，被说明的领域称作目标域。在隐喻中，对立和对比存在于两个不同语义场之间，这其实是两类不同事物之间的关系：整个相关的语义网络深埋在我们看到的语义形式之下，就像冰山一样，实际出现的词语只不过是冰山的一角，下面隐藏着整座冰山。隐喻意义的理解实际上就是将源域的经验映射到目标域，从而达到重新认识目标域特征的目的。隐喻是以喻体和本体之间的相似性作为意义转移的基础的。

隐喻不仅仅是一种日常语言中随处可见的语言现象，它其实还是人类思维的一种方式，是人类正常认知世界的方式。隐喻无处不在，普遍存在于全世界的文化和语言之中，不仅人们的日常生活会话中充满了隐喻，即使在严密的科学语言中，隐喻也随处可见。隐喻不是语言的表面现象，它是深层的认知机制，人们用它来组织思想、形成判断，使语言结构化，从而具有强大的语言生成力。隐喻将源域的认知图式投射到目标域上，从而将目标通过源置于空间的物质的经验窟之中。隐喻图式是一种抽象表达，它将一个抽象域的概念结构建立在一个更为具体的义域感觉基础上。认知图式是最抽象的思想概念的底部，在很大程度上受到人们对客观世界体验的影响。鉴于这种不可预测性，Lakoff 和 Johnson 主张用理想认知模式取代客观主义的常数。理想认知模式也被称为 ICM（Idealized Cognitive Models），它指知识得以组织的结构，即作为人类认知结果的知识在大脑中是如何被存储的。到了隐喻中，理想认知模式的基本观点为范畴中的某些成员比其他成员更具有代表性，于是形成一个辐射结构。辐射式范畴和原型效应的存在是因为人类是通过部分或理想的认知模式来形成世界的概念。

人们之所以要使用隐喻，是因为隐喻可以使人们更好地理解和传达所谈论事物的特征。世界上有很多事物过于抽象，隐喻就是通过将抽象事物具体化，用已知的具体事物来谈论某一抽象事物，这也是为了更好地传达意思，获得更好的交际效果。隐喻的使用之所以得以实现，是因为使用者事实上已经认识到两种事物之间的差别，或者语言中存在着现成的词语或表达法。隐喻是两个概念域之间的映射。一旦建立起某个隐喻的映射，那么这个映射就会为大多数语言使用者所接受；反过来，这个隐喻的结构将自身的结构强加于真实生活之上，从而以各种各样的方式被实现。隐喻映射是根据人们的身体经验而不是随意产生的，通过从一个概念域到另一个概念域的映射，可以运用源域中的语言和推理的形式结构来构建和理解目标域。"概念隐喻是植根于人的经验，并以经验为动因的。" 1980 年，Lakoff 和 Johnson 在《我们赖以生存的隐喻》(*Metaphors We Live by*) 一书中提出了概念隐喻（conceptual metaphor）理论，并把概念隐喻分为结构隐喻、实体隐喻和方位隐喻 3 种：

（1）结构隐喻（Structural Metaphor）指在两种概念结构有相似性的前提下，将谈论某一种概念的各方面的词语用于谈论另一概念，使两种概念相叠加，也就是说，用一种概念的结构来建构另一种概念，于是产生了一词多用现象。

（2）方位隐喻（Orientational Metaphor）指组建起来的一系列隐喻概念是比对和参照空间方位构造而成的。空间方位是人们赖以生存的最基本的概念，这些概念来源于人们与大自然的相互作用，方位概念是人们可以直接理解的、较早产生的概念，如前—后、中心—边缘、深—浅、上—下等。在此基础上，人们形成了用表示方位的词语表达抽象概念的语言，即将其他抽象的概念，如社会地位、数量、身体状况、情绪等投射于这些具体的方位概念上。

（3）实体隐喻（Ontological Metaphor）指人们将无形的概念看作是有形的、具体的实体，这样就可以对抽象的概念进行量化和谈论，识别其原因及特征等。这些抽象的概念有很多，如模糊的心理活动、感情、思想、状态、事件等，容器隐喻（container metaphor）是这种隐喻的经典代表。

概念隐喻是对一般隐喻表达式的概括和总结，深层制约着言语表达的方式。例如 theories are buildings 这一概念隐喻，就是从日常语言中关于理论和建筑物的显著特点中抽象出来的，是人们对于事物认知的结果。从这个概念隐喻出发，我们可以生成许多有关的隐喻表达式。例如：

（1）We need to buttress the theory with solid argument.
我们需要牢靠的论据支持这个理论。

（2）The foundation of the theory is shaky.
这个理论的基础动摇了。

(3) The argument collapsed.

论据坍塌了。

在以上例子中，Lakoff 认为词汇 buttress、foundation、shaky、collapsed 本来是用来描写“建筑物”的，现在用于描写“理论”。因此，我们是把“理论”当成了“建筑物”，即“理论是建筑物”（theories are buildings）。Lakoff 认为诸如“理论是建筑物”这样的观念在我们的概念系统中是普遍存在的，因此可以称之为“概念隐喻”。概念隐喻理论的核心内容是“隐喻是跨概念域（cross-domain）的系统映射”。

这里需要指出的是，语言中的隐喻只利用了源域概念和目标域概念之间的一部分相似关系，映射并不是把源域概念的所有结构和特征全部都复制到目标域中去，隐喻概念结构中所呈现出的意义，是喻体的部分结构和特征映射、转移到本体的结果。一般说来，针对源域概念和目标域概念中的某一个相似的方面进行比拟描绘是人们进行概念隐喻的基础。但是，单纯帮助人们形象地认识事物某一方面的特征并不能完整地代表这一事物，因此，人们要完成对某一事物较为完整的认识，就会组合数个隐喻概念，进而认知整个事物。

日常用语中相当大的一部分都是概念隐喻。因为其数量巨大，并广泛地存在于人们的语言生活中，所以它几乎让人意识不到是一种隐喻。彼此和谐的、大量的语言表达会从一个隐喻概念中发出，而一个协调一致的网络体系又是由不同的隐喻概念共同构成的。因此，隐喻是有系统的，并深刻地影响着人们的思维。

扩展隐喻（extended metaphor）是人们在基本隐喻基础上的进一步延伸和扩展。隐喻语言的发展源于隐喻概念，无论是常规隐喻还是文学隐喻都反映出人们对事物统一的、系统的认识和思维方式。语言的隐喻思维功能是语言抽象思维功能的基础。新的隐喻之所以可以被人们所理解，是因为人类具有共同的经验、想象力和理解力，具有相似的隐喻概念。正是由于科学技术领域中新事物的发展，因此在科学文献中，隐喻语言也比比皆是，这也促进了隐喻语言的快速发展。隐喻是形成抽象思维的手段，它不是词的单纯替代或转换，它通常是以具体喻抽象、以熟悉喻不熟悉、已知喻未知、以通俗喻科学、以简单喻复杂。每一门新学科的创立，都伴随着一系列新概念的定义和命名，新思维的产生和发现也需要新的词语来表达。新词语产生的催化剂是新事物的发展和隐喻思维方式。在新词语或旧词新义的创造过程中，形象化的类比、想象、联想等多种隐喻思维方式起着很大作用。

借词语义在接受语中的演变，受到接受语使用者认知机制的制约，词义的演变过程往往不是朝一个单一的方向发展，也不是以一种单一的方式变化。隐喻对借词语义的触发是以事物间的相似性为基础的，而这种相似性具有较大的主观性，并不表示客观的、绝对意义上的相似，这就为人类的联想提供了较大的延展空间。这种联想能够使人们在看起来相距甚远的事物、现象之间找到共同点，从而决定了隐喻新义衍生的多种可能性。正是由于隐喻涉及语义的转移，这一转移带有方向性，因此，借词语义的发展大部分是通过隐喻机制形成的。一般情况下，借词在接受语中的喻体的有关特征被转移到借词语义本体上，如果这类转换经常发生，这些语义特征将成为借词语义的一部分。随着隐喻性逐渐减弱，隐喻后的借词将逐渐成为所谓的“死喻”，但通过某种刺激与激活，这一死喻仍然具有复活的可能。

3.2.5 转喻理论

转喻（metonymy）一词源于希腊语 metonymia，意为“名称的改变”。转喻的定义最早出现在未知作者的《修辞和解释》一书：“转喻是一个辞格，它从邻近和联系紧密的事物中获得语言形式，通过这一语言形式我们能理解不被该词语命名的事物。”从这一定义，我们可以看到，对转喻的传统解释是基于“邻近”（contiguity）的概念。传统转喻研究一直将转喻视为一种修辞格，是词汇层面的一种替代过程。认知语言学则认为转喻包含着深层次的事物与事物之间意义上的关系，而不仅仅是词语之间的转换过程。转喻是人类重要的思维方式，是人类认识客观世界的重要手段。Lakoff 和 Johnson 首先把转喻说成是一个认知过程，这一认知过程可以让我们通过某一事件与其他事件的关系对该事件进行概念化。转喻和隐喻一样是一种心理机制。转喻中用来代替事物的整体或某一方面的部分，通常是选取事物易感知（easy-to-perceive）的或理解透彻（well-understood）的那一部分进行映射。这一心理机制成了人类许多概念形成的基础。Lakoff 认为，转喻是认知的基本特征之一，两个事物之间只要具备了关联，就具备了建立转喻关系的基础。借助事物之间的邻近性（proximity/contiguity）或关联性（relatedness）来建立事物之间的替代关系，是转喻的本质特征。

转喻的本质是用凸显、易辨认、易记忆、易感知的概念结构实体代替另一个概念结构实体，这种替代不仅仅是词语之间的简单替代。“转喻概念，像隐喻概念一样，根植于人们的生活经验，也是概念系统的基础。转喻概念不仅组织人们的语言而且组织人们的思维、态度和行动。”但在认知语言学研究的初始阶段 20 世纪 80 年代，转喻机制的研究是极其不受重视的，转喻的研究相对隐喻而言也是非常少的，认知语言学家只是在论述隐喻时顺便提及转喻。直到 20 世纪的最后 10 年，转喻的研究得到了加强，情况大为改观。人们认识到转喻像隐喻一样，根植于人们的生活经验，是一种心理机制，本质上是概念性的，建构着人们的思维和行为方式。转喻研究经历了由被忽视到逐渐被重视的过程。

Langacker 认为，转喻是一个参照点现象（reference point phenomenon）。Alac 和 Coulson 指出，为不同的转喻提供理据的是相对凸显（relative salience）的认知

原则，其基本观点是，不那么凸显的事物是由以高度凸显的、中心的事物作为认知参照点所唤起的。参照点是语篇中凸显的成分，并在此基础上建立起一个语境；在这一语境中，一个正在进行概念化的人与语篇中其他不那么凸显的成分建立了联系。这些凸显的和不凸显的成分构成了参照点的范围，对这些成分的识解取决于与参照点的联系。通常由转喻词语指定的成分充当参照点，为想要描述的目标提供心理可及（mental access），并把听者、读者的注意力吸引到这上面来。

Ruiz de Mendoza 等人把转喻看成意义详述（meaning elaboration）的过程。根据他们的观点，这一过程要么包括一个认知域矩阵（cognitive domain matrix）的减缩，要么包括一个认知域矩阵的拓展。转喻的实现中有两个基础参数必不可少，它们是：

（1）源域和目标域之间映现过程的类型。

（2）源域和目标域之间的关系。

就第二个参数而言，域（domain）和次域（subdomain）的关系是转喻实现的基础，转喻总是在这种关系的基础之上的，其中主要的认知域称为矩阵域（matrix domain）。有两种类型的转喻属于我们的研究范畴：第一种是源域是目标域的一个次认知域，第二种是目标域是源域的一个次认知域。前者主要运作于认知域扩展的基础上，称为目标域包含源域的转喻（source-in-target metonymy）；后者主要用于认知域的减缩，称为源域包含目标域的转喻（target-in-source metonymy）。

当说话人无法决定想要表达的指标物的性质或无法表达想要表达的指标物时，说话人可以选择的最好的交际资源就是源域包含目标域的转喻。利用内容较丰富的矩阵域，源域包含目标域的转喻可以用来说明或指称次域中那些不那么清楚的内容。发生了一个转喻转换（metonymic shift），即内容丰富的矩阵域比矩阵域中的任何其他成分在听话人脑中都凸显。而在目标域包含来源的转喻中，两个域都有同样丰富的内容，因此不会产生这样的交际效果。就映现过程而言，存在着两种类型的映现，即一次对应和多次对应。转喻主要用于指称，是单一对应的映现；而隐喻主要用于描写，其特征是多次对应。

转喻映现在一个 ICM 或认知域中发生。转喻关系通过语言体现出来，通过具体的语言形式，转喻中的目标义与来源义联系在一起。目标义可能是新的意义或临时产生的意义，不一定是储存在人的大脑词库之中的常规化的意义，但这些新的意义也会常规化，条件是使用频率的提高。在转喻的实现过程中，来源义并没有被目标义湮没，来源义也并没有消失，它在概念上还仍然存在，并将长期处于激活的状态。

转喻关系本质的显著特征是可取消性（defeasibility），也就是偶然性（contingence），指认知域之间的关系在概念上不是必然的（not conceptually necessary）。可取消性是语用学中的隐含义（implicature）和明确义（explicature）的特点。但偶然性和可取消性并不一定完全一样，在某一交际语境中，概念之间的关系可能是偶然的，但其目标义可能是无法取消的。一般来讲，关系是可以取消的，即没有必然联系的，反过来讲，没有必然联系的，其关系具有可取消性。一旦语言中形成了固定意义的不可取消性转喻（non-cancellable metonymies），其原因一定是语言常规化（conventionalization）的因素在起作用。

关于转喻的认知运作机制，Radden 和 Kovecses 把转喻定义为：转喻是一种认知过程，是在一个 ICM 内运作的概念现象。他们指出在这一过程中，一个概念为同一 ICM 内的另一个概念提供心理可及，前一概念为载体（vehicle），后一概念为目标（target）。这个定义实际上涉及 3 个问题：

（1）可以把我们的注意力更好地引向目标的是一些概念实体。

（2）这一心理桥梁（mental bridge）涉及源域和目标域之间的关系，使形成概念的人可以想及要描写的目标。

（3）转喻会出现在有 ICM 的地方。

认知上凸显的实体被称为认知参照点（cognitive reference points）。转喻由相对凸显的原则提供理据。Langacker 的基本观点是：高度凸显的实体作为认知参照点，唤起其他不那么凸显的实体，说写者或听读者以概念域中其他成分提供的背景，同另一个概念实体进行概念接触。参照点是话语中凸显的成分，其结果是参照点建立起一个语境，在此语境内，说写者或听读者对话语中的其他不那么凸显的概念实体产生概念可及。Langacker 认为，转喻就是一个参照点现象。由转喻词语指定的实体作为一个参照点，为被描述的目标提供心理可及，并同时把听者或读者的注意力引导到目标上。

从上面的分析中可知，使用转喻词语的方式不是任意的，而是与人们感知和概念化的方式有着千丝万缕的联系。有些转喻受到相对凸显原则的制约，而有些转喻则受到具体语境的制约，因此它们的运作机制有一定的差异。典型转喻的内部运作机制是：在转喻的 ICM 内部，其目标义在概念上应是凸显的。徐盛桓创造性地指出："转喻有着自身的逻辑特征。转喻的运用所表现出的逻辑特征总体可表述为：分类逻辑意识是转喻得以发生的前提条件，在事物原有的分类秩序的基础上，转喻体现了运用分类逻辑的配量与独特形态，有些运用表现出明显的可能世界逻辑的一些基本特征。"国外的学者一般把注意力集中在运用认知域、映现、可及和概念的邻近性等概念来论述转喻的本质，而徐盛桓从另一个视角即逻辑的视角探讨了转喻的运作机制，揭示了转喻所隐含的、有自身特点的、严密的逻辑秩序和转喻的逻辑思维的本质。

概念转喻具有以下明显的特征：

（1）转喻在言语行为中起到重要的作用。

（2）在转喻概念的转换中，来源义是作为背景的，目标义是凸显的。

（3）来源义和目标义之间没有概念上的必然性，其关系是具有偶然性的。

（4）在同一认知域以及某一过程中，概念转喻是一种认知操作，源域为目标域提供心理可及性。

（5）转喻发生的前提条件是分类逻辑，转喻在其自身的逻辑秩序上运作。

有些词语借入到英语后，由于转喻机制的影响，意义指称发生了变化，在英语中的意义可能不同于原来的意思。夏威夷语 wiki 被借用到英语后，原义“快的”就另有所指了，指的是“读者可以自行编辑的网页”。著名的 Wikipedia 就是一种实时更新的、由用户自由编辑的网络百科全书。这是转喻中的“接近原则”凸显的结果。

3.2.6 类推理论

类推即类比推理（analogical inference），又称“取象比类”或“援物比类”，通常含有两层意义：一是指属于不同域或系统的事物、现象之间存在相似性；二是指推理。若两类事物在某些方面有共通之处，那么它们也有可能在其他方面同样具有共通性。

类比推理是一种规范化的知识迁移形式，在思维和语言中大量存在，根源于事物普遍联系的思想，体现了由此及彼、由旧知到新知迁移的途径。类比在认知科学中起着重要的作用，表现之一就是概念的转变。通过类比推理，一个概念转化为另一个概念。这种转变帮助人们解释新的现象或事物，一旦模式得以固化，就会作为认知模型被用于理解新领域的知识。利用类推思维构造新词，在修辞学上称为仿拟或仿词，即模仿既存的词语、成语、谚语等而另造出新词语。仿拟能够淡化人们对借词的陌生感，给人以新鲜活泼、生动明快的感受。说写者在创造借词时，可以利用手边的语言资源，即储存的习惯表达式以及从中抽象出的语言模板（linguistic templates）。这些语言模板是一种图式，包括成分结构和组合结构的语音和语义特征，它们构成了一个抽象性和概括性逐渐增加的连续体。借词进入接受语后，随着使用频率的增加，人们利用借入成分作为语素，创造新词。

类推构词的过程是建立在知觉材料的基础上的，这些知觉材料是说话人在已有的体验经验和知识的基础上，经过有目的的搜索而得来的。这个过程是说话人根据已熟知的认知域和目标域之间存在的相应关系或相似特征，激活创造性的想象与联想，经过新的组合而创造新形象的心理过程。以源词的语音形式和语义特征为材料，源词内部语素经过替换、拆分和重新组合，将这些结构映射在需要表现的新词当中。因此，将类推构词的形式表征为“凸显—映射—迁移—重构”。

类比推理是从某种性质存在于一已知对象中，而推出某一相应的性质存在于另一对象中的推理过程。类比推理是根据一类系统，推测另一类似系统的信息的手段，其依据是早先获得的关于某一系统的知识。类比推理一定是以相似性为基础的，即两个对象之间必然存在着某种相似或类似的关系，史忠植认为类比推理的模式可以表示为：

如果　A 有属性 a、b、c、d

　　　B 有属性 a、b、c

则　B 可能有属性 d

A 对象的 a、b、c 属性与 d 属性之间可能具有内在的联系，而不是偶然的聚合，因而，当 B 对象具有与 A 对象相同或相似的 a、b、c 属性时，它就可能同样具有 d 属性。客观诸事物的普遍联系表现为任何一个事物的各个属性之间也是相互联系的，这也是人类在与客观世界的互动、接触与交往中形成的一种认识。换言之，当我们把解决某个问题取得的经验用来解决类似的问题时，关键是要善于发现不同问题之间类似的地方。这种类似或相似作为类比推理的客观基础在于系统、过程和事物之间各要素的普遍联系，以及这种联系之间所存在着的可比较的客观基础。

相似性是类推的心理实现基础。相似就是客观事物存在的相同与变异矛盾的统一。人类的类比推理有真实的客观前提，即不同类事物之间具有相似性，同类事物之间具有共性。在形色各样的客观世界里，诸事物之间往往具有各种普遍联系，而不是彼此孤立、毫无联系的。在客观的大千世界里，这种存在于各事物之间的普遍联系不仅表明了某些不同类事物往往具有相似性，而且更是说明了同类事物具有很大的共性，这种普遍认识是人类在长期与客观世界的接触和交往中形成的。正是基于这样一种认识，类比推理才得以实现。许多科学研究均建立在类比推理这一创造性思维的基础之上，“触类旁通”和“举一反三”式的思维就是人类借助类比推理在生活和工作中形成的。如在仿生学领域，研究者们之所以能够探究生物系统的结构和功能，就是依凭类比推理，创造出了一些能够模拟生物系统和结构的技术系统科学。所以，类比推理是人类认知世界和改造世界的重要手段之一。

映射是类推的基本运作方式。人类的思维往往是由已知推及未知，通过已知知识推想未知知识，如果已知事物与未知事物具有一定的相似性，我们对于这种相似性的深刻认识通常会投射到未知事物上。人们基于对已有知识的了解，看出目标域和源域的共同点，达到了解新知识的目的。原本不包括在目标域中的那些属于源域的特点属性，也都有可能被运用到目标域中。这种运用就是基于基本相似性，不论这种相似度是高还是低。换句话说，源域所传达的特征是同目标域的结构特点一致的。

新词则是类推的语言实现。Pinker 指出，如果新词的结构形式与已知词的结构形式相似，人们便会将已知词的结构形式联系到新词上。人类具有通过类比推理将欲表现的新词中的结构形式与已知词中的结构形式与联系起来的能力。Stockwell 和 Minkova 认为，尽管有时一些类比的对象显得比较遥远，这些类比看似不太可能，但其实这种类比会很容易在语言中扎根，因为某种相似性一旦引起某人的注意，该词的使用频率和范围就会扩大。任何被知觉到的相似性均有可能成为类比性变化的基础。类比推理是人类思维的内在动力，涉及人类对某种具体的客体或过程与某种抽象的客体或过程之间的相似性的知觉。

在目的语语境下，借词的词义范畴由边缘成员逐渐过渡到典型成员的过程中，借词的使用频率不断增多，人们开始利用借词的基本词汇仿拟新词，以应对不断涌现的各种新事物、新现象、新观念。类比推理为人们提供了一条便捷之道，利用现成的、已知的东西来引导人们认识陌生的、未知的东西，既经济简洁，又新颖独到。类比构词十分灵活，人们可以灵活地套用根据借词源词抽象出来的“词模”，既可表达具体的概念，也可表示抽象的思想。类比造词的最大特点是它有对应性，在对应关系上可能是一对一，也可能是一对多、多对一或多对多。类比造词法淡化了借词的陌生性，由于有被类比词的对照，词的内部形式比较清晰，人们一看即懂，一听即知，体现了语言创新与语言自律的统一。正如索绪尔所说，“类比是语言创造的原则。”葛本仪《汉语词汇研究》中指出：“任何词的形式都以两个条件为前提，一是人们的思维活动；二是语言材料。”而类比推理是人类思维的普遍方式，人类具有通过类比将已知词中的结构形式与借词中的结构形式联系起来的能力。

英汉语中都普遍运用类推机制发展和丰富词汇系统，但对于类推词的分类，各家学者不尽相同。在英语中，类比构词既是构词法之一，也是重要的修辞手段。如陆国强将英语模仿词分为五种，即近似类比、反义类比、地点空间类比、数字类比、色彩类比。在汉语中，类比构词被称为仿词或仿生词，是汉语中非常活跃的一种特殊的构词方法，也是一种修辞手段。乐金声认为汉语仿词主要有谐音仿词、类义仿词、反义仿词、变序仿词和数字仿词。

艾森克和基恩在《认知心理学》中提出联想的三个基本原则，即相似原则、相邻原则、对比原则。于此相对应，我们把通过类比思维、根据借词词义来构造英汉语新词的方式分为相似类推、对立类推和相邻类推三大类。

（1）相似类推。相似类推的词之间要有一个近似点，依据这个近似点，推此及彼。Harley 认为，人类往往会在客观世界中寻找一致性，从相邻事物中寻求相似性，这就是认知世界中的“相邻效应”（neighborhood effects），也是类比思维得以实现的认知基础。英汉词汇系统中，大多数是以从使用频率较高的借词中析出的一个词根或词缀（构词成分）为近似点，通过语义上的相近模仿造出新词。如人们仿造蜜月（honeymoon），近似类推出了一个新词喜月（babymoon），实际上它指的是“第一个孩子出生后父母所经历的一段异常快乐的日子”。

（2）对立类推。对立类推是指比照原有词语的构成成分、结构形式和意义，用反义词将某一构词成分替换掉，"反其意而仿之"，从而强调同类事物或现象间的区别，建立一个与原有概念相对立的新概念。当快餐（fast food）与垃圾食品（junk food）被人们越来越多地联系在一起的时候，慢餐（slow food）便悄然兴起，号召人们反对按标准化、规格化生产的汉堡等单调的快餐食品，提倡有个性、营养均衡的传统美食。death care industry 指死亡服务产业，殡葬业，仿拟 health care industry，也是一种产业。mother-out-law 指前妻或前夫的母亲，仿拟 mother-in-law（岳母，婆婆）。此外还有许多对立类推出的成对新词，如 blacklist（黑名单）—whitelist（准予上演的电影）、baby boom（生育高峰时期）—baby bust（生育低谷时期）、brain drain（人才外流）—brain gain（人才流入）、hot line（热线）—cold line（冷线）、hard line（政治上的强硬派）—soft line（政治上的温和派）。

汉语中也存在不少由这种方式构成的新词。例如由上岗到下岗，由看涨到看跌，由拆台到补台等。

（3）相邻类推。相邻类推即源词与仿词在语义上相互关联，彼此牵扯，利用同类事物的相关性和邻近性，形成语义相关的聚合语义场。相邻类推利用的是人的接近联想。

black power（黑人权力）源自老年人为维护自身权益所提出的 gray power。green powery 也是由上述词汇通过色彩类推出的词语，指"金钱的力量"。在美国，因美元为绿色钞票，所以，美国英语中会出现此类类推，尽管与上述两种 power 风马牛不相及，但深含幽默，甚是有趣。英语中"脑力工作者的"和"体力工作者的"分别用 blue-collar（蓝领阶层的）和 white-collar（白领阶层的）来指代，稍后产生的"维修保养行业工作者的"和"典型女性职业工作者的"则分别为 gray-collar（灰领阶层的）和 pink-collar（粉领阶层的）。近年来，又有几个新的英语类比词问世，即表示"电脑及通信专业人士的"和"高级专业人士的"的 bright-collar（亮领阶层的）和 gold-collar（金领阶层的），现在又出现了 new-collar（新领阶层的）。总之，在英语中，从领子的颜色我们很容易看出一个人的职业和社会地位。

3.3 小结

认知语言学是一门研究语言的普遍原则和人类认知规律之间关系的语言学流派。经验观、凸显观和注意观这三种互锁的研究方法形成了认知语言学的核心区域。它认为人类是通过自身的经验认识世界的，即人类的认知以人类与外部世界的相互作用为基础。词汇是范畴化和概念化的结果，是人们头脑中概念的凝化，是反映我们所有经验的有结构的心理表征；词义范畴是以"原型义"为中心的原型范畴；词义的发展不可能排除语言的拥有者和使用者的认知能力和经验，通过隐喻、转喻、类推等认知机制，词义经历非范畴化过程。借词也不例外，借词意义的建构反映了源出语民族与目标语民族双重的认知模式，通过对借词意义嬗变的研究，我们可以看到不同语言民族对客观世界进行概念化和范畴化过程的异同。本章运用认知语言学的重要理论范式，探究英汉借词语义是如何在不同语言中表征与发展的。

4 认知视域下的英汉借词

4.1 引言

借词是英汉语词汇系统的有机组成部分。借词作为新词语进入一种语言，通常都要经过一番改造，不仅仅需要按该语言的形态规则和发音规则改头换面，以便适合于借语的音位模式和构词模式；更为重要的是，适应该语言的语义系统。因此，借词是人类认知的结果，是多次认知加工的产物，在源出语与借入语环境下，人们根据对客观世界的认知和体验，结合认知模式与百科知识，对借入新词语进行多次认知加工。借词意义具有认知凸显性和理据性，其意义建构凸显了民族认知理据。

4.2 英汉语借词现状

在世界诸多语言之中，英语和汉语都是历史悠久、使用人数众多的语言。在各自的历史长河中，由于民族间贸易往来、文化交流等因素的影响，英语和汉语中都存在着一定数量的借词。各国间的语言文化相互渗透，以各种不可名状的方式被其他文化所吸收并将其他民族语言作为丰富自己语言的一个源泉。任何一种借词语，使用频率高了，就会被同化，成为在音、义上与接受语基本词汇基本一致的共同语汇，借词对接受语词在语义、语法、语用上形成了各自的特点，并彼此产生深远影响；同时英汉借词也存在较大差异，这种差异除了是因地理因素和语言本身特点造成的之外，还受到各自文化心理的影响，因此被深深打上了民族文化的烙印。

任何一种语言，均与用这一种语言的民族同步演进。在当今世界上，几乎每一个国家的人口都不可能纯然由本族人组成。同样道理，几乎没有任何一种语言的词汇不受借词的影响而保持“纯血统”的本族语词汇。就如人们生活于其中的社会一样，语言也是历史发展的产物，一种语言的词汇是政治、军事、宗教、文化、经济、科学诸方面历史发展的积淀，折射出一个民族悠悠的历史进程。

4.2.1 英语借词现状

4.2.1.1 数量

Metcalf 认为：“在现代英语所积累的50万词汇中，相当大的一部分是借入的外族词汇。因此，英语被称作一种借词的语言。”也是因其世界性之强，英语具有了全球性的特征。由于英语对借词一贯以来兼收并蓄，态度开放，所以英语能不断扩充其词汇，吸收借词。这是英语能够成为一种全球语言的一大优势。Crystal 认为：“有些语言（尤其是法语）拒不接受外来的词语，这与英语给予借词的‘欢迎’形成鲜明的对比。”英美两国在世界文化、经济、政治等方面的地位以及英语对借词的开放态度，使英语逐渐成为唯一的一种全球性语言，特别是在第二次世界大战后不断扩大其影响。

在 20 世纪 50 年代之后，英语借词也相应地发生了很多变化。就数量而言，Crystal 认为在这一时期英语中将会涌入数量巨大的借词，它们的数量可能最终会超过中古英语时期借词的数量。而 Jacbson 等却认为近段时间以来，英语中借词的吸收有两个特点：一是能够影响英语的范围越来越广，能从一些越来越不为人所知的语言中借用词语；二是吸收的频率已大为减少。我们认为，英语吸收借词语的频率并没有明显地减少，只是它们所指代的内容和源语的分布发生了一些变化。

4. 2. 1. 2　类别分布

Speake 在《牛津借词词典》的前言中指出：“在英语的最新借词中，反映了前所未有的文化上的兼收并蓄，能体现美好生活方式（lifestyle）的词语尤其是主要的词语来源，也就是那些与民族、饮食、时尚、娱乐和音乐方面有关的词语。”新近吸收的许多借词都体现出了丰富多彩的文化的内容。

反映民族特有事物的词语，在特产、音乐、舞蹈等方面，有来自挪威的 springar（挪威乡村舞蹈或舞曲，节拍为 3/4 拍）、经吉卜赛人从巴尔干半岛传至中东的 zurla（指一种肖姆管，源出克罗地亚—塞尔维亚语）、加纳的 kente（指一种布料或长衫，带有彩色条纹，源出特维语［Twi］）、中东的 hijab（指穆斯林女性的头巾，源出阿拉伯语）、印度的 basmati（指印度香米，源出印地语）、esraj（指一种带和弦的四弦或三弦琴，源出孟加拉语）和 dilruba（指一种长颈四弦或三弦琴，源出兴都斯坦语）、巴西的 lambada（指一种男女双方相互腹部接触的、快节奏的舞蹈，源出葡萄牙语）、波兰的 oberek（一种波兰民间舞蹈，三拍子的节奏，比玛祖卡舞更快）、刚果的 soukous（指一种流行舞曲，源出法语）、巴基斯坦的 qawwali（指一种用于祈祷的穆斯林音乐，源出阿拉伯语）、西非的 balafon（一种西非乐器，类似木琴）、南非的 patha patha（指一种非洲黑人舞曲或舞蹈，源出班图语）以及西印度群岛的 zouk（指一种由合成器和电吉他奏出的舞曲，以迪斯科节拍和加勒比音乐的韵律为特色，源出克里奥耳语）。

饮食词语。在英语中，很多语种或国家与食物相关的词汇都有所体现，如希腊的 gyro（皮塔三明治）、法国的 fromage blanc（软干酪）、马来西亚的 nasi goreng（肉炒饭）、意大利的 calamari（枪乌贼肉）和 ciabatta（拖鞋状橄榄油面包）、墨西哥的 fajitas（指一道菜，用磨碎的干酪、切碎的蔬菜、鸡肉条、玉米粉圆饼包牛肉等制成的，源出墨西哥西班牙语）、印度的 pakora（油炸面糊蔬菜丁）和 rogan josh（咖喱羊肉）、俄罗斯的 taimen（一种哲罗鱼，多见于东亚和西伯利亚）、南美洲的 churrasco（指烤肉，源出西班牙语）、土耳其的 imam bayildi（带馅茄子，油炒蒜味）和 doner kebab（烤羊肉）、波兰的 kielbasa（烟熏蒜味红肠）、罗马尼亚的 sarmale（菜叶、碎肉包、加料）、越南的 nuoc mam（鱼酱，辛辣味）、南非的 koeksister（指辫子状炸面圈，蘸有糖浆，源出南非荷兰语）、中国的 fu yung（芙蓉）等。

最新借词中的一个重要类别就是百科性质的借词，主要是外国的货币名、组织名等。自 20 世纪后期以来，该类借词逐渐或频繁地出现在英美报刊。如货币名有苏联成员国的货币名，如哈萨克斯坦的 tenge（滕格）、阿塞拜疆和土库曼斯坦的 manat（马纳特）、格鲁吉亚的 lari（拉瑞）、乌克兰的 hryvnia（瑞夫尼亚）、亚美尼亚的 dram（德拉姆）等；还有瓦努阿图的 vatu（瓦图，源出比希拉玛语[Bislama]）、秘鲁的 nuevo sol（索尔，源出西班牙语）、不丹的 ngultrum（努尔特鲁姆）、圣多美和普林西比的 dobra（多布拉，源出葡萄牙语）、冈比亚的 dalasi（达拉西，源出当地土著语）、安哥拉的 kwanza（宽扎，源出斯瓦希里语，字面意思为"第一的，首要的"）、巴布亚新几内亚的 kina（基那，源出土著语，字面意思为"蛤蜊，贻贝"）。组织名涉及的源语也十分广泛，阿富汗的 Taliban 或 Taleban（塔利班，字面意思为"知识的寻求者、学生"，源出波斯语，后指原教旨主义穆斯林组织）、巴勒斯坦的 Hamas（哈马斯，字面意思为"热情"，源出阿拉伯语，现为伊斯兰教原教旨主义者组织）、印度的 Hare Krishna（源出梵语，克利须那派教徒）、法国的 Action Directe（法国一极端左翼恐怖组织）、黎巴嫩的 Hezbollah（真主党，字面意思为"上帝之党"，源出阿拉伯语，一极端什叶派穆斯林组织）、西班牙的 ETA（埃塔，字面意思为"巴斯克家园与自由"，源出巴斯克语，指巴斯克分裂主义组织）、尼加拉瓜的 contra（指反政府武装人员，为西班牙语 contrarevolucionario 的缩略）以及中东的 peshmerga（指库尔德人的一民族主义游击组织成员，源出库尔德语）。

4.2.1.3 语源分布

很多专家和学者都对英语的语源做过详尽的阐述和研究。Metcalf 认为"在全世界的 6700 种语言中，有 200 种语言在英语中有所体现，假如不把地名、人名、货币名称等计算在内。"而据 Jacbson 估计，现代英语词汇的来源来自于世界各地的 120 多种语言。也许英语中的借词源出的语言数还远不止这几百种，或许更多，但不管实际的源语数有多少，在英语新词中的借词大多还是从传统的几大源语中吸收过来的。英语中最新借词的源语分布情况简述如下。

A 希腊语和拉丁语

早在古英语时期，英语就从拉丁语中吸收了不少借词。那一时期出自拉丁语的借词，据估计数量在500个左右，如camp、cheese、consul、silk、table、talent等。虽然这两种语言对英语词汇的发展产生了极其重要的作用，但这两种古典语言的重要性是在1500年之后，也就是现代英语初期才得到真正的体现。到目前为止，尽管英语仍从拉丁语中吸收词语，但借词的数量明显地减少很多，没有大量拉丁借词产生了。一般来说，英语新词中一些术语或科技词汇大多是借自现代拉丁语，如ultrasaurus（超大型恐龙，指侏罗纪后期一种与长臂龙有关的恐龙，据信为世上最高的动物）、realia（实观教具）、ex vivo（来自体外的）、dromaeosaurid（厉爪属恐龙，指白垩纪后期的一类两足食肉恐龙）、candida（念珠菌病）、abducens nerve（外展神经）等。

来自拉丁语的借词annus horribilis（恐怖之年，多灾之年）出现在1992年，当年在英国十分流行。首次出现于英国女王伊丽莎白二世在伦敦市政厅所作的演讲中："我没有任何兴趣回忆这多灾多难的一年，这一个词极为吻合我现在可怜的状态，我希望它赶快过去。"原本指那一年对英国皇室来说是一多灾之年，这里列出一些英国女王提及的可怕事件：1992年3月，她的第二个儿子，约克公爵与他的妻子莎拉离婚，因为萨拉的朋友约翰布赖恩吻了裸体的萨拉的脚，而此照片被发表在了小报上；4月，她的女儿，安娜公主与丈夫离婚；6月，关于威尔士王妃的书《戴安娜，她的真实故事》出版；11月，就在市政厅演讲的前四天，女王的家，温莎城堡着火了，城堡损坏严重，一些无价的艺术品丢失，皇室修缮资金紧缺，政府决定打开一些皇家住宅向游客开放，旅游收入将被应用到城堡修缮中去；12月，王室面临进一步的分离，查尔斯王子和他的妻子王妃戴安娜被宣布离婚了。

同样，在现代英语中源语为希腊语的英语新词也比较少。过去从希腊语吸收的借词语一般都具有较强的学术性、科技性或显得比较正式，现在有些词语还是如此，如philia（友好，友谊）、orthosis（矫形器）、nomos（法则，生命之法）、kairos（最佳时机）、hegemon（霸主）、doula（导乐，即助产士）。当然，与拉丁语一样，来自希腊语的最新借词中也不乏一些常用的词语，比如cyber和mega。cyber是于1948年进入英语的cybemetics（控制论）的缩略。自20世纪80年代开始，由于计算机和信息产业技术的发展，需要一系列表示"电脑和网络控制"的新词，cyber这个组合词素也就逐渐活跃起来。mega源出希腊语中的megas，单独作为一个词语使用开始于20世纪后期，最初只表示"巨大的"，后来在英语中用作组合词素的mega逐渐被用以表示"非常棒的、精彩的"，如"I've read a mega book"（我读了一本非常好看的书）。

B 法语

英语从法语中吸收借词始于中世纪时期。自 1066 年开始，大量法语词语涌入英语，法语成了统治者的语言。据估计，到 13 世纪末时，英语中的借词语构成中已有一万个左右的法语词语。英法两国地理位置相邻，有着密切的来往关系，这应该是英语大量接受法语词汇的原因。之后，英语对法语词语的吸收速度有所放缓，法语词语都是陆续进入英语；数量上有所减少，但也并非没有。纵观近几十年来的英语借词，其最大来源仍是法语。

英语新词中法语借词涉及的领域无所不包：与政府、政策等相关的词语，如 systѐme D（应付困难处境的政策或做法）、relance（政策等的重新实施）、franc fort（强势法郎政策）、fonctionnaire（公务员）；与运动有关的词语，如 soigneur（自行车队助理教练）、levade（古典骑术中的前肢起扬）、descendeur（登山所用的绕绳下降金属套）、chef d' équipe（负责日常事务的运动队经理）；与服饰有关的词语，如 salopette（有背带的高腰长裤）和 bustier（紧身胸衣）等；与流行时尚有关的词语，如 partouse（夜总会）、cinq-a-sept（下午 5～7 点间携带情人同往的晚间茶点聚会）、BCBG（为 bon chic，bon genre 的缩略，表示“流行时尚人士”，与英国英语中的 sloane ranger 相同）；与酿酒、饮酒等有关的词语，如 vendange（法国的葡萄采摘季节）、gueule de bols（宿醉）、domaine（葡萄园）、Beaujolais nouveau（新博若莱葡萄酒）；有关于法国一直享有盛名的餐饮业用词，如 nouvelle cuisine（新式烹饪法）、mesclun（幼嫩叶蔬菜色拉）、amuse-gueule（可口小吃）等。

C 西班牙语

来自西班牙语的借词出现在英语中是自 16 世纪起，之后美国英语也不断从西班牙语中吸收词语，到了 19 世纪直接从西班牙语中借用词语，如 siesta、ranch、lasso、canyon、bonanza 等。大多源语为西班牙语的最新借词进入英语的渠道并不是直接的词汇借用，而是间接借用，即从南美西班牙语或墨西哥西班牙语中吸收进入美国英语，这是这些词语包括 tomatillo（粘果酸浆）、telenovela（拉丁美洲的电视肥皂剧）、taqueria（墨西哥煎玉米卷店）、sinsemilla（无籽大麻）、palapa（墨西哥传统的遮阳棚，用棕榈树叶制成）、maquiladora（装配工厂，由美国人在墨西哥开办）、habanero（一种最辣的小辣椒，哈瓦那椒）、chipotle（烟熏干红辣椒，墨西哥的著名特产）、basuco（一种可卡因，常与大麻、烟草、可可粉等一起吸服，纯度不够，十分劣等）和 ancho（大个芳香辣椒）等。除了这些词语之外，还有为数不多的几个直接从西班牙语中吸收过来，如 vino blanco（白葡萄酒）和 tonto（笨的、愚蠢的）。

D 意大利语

吸收意大利语中的词语始于 16 世纪。英语中有许多音乐及其他艺术的词语由意大利语提供。在英语词汇中留下了深深印迹的还有意大利的美食，其中有许多词语都是通过美国英语吸收进来的，如 scampi、pizza、macaroni、lasagna 等。最新意大利语借词的最主要的类别便是一直在延续着的食品类。意大利面食更是遐迩闻名，以其食物精美著称，其中的一些词语便陆续被吸收过来，如 penne（短管状面）、pappardelle（宽条面）、orzo（大麦状或米状面）、fusilli（螺旋形面）、farfalle（蝴蝶状面）、agnolotti（圆锥状肉馅面）等。其他与食品有关的新借词包括 taleggio（有外皮的半软干酪）、rucola（一种菜叶可用以制作色拉的蔬菜）、radicchio（意大利菊苣）、panzanella（用橄榄油和切碎的蔬菜制成的面包色拉）、mascarpone（一种淡味奶油干酪）、focaccia（意大利芳草橄榄味面包）、calzone（有馅比萨饼面团）、caffè latte（牛奶咖啡）、bruschetta（一种用作小吃的烤三明治）、bresaola（意大利腌晒牛肉）。

E 日语

日语借词在英语中的增多与日本在全球经济中的重要地位有着很大的关系。Garland Cannon 在 1987 年对英语中借词语的源语分布进行了研究，结果发现意大利语与拉丁语各占 7%，德语和希腊语各占 6%，80% 的借词来自日语。这一百分比甚至超过欧洲的许多语言所占的比率。最新的日语借词主要涉及经济、流行文化、饮食等方面。与经济有关的词语包括 zaitech（财术）、salaryman（日本的白领人士）、keiretsu（系列企业集团）、karoshi（过劳死）、kanban（看板法）、kaizen（改进）；有关流行文化的词语有 tamagotchi（电子宠物）、manga（漫画）、karaoke（卡拉 OK）、anime（动画片）；有关饮食的词语包括 wakame（裙带菜）、teppar-yaki（铁板烤）、shabu-shabu（涮牛肉，涮猪肉）、ramen（日本的汤面，源于汉语中的“拉面”）、nori（海苔片，紫菜）、fugu（河豚鱼）、tamari（酱油）。

F 汉语

近二三十年来，英语中出现了许多反映当代中国特色的词汇，都是以仿译的方式出现在英语词汇当中的。不久前，位于美国的“全球语言监督”机构发布报告称，在全球化大环境下，中国式英语正强烈冲击着英语，大量的中文词汇进入英语，成为英语新词汇最主要的来源。根据“全球语言监督”的统计，近 20 年以来，中式英语对于英语词汇的贡献超过任何其他来源，英语中汉语的借词量从 5% 达到了 20%。该机构主席帕亚克表示：“由于中国经济增长的影响，现在的语言形式令人感到惊讶，相对于英语国家，汉语现在对国际英语的冲击是最大的。”在理解这些跻身全球英语行列的中文词汇时，不需要特别的解释，母语为英语的人士都能够很好地理解这些新词和词组。例如：loving care project（爱心工程），eight-treasure rice pudding（八宝饭），retum students（复读生），China Compulsory Certification（中国强制认证），“One country, two systems”（一国两制），Spark Program（星火计划），Hope Project（希望工程），tube-shaped apartment（筒子楼），Western Development（西部大开发），Hong Kong Special Administrative Region（HKSAR）（香港特别行政区），comfortable housing project（安居工程），vegetable basketprogram（菜篮子工程），three represents theory（三个代表），harmonious society（和谐社会），Chinese knot（中国结），vanity project（形象工程），Little Smart（小灵通），Crosstalk（相声），Three Gorges Project（三峡工程），Shanghai Cooperation Organization（SCO）（上海合作组织）。

G 其他语言

英语还从亚洲、非洲、欧洲的其他语言中吸收词语。

（1）亚洲国家的语言。这类借词包括：韩国语中的 chaebol（由家族拥有的大型公司），马来语中的 ikat（扎染布），旁遮普语中的 bhangra（一种流行音乐，融合西方摇滚乐成分并以旁遮普民乐为基调），泰米尔语中的 sambar（浓味小扁豆）和 kavadi（背在肩上的赎罪架，印度教徒忏悔时使用），印地语中的 paneer（凝乳干酪），乌尔都语中的 garam masala（辛辣香料粉），波斯语中的takht（床，沙发），土耳其语中的 sheshbesh（一种十五子游戏，产自中东），希伯来语中的 kippa（无檐便帽，正统派犹太男教徒所戴）、eruv（安息日活动范围，尤指犹太教徒）和 challah（安息日吃的白面包，尤指犹太教徒），阿拉伯语中的 wali（省长，阿拉伯国家）、intifada（巴勒斯坦人暴动，旨在反对自 1987 年以来以色列占领巴勒斯坦土地）和 rai（一种流行乐，融合西方摇滚乐、阿尔巴尼亚和阿拉伯民间音乐等音乐成分）。

（2）非洲语言。这类借词包括：豪萨语（Hausa）中的 wahala（麻烦、不方便）和 alhaji（去麦加朝圣过），南非荷兰语（Afrikaans）中的 outjie（小孩）和 naat（钻石结构的不规则），kiboko（河马皮鞭）。

（3）欧洲的其他语言。这类借词包括：捷克语中的 velvet revolution（为 sametov ά revoluce 的直译，指 1989 年捷克斯洛伐克的非暴力革命）和 kolach（捷克共和国和斯洛伐克的一种水果馅饼），荷兰语中的 gabba（一种声音刺耳、节奏快的货仓音乐（house music））和 woonerf（设有减缓交通设备的道路），俄语中的 glasnost（公开性）和 perestroika（改革），挪威语中的 gravadlax（加了调味品的生大麻哈鱼），德语中的 traffic calming（在居民区等地筑起坎坎或路障等以减慢交通的做法，为 Verkehrsberuhigung 的直译）、tafelwein（普通的德国葡萄酒）、fingerspitzengefühl（直觉，机敏）、waldsterben（因大气污染引起的森林树木死亡）、realo（环境保护运动中的现实派成员或非激进成员）等，葡萄牙语中的 vinho verde（葡萄牙新酿葡萄酒）和 vinho corrente（廉价葡萄酒），丹麦语中的 landnam（为耕种对林地的清理）。

4.2.2 汉语借词的现状

第二次世界大战结束，尤其是中国实行开放政策以来，美国和英国等英语国家采取了一系列措施，在电影和电视节目、媒体以及消费文化等领域，主动向中国渗透英语文化。

4.2.2.1　数量

改革开放的伟大决策结束了我国长期的封闭状态，中外交往剧增，不仅同许多国家建立了广泛的经贸关系，还恢复和发展了向国外选派留学生、访问学者的制度，增强了中外文化、科技及许多领域的交流。伴随着中外文化多渠道、多层次的交流，汉民族的传统观念日益更新，许多新事物、新技术从西方社会蜂拥而入。表现在语言上就是大量的借词闯入我们的生活。改革开放后的数十年间，借词数量剧增。对外开放政策的施行和人们思想观念的更新，促成了汉语借词数量的急剧上升。

所有这一切，不仅有力地促进了我国的经济建设和文化事业的发展，同时也使汉语进入了一个大量借用借词的新时期。因此，随着我国改革开放的步伐加快，教科文等行业的对外文化交流的不断深入发展，英语成为仅次于汉语被运用得最多的语言，在我国外事、教育、科研、民间交往等诸多领域中都发挥着极其重要的作用。英语不断地大举“入侵”中国语言和文化，就连专业人士有时也不免措手不及，普通大众更是时常感到难以应付。英语来袭，势头越来越猛，数量之大、增长速度之快，创汉语借用借词历史新最。据估算，仅自改革开放至1998年，汉语中的英语借词已由1%上升至5%。随着改革开放的进一步深入，人们接触到的英语借词也越来越多。

4.2.2.2　类别分布

改革开放以来，汉语词语中的借词不仅在“量”上有了明显上升，而且它还渗透到社会生活的各个领域。只要一接触传媒领域，便可发现大批借词涌进人们的语言生活，给言语交际增添了新的活力。其中以科技、思想观念、经济和日常生活的词语居多。这一时期进入汉语的英语借词数不胜数，计算机领域、广告用语以及经济方面所使用的英语借词数量更多于其他领域。

(1) 有关政治、经济方面的有国内生产总值（GDP）、世界贸易组织（WTO）、冷战（cold war）、穿梭外交（shuttle diplomacy）、峰会（summit meeting）、禁飞区（non-fly zone）、热点（hot spot）、信用卡（credit card）、合资企业（joint venture）、产业政策（industry policy）、企业集团（enterprise group）、资产评估（assets evaluation）、生态农业（ecologic agriculture）、市场疲软（market slump）、风险投资（risk investment）、风险报酬（risk reward）、所得税（income tax）、增值税（value-added tax）、条形码（bar code）、泡沫经济（frothy economy）、集约经营（intensive management）、粗放经营（extensive

management)、资源配置（resources allocation)、物质资源（material resources)、可持续发展（sustainable development）等。

(2) 有关文化、教育方面的有托福考试（TOEFL)、雅思考试（IELTS)、智商（IQ)、多媒体（multi-media)、文化休克（culture shock)、知识产权(intellectual property）等。

(3) 有关科技方面的有电脑产业（IT)、中央处理器（CPU)、下载(download)、电子邮件（E-mail)、克隆（clone)、基因（gene)、艾滋病(AIDS)、流行病（epidemic)、高保真度（hi-fi)、脱氧核糖核酸（DNA)、信息爆炸（information explosion)、信息技术（information technology)、信息管理(information management)、信息高速公路（information highway)、人工智能(artificial intelligence)、电子信函（E-mail)、个人电脑（personal computer)、办公自动化（office automation)、程控电话（program-controlled telephone)、移动电话（mobile telephone)、BP 机（beeper)、黑匣子（black box）等。

(4) 有关社会生活方面的有自动柜员机（ATM)、丁克家庭（DINKS)、白领（white color)、双赢（double win)、蜜月（honeymoon)、自助餐（buffet)、热狗（hot dog)、百事可乐（Pepsi-cola)、麦当劳（McDonald's)、拷贝（copy)、呼啦圈（hulla-hoop）等。

改革开放以后，汉语中出现了大量源自于英语的借词，涉及面极为广泛，这充分说明英语作为全球性语言所具有的影响力和特殊地位。在这些数量庞大的英语借词中，尤其以科技领域的借词居多，这说明全人类共享全球人类创造的科学文化知识，科学没有国界，很多科学技术术语由一种语言进入多种语言是世界范围的科技交流传播的良好结果，科技、语言都为大多数文化群体所接受。

4.2.2.3 语源分布

汉语中的借词大都来自英语和日语，也有极少数来自其他等国家。

A 英语

脱口秀（talk show）先流行于中国香港和中国台湾地区，是电视、电台的一种访谈节目，目前我们在报刊上常见到这个译词。“秀”也成为了活跃的构词语素，如表演秀、服装秀、脱口秀。

代沟（generation gap）一词本是汉语里没有的，意为“两代人难以相互沟通和理解，新一代青年的价值观念和生活方式，和老一辈人发生了强烈的冲撞”。这种状况始于第二次世界大战以后，西方世界经历了巨大的变革，政治、经济和科技都发生了很大的变化，于是出现了一个新词语 generation gap。而这种情况十分符合中国当前的家庭状况，因此“代沟”这个词语很快被汉语所吸收并利用。

销品茂（shopping mall）这个名称始见于上海的一些大商场，英文原意是

“大型散步区的购物中心”。

随着巴士（bus）和的士（taxi）的借入和使用，衍生出小巴、中巴、大巴的用法；面的、摩的、的姐、的哥、的嫂、打的、板的等词语也已经为我国广大人民群众所广泛使用。

按揭（mortgage）意为“房屋抵押贷款”，其英文释义为“an agreement to have money lent, esp. so as to buy a house, by which the house or land belongs to the lender until money is paid。”“按揭”这个音译词要比意译词“分期付款”更具有广告效应，“按揭”其实是中文粤语的音译词。

其他典型的例子是牛仔裤和比基尼。20世纪70年代末，我国青少年中开始流行一种用斜纹棉布制作的裤子，英语称作“jeans”。由于当年美国西部的“牛仔”常穿这种裤子，因而当它进入我国市场后，汉语称之为“牛仔裤”。后来，又由“牛仔”派生出了牛仔布、牛仔装、牛仔衣、牛仔鞋等汉语借词。“比基尼”译自英语词bikini，指一种由背扣式胸罩和三角裤两部分组成的女式泳装。

B　日语

反映人们休闲生活的一个典型借词就是卡拉OK。“卡拉OK”作为一种娱乐形式最初源于20世纪60年代的日本。“卡拉”在日语中意为“空白”，“OK”则是英语orcheskra（管弦乐队）的缩写形式。“卡拉OK”实际上是指一种无人伴奏的自娱自乐形式。随着这种娱乐形式在我国的传播，不仅“卡拉OK”一词已经深入人心，同“卡拉OK”有关的一些借词，如镭射影碟（laser disc）、KTV包房等也开始流行起来。

日语词本来就是汉语借用的一个重要来源。现代汉语词汇体系的形成就得益于日语甚多。从1972年中日关系开始正常化以来，已经走过了40多年。日本的中国留学生人数仅次于美国，到21世纪初已达8万左右。日本比美国距离近多了，文化习惯也接近多了。中国人来来往往，不断带回新的东西和新的观念，同时，也带回不少新的词语。

从20世纪80年代一直到21世纪的今天，中国留学生大量进入日本，中国民众的观念有了很大的变化，中日之间的经济贸易和文化方面的交流特别活跃，因此就借入了更多汉语没有的音读汉字词，其中相当部分反映了新的社会经济概念。例如：

（1）就学生，指近年来自费到各类语言学校过日语关的外国学生，尤指中国学生，日语音为shyugakuseio。

（2）店长，商店的总负责人，经理。日语音为tencho。

（3）量贩，多种商品大批量地贩卖，这样的商店称为量贩店。日语音为ryohan。

（4）看板，广告板。主要使用于中国台湾。日语音为kanban。

(5) 劳务，工作劳动方面的事务。日语音为 romu。

(6) 业态，产业样态。日语原指企业或营业情况。日语音为 gotai。

(7) 物流，指货物从生产者到消费者之间的流通过程，包括包装、搬运、输送、储存、保管和情报流通。日语音为 butsuryu。

(8) 空港，机场，飞机场。日语音为 kuko，意译自英语 airport。

(9) 新干线，日本的高速铁路。开始是专名。日语音为 shin-kansen。

(10) 住民，居民。日语音为 jumin。

(11) 研修生，进修生。日语音为 kenshusei。

(12) 不动产，土地及地上不能搬动的房屋等物件设备。不动产业则指有关房屋的建筑、装修、管理、买卖等的总称。日语音为 fudosan。

(13) 会所，聚会的场所。日语音为 kaisho，意译自英语 club house。

(14) 玄关，门厅与门户之间一小块用来换鞋置伞的地方。日语音为 genkan。

(15) 空调，空气调节器。日语音为 kucho，意译自英语 aircon。

(16) 亲子，父母和子女之间。日语音为 shinshi。

(17) 人气，受欢迎的，为大家喜爱的。还可组成“超人气”这样的词。日语音为 ninki。

(18) 过劳死，过度劳累而死。日语音为 kaloshi。

(19) 瘦身，减肥。日语音为 soushin。

(20) 写真，照相，照片。最初为古汉语词，系指容貌逼真的绘画。日语音为 shashjn。

(21) 汉方，中医药。日语音为 kanpo。中国台湾较早引进，多称汉方药。近年中国大陆也开始少量出现，如“汉方美容”，用中医药来美容，日语音为 kanpobiyo。

(22) 攻略，攻防的策略。日语音为 koryaku。

C 俄语

1949 年，这是一个划时代的年份。从这一年开始，中国进入了新时期，语言交流也进入了新时期。从 1949 年开始，中国进入建设恢复期，开始在各民族间尝试建立新型的关系，社会制度和国际交往这一切都在摸索中。这个时期的借词是不平衡的，直接来自欧美的借词越来越少，直接来自日语的几乎没有，而来自俄语的却大量增加。这与 20 世纪前半期大不相同，那时期从俄语借入的比较少。俄语借词主要有

(1) 杜马，俄罗斯国家议会，相当于下议院。

(2) 喀秋莎，移动式火箭炮。

(3) 拖拉机，一种用于农耕和运输的强力牵引机动车，有履带式和轮式

两种。

（4）伏特加，俄国的一种烈性酒。

（5）卢布，俄罗斯和苏联的基本货币单位。

（6）卡普伦，又作卡普隆，一种以苯化合物为原料的合成纤维。

D　其他国家

干邑，一种法国葡萄酒。由粤语译自法语 cognac，因产地法国 Cognac 而得名。

汉堡（包），一种西式快餐，夹有牛肉排的小圆面包。译自英语 hamburg、hamburg steak，因德国城市 Hamburg 而得名。

比萨（饼），一种意大利馅饼。译自意大利语 pisa，因产地意大利城市 Pisa（比萨）而得名。

贡多拉，意大利威尼斯的一种月牙形小船，船头上翘呈 S 形，象征大运河，前面有六个齿，后面有一个齿，象征市中心和六个区。译自意大利威尼斯方言 gondola。

4.3　英汉借词语义：多次认知加工的产物

4.3.1　认知一次加工

语言是一种认知活动，是认知客观世界经验进行组织的结果。语言的运用和理解过程也是认知处理的过程，因此语言能力不是独立于其他认知能力的一个自治的符号系统，而是人类整体认知能力的一部分。

借词是语言接触的一种结果，而语言接触又以文化交流与接触为前提、为共生物，因此借词也是异文化的一种存留。在没有发生文化语言接触之前，词汇不会自动发生“借贷”，这时的词汇是某种语言构成的重要元素，是某种语言交流的具体符号单位，是为整个语言集团全体所共有的；词汇是集主客观世界于一体的代表，是世界客观与人类主观精神产品的相结合的产物。词汇受到形形色色的自然或非自然的万物深刻影响，其背后所隐藏的是丰富多彩的客观物质世界和人类思维过程中所产生的概念。

某种语言的拥有者和使用者对于客观世界的认知活动，可以被看作是对客观世界信息的认知加工过程，人类的认知机制针对所输入信息的不同环节，进行不同层次的、对性质的加工和处理。因此，词汇意义是人们认知加工的结果，是头脑中概念的凝化。词语起到为概念表征产生提示的作用，意义不是源自能够被客观定义的世界，而是来自能够反映我们所有经验的有结构的心理表征。

词义与主观认知密切相关。在世界与语言之间存在“认知”这一中介，语言形式是体验、认知、语义、语用等多种因素促动的结果。意义是基于体验和认知的心理现象，意义不能脱离人们的身体特征、生理机制和神经系统，“描述意义就是要描述心理表征（mental representation）”。以此观之，词汇意义是大脑中形成的不同的意象，从而反映对事物的不同认识；词义的构建和理解都依赖于心理空间的识解和场景的识解。总之，意义是以体验为基础的，意义等同于概念化。

4.3.1.1 词汇语义的体验性

客观现实世界是人们体验和认知的基础，认知是人们对客观世界感知与体验的过程，是人类与外部世界、人与人互动和协调的产物，是人类对外在现实和自身经验的理性看法。通过认知，人们对世界的经验进行组织，从而形成有意义的概念以及概念结构，其间须包含推理、概括、演绎、监控、理解、记忆等一系列心智活动。在概念形成以及推理过程中，人的想象力（心理意象、隐喻和转喻认知方式、图式组织）和人的身体经验、人的感知觉能力以及生理构造（注意力、选择、观察）扮演了重要角色。但概念结构是人类在与客观世界的现实互动过程中形成的，并不等同于客观世界的外在构造和结构。“语言的结构与功能都积淀了人类的经验，语言对现实世界的反映是以人的认知作为中介的，过程大体是：外部世界—认知加工—概念范畴—语言符号。”

认知语言学强调认知的主体性，体验哲学是其哲学基础。特定的知觉产生的主观变量是认识主体的自身因素。例如，知觉过程的结果，在一定程度上，都会被主体对事物的爱好、兴趣、需求、态度以及主体的期望、准备状态等影响。主体的知识经验在这些主观因素中起重要作用。对于同一客观对象所形成的知觉映像，不同主体的不同知识经验就会出现不同程度的偏差。这是因为参与的知识和经验，反映出这种理解感知的形式包含的主动性和主观性因素。因此，感觉与知觉不同，两者之间存在着一条界线，界线的一侧是反应性原则占主导地位，另一侧则是能动性原则占主导地位，所以知觉不是反应性的而是真正能动性的。

著名人类学家沃尔夫说，客观世界如同万花筒，呈现给我们五彩缤纷的印象，必须由我们的头脑加以组织，也就是说主要依靠头脑中的语言系统去组织。人类的认知始于范畴化，之后获得范畴，依据范畴，形成概念，最后将概念有系统地组织起来，因此范畴和概念是范畴化的结果，而范畴化是范畴和概念形成的基础。一旦在客观世界中出现新的事物，人们就会对这种新的经验进行组织，然后形成有意义的概念和概念结构，这便是认知的过程。人类自从有了语言之后，就会自然而然地将概念或范畴进行词汇化操作，也就是说，将范畴化和概念化的结果相对固定于词语表达之中，这叫做范畴或概念的词汇化，其过程为“客观世界—概念（化）、范畴（化）—词汇化—词语”。

因此，词汇最初来自人类对自身和空间（包括地点、方向、运动等）的理解，然后通过丰富的想象力，运用隐喻等认知策略扩展开来，逐步形成了人类的概念系统，在某一种语言中固定下来。我们这里探讨的借词语义在源出语中形成的初级阶段可以被解读为在源语环境下的词汇化过程。

相似的经验产生相似的认知视角。比如对于商店，人们都有相似或相同的经验，这一经验源自生活，来自相似的生活模式和社会模式，如生活习惯、言语交际、行为习惯和社交习惯等。基于相似的经验，人们对商店这个实体有着一定的共识，并认为商店是一个综合实体，包括结构（柜台、货架、货品、顾客、收银员等）、属性（舒适、宽敞、狭窄等）、功能（提供买卖、休息）等部分。这些都是“人们基于自己的经验而获得的对事物的印象，是有关该事物的百科性的知识，它们形成了该事物的意义”。这样的共识就会促成词语“商店”的默认义。

近年来在英语、汉语中，有大量的新概念出现，人们根据相似经验对其进行概念化和词汇化，使其被接纳和采用，产生大量的新词词义。例如：

（1）leisure sickness，休闲病，即在休闲时候，特别是周末和假期出现的身体不适（ill health that occurs during leisure time, especially on weekends and vacations）。休闲病主要有两种，一种是在周末或者假期开始时，紧张工作的压力突然抽掉，容易产生反胃、疲乏、头痛等症状；另一种则是有人厌倦了工作中的激烈竞争，便辞职过起平静生活，接下来却发现小病不断，生活无聊，情绪低落。

（2）LOHAS，乐活族。该词是“Lifestyle of Health and Sustainability”的首字母缩写，直译是“健康和可持续性的生活方式”，音译为“乐活”是再恰当不过了。“乐活族”在做消费决策时，会考虑到自己与家人的健康以及环境责任。比如尽量穿有利于环保的纯棉麻衣服、少制造垃圾、使用可回收的垃圾袋、出门用布包、吃素食等。LOHAS一词是1998年才出现的。

（3）online oxygen，网络氧气。“上网”已经成为数亿人的家常便饭，网络已经和日常生活联为一体，成为生活的必需品。生物生长需要阳光、空气和水，人还得加上网络。一个英语新词把网络看成和空气一样重要，这就是online oxygen（网络氧气）。

汉语中的本土新词也是层出不穷。例如：

（1）月嫂，专业护理产妇与新生儿的一种新兴职业，提供专业护理保健，从心理到生理上全面呵护，以此保证宝宝健康成长并指导新妈妈运用科学的方法哺育宝宝。相对月薪只有几百元的普通保姆，月嫂属于高级家政人员，她们每月拿着比普通保姆多几倍的薪金，肩负一个新生命与一位母亲是否安全健康的重任，有的还要料理一个家庭的生活起居。

（2）山寨，是一种由民间IT力量发起的产业现象。其主要表现为仿造性、快速化、平民化。主要表现形式为通过小作坊起步，快速模仿成名品牌，涉及手机、数码产品、游戏机、日用品等不同领域。这种文化的另一方面则是善打擦边球，经常行走在行业政策的边缘，引起争议。

(3) 裸婚，是指不买房、不买车、不办婚礼甚至没有婚戒而直接领证结婚的一种简朴的结婚方式，是2008年兴起的网络新词汇。由于生活压力以及现代人越来越强调婚姻的自由和独立，婚礼在年轻一代的婚姻中被重视的程度日益削弱，因而裸婚也就成为“80后”最新潮的结婚方式。

(4) 草莓族，多用来形容1981年后出生的年轻人像草莓一样，尽管表面上看起来光鲜亮丽，但却承受不了挫折，一碰即烂，不善于团队合作，主动性及积极性均较上一代差。开始投入职场的“草莓族”最大的特色之一，就是工作时往往没什么定性，只要有更好玩的工作，或是较高的薪水，就会见异思迁。

人们在范畴化和概念化的过程中，可从相同角度来认识空间、事体、事件等，但也可以从不同角度来认识它们的不同特征，并对其进行词汇化。不同的人、不同的民族认知事物的角度可能是不一样的，识解（construe）世界的方式也就会存在差异，这也就解释了同样的世界、事件，各民族可能有不同的概念化方式，也就有了不同的词语表达手段。词义因语言和文化的不同而有很大差异，因此，词义具有民族性；而概念，一般说来，则是各民族所共享的，具有普遍性。

但是人类有相同的身体构造，所生活的环境空间也有很多相似之处，感知体验虽有差异，但仍有很多共通之处，这就成为人们理解不同文化背景下语义结构的基础。相对性中具有普遍性，普遍性中也有相对性，两者具有辩证统一的关系。范畴划分，就其本质而言，是一个概念形成的过程。每个概念都有一个对应的范畴。概念是各民族所共享的，具有较大的普遍性。范畴的形成过程实际上就是概念的形成过程，也是意义的形成过程，这一过程是每个民族共有的，正由于此，世界上操不同语言的民族才能相互理解，得以交流。

不同的民族概念凸显的方式存在很大的差异。同一个物体，由于概念化的凸显方法不同，产生了不同的认知结果，因而英汉两个不同民族的语言使用者对于词汇化就有了不同的命名思路和结果。如对于“眼镜”这一事物的词汇化，英语民族有两种认识方式：其一是spectacles（词根spect，意为“看”），这种词汇化范式侧重功能并以其为依据取名；其二是glasses，这种范式侧重其构成材料，指用两块玻璃做成的物体。而汉语中的“眼镜”指架在眼睛前的一种镜子，主要抓住了使用场所这一特征，这说明中国人对该事物的认识过程与英语民族不完全相同。

再比如，对于“可以携带的无需连接电话线固定在某处的电话机”的名称有若干个，每个名称都反映和突出了其某个方面的特征。在中国，这种电话刚刚时兴时，被称为大哥大，在当时被视作一种身份的象征，显然这一名称已经被赋予了社会意义，不仅仅是强调这一新型电话的物理方面的属性了；在佛兰芒语中，它被简称为 eengsm（global system for mobile communication），则突出了这一新型电话的全球移动通信特性；法语则称为 un portable（便携式电话）；在德语中，这种电话被称为 ein Handy（手提电话），handy 借自英语，德语更强调简易实用的方面；在英式英语中，简单明了地称为 a mobile phone（移动电话），强调的重点放在了这种电话的移动特征方面；在美式英语中，称为 a cellular/a cell（蜂窝）或称其全称 a cellular phone/a cell phone（蜂窝电话），这是根据如蜂窝网络状分布的通信服务基站而得名。另外，还有因电话的形状像传统的糖果棒而得名的 candy bar phone（糖果棒手机），有时也称为 chocolate bar phone（巧克力棒手机）。还有指体积较小的手机，叫做 yell phone，据称，体积越小的手机，用户大声讲话的可能性就越高。虽然指称意义相同，但词汇化同时受制于人的认知，汉语和英语的使用者在认知上存在极大差异，反映了主体性认知和语义对词汇化的共同干预。其词汇化的基本观点如图 4-1 所示。

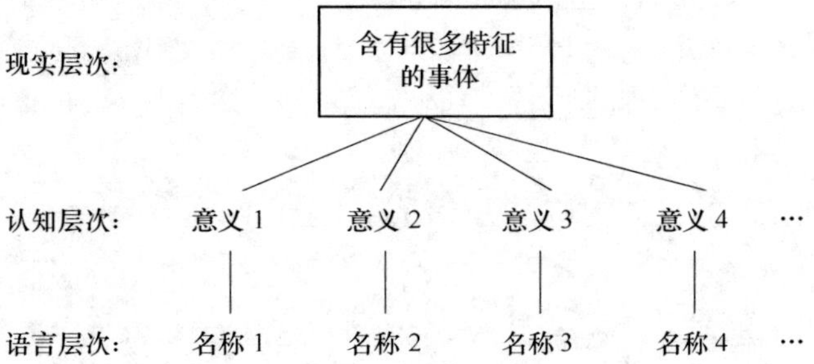

图 4-1　词汇化的语言实现层次

认知主体的能动性不是孤立的，而是基于体验的，它建立在主体的百科知识基础之上。

4.3.1.2　词汇语义的百科性

语言符号不是对客体进行毫不走样的复制，而是一种抽象的、概括的、特殊的音义结合系统，但它也是对客观世界的一种反映。指出人们对世界的解释隐含着意义的存在，这种普遍规律存在于自然语言中。“语言的产生是基于认知的基础上的，是对世界的认识的结果；语言知识只不过是语言符号而已，人类对于世界的知识固化于其中，语言理解和运用的过程也是认知处理的过程，非语言知识和语言知识是难以区分的。这正是认知语言学的观点。”正因为如此，“人类才有可能通过语言符号的使用来建立一个全新的虚拟世界并且可以选择和组合语言符号来反映客观发生的现象。”

认知语言学的理论取向是经验观。经验观的具体体现是认知框架及理想化的认知模型。经验观中有一个共识的假设，即交际者双方或多方的文化知识、语境知识和认知结构的很大部分是重叠的，交际者之间具有相同或相似的认知图式和模型，因此在建构意义时能达成一致。两者都是认知主体对客体进行认知加工（cognitive processing）的操作手段。认知主体对话语的理解和记忆并不依赖于对话语的直接复制，而依赖于对话语的认知加工。认知主体的认知工具为认知框架和理想化认知模型，因为“每一个 ICM 都是一个完形结构整体。人的语义与客观世界、身体构造和功能、认知能力和方式、文化、信仰、主观因素不可分离，与 ICM 密切相关”。所以，词义是以识解者的百科知识为背景、以认知模式为工具的动态建构。

词义体现着百科知识，体现了与词语相关的主客观因素对词义的创造性影响，如人的体验（词义是框架）、人的感知（词义是意象）、人的想象（词义是隐喻）和人的认知（词义是格式塔）。因此，语言反映的世界不是镜像的客观世界，而是语言范畴化概念结构的映现。随着一个人所获得的知识越来越多，这时存储在长时记忆中的知识体系不断地被重新组织，知识的数量也在不断增加，即人类的知识是通过自身地不断建构和重构获得的。这个过程受到个体知识结构的限制，既受到个人原先所获得的知识的影响，同时也受到个人先天倾向的影响，并且绝大多数知识是以领域为单位逐个获得的。

Langacker 将百科知识分为四类：

（1）规约的（conventional）。

（2）概括的（generic）。

（3）内在的（intrinsic）。

（4）典型的（characteristic）。

比如，关于“牛扒”词汇概念的知识可能包括西餐中的正餐和主菜，不同的种类会有不同的烤制方式和火候时间。关于牛扒的非规约的知识则可能是某人吃了一顿西餐后，结果导致肠胃不适，闹肚子。概括知识适用于一个特定范畴的很多例子，因而很容易成为规约的知识。概括知识可以包括中国人可能认为八成熟的牛扒正合口味，比较好吃。这种知识与范畴个例相关的特别知识形成对照，例如，“今天晚上你的那份牛扒没太熟”是个特别的知识，局限于一顿特定的西餐而已。不过，当具体知识变为习惯时，就有可能为更多的人了解。与内在的特征相联系，内在的知识不受外部因素的影响。物体的形状属于内部的知识，并非所有的内部本质特征都很容易识别，因此，不一定成为规约知识。外在知识与内在知识相对应。典型的知识是指知识对于某些类型的实体的独特性的程度，牛扒可以食用不是典型知识，因为可以食用的肉类有很多。

规约的知识可能在词汇概念的心理表征中占有中心地位，是一个言语社区中的成员广泛知晓并共同拥有的。每一种知识都会对词意某一方面的凸显产生作用。这四种知识，构成一个相互关联的连续统，如图 4-2 所示。知识可以产生在连续统的任意点上，一个人了解的非规约的知识可以被整个言语社团所了解，或者为一部分人知晓，成为规约的知识。

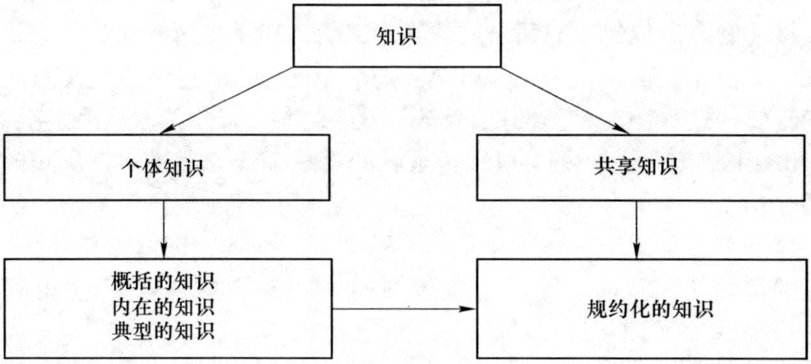

图 4-2　百科知识的构成

百科知识形成于上述四种知识的互动之中，同时，意义的选择也取决于语境因素的影响。词语的核心意义是相对稳定的，而每个词所通达的百科网络则是动态的，随着言语使用者个人的经验的增加而不断变化的。

意义建构会引发语言变化，对语言会产生影响；反过来，概念表征还可以获得动态的意义建构。百科知识相互连通、彼此缠绕，语言则是各种知识通达稳定的触点，为意义的概念表征起到提示作用。词组、熟语、词、词素等都与“意义潜在”有关，常规化的所有这些词语的意义潜式主要指一个人能与单词或词组联系在一起的信息总和以及这个人大脑中储存的该词语的用法。语义信息的总和包括人们常说的词语的“词汇”和“百科知识”信息。因此，词义中包含着认知经验和能力，语义不可能排除语言使用者和拥有者的这些经验和能力。还有一种激活潜式是词语的核心义，该义项可以独立于语境存在，与该词语相联系的部分意义都可以通过核心义的激活来完成，因此是一种激活潜式。当词语被人们使用时，它激活其意义潜式。一个词项，并不是包括了一个固定的、有限的和独特的语言意义表征，而是提供了一个到达无限多的概念和概念系统的路径，词语是通过灵活的、开放的和依赖语境的方式来激活相关的概念系统的。一个语言形式通过“投射”或突出相关领域的某一特定区域而获得其意义，同时，“投射”隐含着通过某一合适的图式或一组图式对某一领域进行组合。例如，Tuesday 这个词的意义可以由与它相关的理想化认知模型（ICM）来定义。该理想模型包括一个由太阳移动状况所规定的自然周期，区别一天的结束、新一天的开始和星期构成的认定方法。在这个理想模型里，星期就是由七个部分按照线性序列组成的一个整体，每个组成部分为某一天，其中第三个部分是星期二。同样，weekend 一词的意义要求在星期的基础上添加五个工作日外加两个休息日的概念。

4.3.2　认知二次加工

使用不同语言的民族在移民杂居、战争征伐、文化交流、贸易往来的过程中，其语言之间必然发生相互接触。语言是人类交流和交际的工具，互相接触的语言会彼此影响，这种影响涉及语法、词汇和语音等各个层面。美国语言学家萨丕尔曾经说过：“语言，像文化一样，很少是自给自足的。交际的需要使说一种语言的人和说临近语言的或文化上占优势的语言的人发生直接或间接接触。”几乎任何语言的词汇中都包含一定数量的借词，因为任何一个民族都不可能是完全封闭的、孤立的，在其发展的历史长河中都要同其他民族进行交往和接触，英语和汉语也不例外。“一种语言对另一种语言最简单的影响是词的‘借贷’。”

词汇离开源出语境，通过各种途径直接或间接地进入目标语境，形成借词语义。目标语境中的人们对其语义进行二次认知加工，借词意义是目标语认知体系与源语词汇意义共同作用的结果。我们认为借词语义形成经过了以下过程和步骤，如图 4-3 所示。

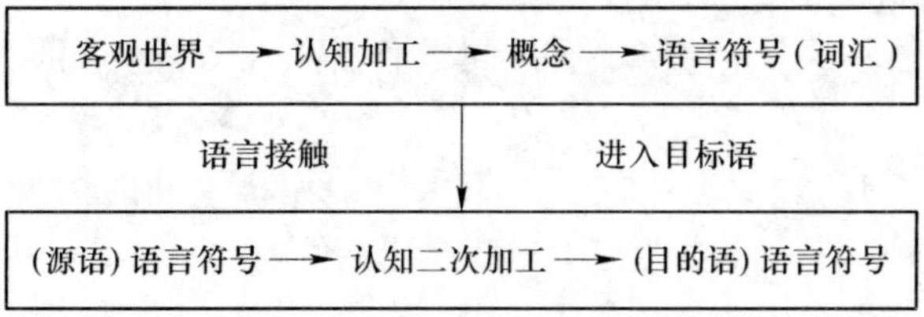

图 4-3　借词语义的形成过程

对于借词语义的“认知加工”，加工的对象是外来的概念，是在外民族对客观世界已经进行了一次认知加工的基础上进行的再次加工，即是一种“认知二次加工”。“认知二次加工”的研究对象是整个民族集体的心理过程与心理结构，不仅仅局限于个体的心理过程和结构。“认知二次加工”的过程其实是记忆过程的再认知，需要先识别词汇，然后再在识别的基础上与其他词汇建立联想，并与有关的故事和表象联系起来，建立语义加工层次。

对借词的语义二次加工所涉及的是两个民族文化和语言的碰撞和相互影响，这已经不单单是针对一个民族的认知心理。因此，英汉借词“认知二次加工”概念涉及的是在意识水平上对思想和表象的加工，已经不只是对记忆过程的再认知；这里的“认知加工”指的是认知加工的结果——认知结构，即通过认知外民族对世界的经验而形成的有意义的概念和概念结构，也不单指人类信息加工的过程。

从纯外语词项到本民族借词语义的形成，是一个复杂的心理认知和选择的过程，“认知二次加工”的进行是采取了一定模式的。大脑要怎么寻找已存在的概念，怎么把已存在的概念与新的概念联系和对应起来，之后又怎么进行归类，这些问题都可以在“认知二次加工”的模式里找到答案。这里的“认知”是整个民族在该民族所拥有的知识结构的基础上，接触、理解和接纳外来新概念的认知，是整个民族集体的认知，已经不是个人行为的认知，旧概念结构从中得到发展与改造，新概念结构为旧概念结构所吸收。

词与词之间存在着各种关系，如包含、相同、反义、相似、重叠、对立等。在很大程度上，某一个词的意义取决于该词与其他词的关系。因此，一个词的意义是处于系统之中的，不是孤立存在的。在会话中，尽管有些词语并没有被使用，但他们却能够决定话语中使用的词的意义。巴赫金指出：“总之，情态、评价、感情是语言之词所没有的，它们只是在词语实际用于具体表述的过程中才能产生……语言之词是无主的，但是，我们却只在明确特定的个别人的作品中读到它们，在明确特定的某人的话语言谈中听到它们，而在这里所说的词鲜明表现出来的是个人的情态，不仅是典型的情态，个人的情态是独一无二的，而且题材不同，词汇所表现出来的个人情态的程度，为个人表述语境所决定。”这里，巴赫金强调的词语的意义通常会受到使用者的意识形态和语境的影响而发生变化，词典暗示词汇的固定意义，但在实际的词汇使用中，它们并不总是具有固定的意义。

使用者和语境的意识形态或立场不仅可以使完全不同的词具有相近或相同的意思，而且还可以使同一个词具有不同的意思。这正应了 Volosinov 的话：“一个词有多少使用语境就有多少个意思；一个词的意思完全取决于它的语境。”这句话虽然略显夸张，但并非没有道理。借词与目的语中的词汇相互影响，促使借词语义发展变化。

我们认为借词语义形成的“认知二次加工”经历了如图 4-4 所示的步骤。

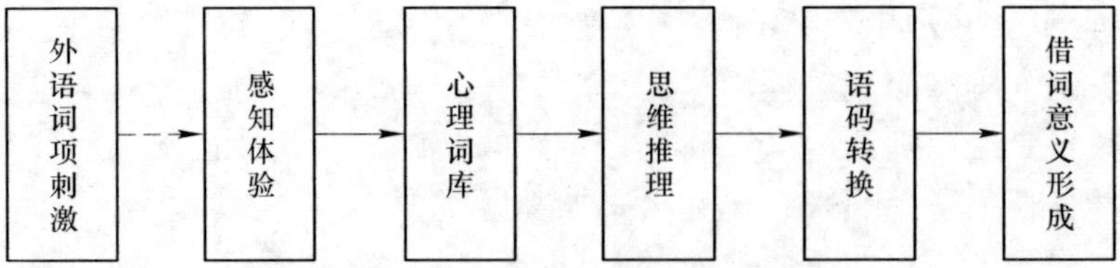

图 4-4　借词语义“二次加工”步骤

图 4-4 表明，在外语词项的刺激下，人们对外语词项，根据自己对世界的身体感知体验和经验做出最初的判断和印象，之后外语词项进入人脑中的一个系统，一个关于词汇信息的内存，我们把它叫做心理词库（mental lexicon）。人脑中真实存在这样一个心理词库。心理词库是词语所有义项的集合，由许多词条组成，如邮政信箱、电视机、盒子、罚球区、方框、电话亭、包厢、拳击比赛等，

它们构成了词语 BOX 的假设库。这些词条具有不同的阈限，当一个词条的激活水平超过了其阈限时，这个词条就被认知了。后来心理学家进行了大量的研究来证明这一概念。一般认为，语言的使用者都有一个心理词典，所谓认知一个词，就是在心理词典中找到了这个词的对应词条，并且使它的激活水平达到某个值。由心理词库到正确意义的输出，是一个反反复复的过程（由虚线表示），涉及人的注意力和组织判断能力，并呈现为 3 个过程，即感知觉体验、思维推理和意义选择。

目前的研究表明，心理词典系统至少包含 5 个相互关联的部分并形成“语音输入→字形输入→语义系统→语音输出→字形输出”的过程。通过这个过程可以知道，借词意义的形成也要经过下列过程：首先目的语中的使用者听到借词，听觉刺激先激活语音输入词典中的语音输入信息，然后理解借词词汇，这些信息激活目的语语义系统中的语义信息，从而实现对借词语义的理解；形成视觉词汇后，这些信息得到进一步加工，借词语义信息先激活目的语中的语音输出词典中的语音输出信息，直到最终确定目标语音。

表征是过去感知事物痕迹的再现，是人脑对以前感知过的事物形象的反映，是感知到思维过渡的重要环节和桥梁。从信息加工的角度讲，加工过程不仅要借助于表征来进行，也要借助于概念来进行。人们对信息进行转换与加工，产生新的心理表征，通过思维完成信息的抽象与概括、系统化与具体化、比较与归类、分析与综合等复杂的心理活动。思维推理是人脑对刺激信息的加工活动。

人脑对外界刺激信息的组织与存储的过程是人类知识的建构过程。这种知识的建构包括了概念（concept）和词汇（lexical）两个部分，两者之间具有紧密的联系。认知心理学把心理词典所适用的方法，称为词汇触接（lexical access），它是指外在的词汇符号或字触及了人脑心理词典里的相应位置，从而对指代外界事物的词汇或字及词义的辨别与认识过程，即心理词典如何接纳外在事物的刺激信息的过程。词汇触接的途径有两个，第一个是直接词汇触接（direct lexical access），第二个是间接词汇触接（indirect lexical access）。

英语借词绝大多数来自印欧语系语言。英语从其他语言借入的词，有时直接按照借入语的语音规则发音，但经常是在借入之后逐步向借入语的发音规则转变，或者部分转变。在西方诸语言中，绝大多数都使用拼音文字，如斯拉夫字母、希腊字母和拉丁字母，即便语音各异或使用不同的字母系统，相互之间的转换也很容易。印欧语系来源的借词在进入英语时，往往是整词借用，即“除在语音上略有变动，形式和意义上全借入”。借词这一术语，很好地体现了西方语言之间词汇互借“保留语形、改变语音”的特点。所以，英语借词语义建构属“间接词汇接触”，即语音信息的转换是词义产生的必要过程，它在词形到词义之间存在着语音的媒介作用。外来词汇符号或字必须转换为语音信息，如果不能转化成为语音信息，那么外来词汇就不能够接触到心理词典中该词汇或字对应的语义信息，这具有一定的强制性。这种情况在英语借词中表现得尤为明显。

在英语中，借入词汇语义在形成时，重点考量的因素是语音和语义的结合，因此，英语借词中绝大多数是音译词。有些借词在英语中出现，并不符合英语的语音或拼写习惯，但英语以其音义结合紧密的语言特点，包容了这些词汇的原型存在。例如 resum（个人简历）、coup d'etat（政变）、vis-à-vis（面对面的谈话）、fiancé（未婚夫）、kung-fu（功夫）、t'ai chi ch'uan（太极拳）、hamam（伊朗公众浴室）、fedayin（阿拉伯突击队）、crise de condiance（信任危机）、dolce vita（生活奢华）、samizdat（地下出版社）、karaoke（卡拉 OK）。

但是汉语却不是这样。中国的汉字最初是用来记录外界事物的，并不是被设计用来记录语言的。汉字中“形声”和“会意”等合体字是由早期的“指事”和“象形”的独体字逐渐发展而来的。汉语文字是一种象形文字。因此，对汉语中的借词而言，“二次认知加工”中的间接词汇触接过程中，英语的词汇符号在阅读或口语中，不仅要转换为语音信息，更是在书面写作过程中的字符转换，即拼音文字转换为汉字。因此，对汉民族而言，借词词义产生的必要过程是汉字信息的转换，这也是借词词义产生必要的条件，而汉语拼音作为汉语的语音符号并不十分重要。而对以英语为母语的民族而言，词义产生的必要过程是语音信息的转换。例如近年来借入汉语的新词：

（1）爱动卡，由上海市静安区精神文明建设志愿者协会为迎接世博会推出的一种卡片。凭借此卡参加迎世博志愿者服务或相关网站上迎世博等各类活动后，可以积分。积分累积到一定数额后，可换取各类物质及精神奖励。命名源于英文“I do”，宗旨是“我参与，我奉献，我快乐”。

（2）波波族，拥有较高学历、收入丰厚、追求生活享受、崇尚自由解放、积极进取又特立独行的一类人，也叫“布波族”“波皮族”“BOBO 族”。

（3）博客，英语为 blog，网络日志，也指写网络日记的人。

（4）峰会，英语为 submit meeting，高峰会议，指首脑会议。

再如，近年来血拼（shopping）一词在报刊网络等媒体广泛流行，而其意译“购物”则受到冷落，似乎是逆流而动。但是“血”“拼”二字所蕴含的语义，是对疯狂购物的形象描写，其语义效果新奇，更胜“购物”一筹，有助于达到吸引读者的目的。

汉民族认知英语借词时，需要对英语词进行“认知二次加工”，关键原因在于无论是音译词还是意译词，都需要进行语音、语形与语义的转换。汉民族语言的使用者和拥有者在认知英语民族的语言时，不但要将其加工成汉民族能够认知的汉字信息，而且要对其语音信息进行“再加工”。正是汉民族的这种认知心理，使得汉字信息成为汉语借词语义产生的不可或缺的关键因素。

随着语言使用者的认知发展，原有的概念被不断扩充。在已储存和记忆的基础上，人类的大脑认知活动是以最节约的方式进行，所以面对着层出不穷和不断涌来的新事物和新概念的认识，大脑总是在记忆和储存中寻找已存在的概念，寻找相似性，对其进行范畴化，也就是将已认识事物和新认识事物的功能、物理等属性发生某种联系和匹配，这样，在原有已形成的概念上进行扩充，从而形成一个更大的语义范畴。

汉民族要认知和理解外来的英语词汇时，最经济、最节约的方式当然也是寻找认知相似性。初时面对英语词中新概念的认识，我们的大脑便开始将新的英语概念与已储存的汉语概念相联系，寻找出两者之间存在的相同或者相似的结构，并将之归类和范畴化。也就是说，我们要把外来英语概念和已有汉语概念的相似性联系起来，就需要通过“认知二次加工”，把两种语言中不同的概念对应起来，有效而经济地平衡、整合存在于两个民族认知心理上的差异。这一点也是汉民族认知英语词时需要进行“认知二次加工”的又一个原因。

但近年来，汉语中也出现了许多“字母词”，这些词语出现在汉语词汇系统当中并且在相当范围内使用频繁。字母词汇大多数是英语缩略词，例如：、BBS（电子公告板）、BBC（英国广播公司）、EQ（情商）、GRE（美国的研究生英语入学考试）、IBM（国际商用机器公司）、IDD（国际直拨电话）、MTV（音乐电视）、NEC（日本电器公司）、NBA（美国篮球协会）、MBA（工商管理硕士）、MPA（公共事务管理硕士）、TOEFL（英语作为外语的考试）、VIP（非常重要的人物，贵宾）、CD（激光唱片）、VCD（激光视盘）、OK（行，好）、OTC（非处方药）、AQ（逆境商数，指面对逆境的抗衡能力）、BTV（书籍电视直销）、DIY（自己动手试一试）、DJ（电台的节目主持人，歌舞厅的放片人员，是英语 disk jockey 的缩略）、FANS（朋友，追星族）。

这些词语没有经过语码转换，即没有经过“认知二次加工”，我们把这种现象称为认知“零加工”。这与英语中允许不同语言“原型词”存在一样，字母词以极端异质的形式借入汉语词汇中，并将活跃的“异质”继续使用下去。我们认为在世界语言词汇逐步趋同的今天，在借入英语词汇的同时，也借入了英语语言系统借入词汇的方式。字母词的出现是社会信息化和全球化的必然产物，人类普遍的心理特质也造成了人们对字母词的认同。

目前，拉丁字母传入中国已超过 3 个世纪，字母词并不是新事物，虽然有大量的字母词涌入汉语，并在相当的人群中有很高的使用频率，但是从微观上来分析，拉丁字母词能否与汉字相融合，还有待于时间的考验。

无论是英语还是汉语，借词语义的构建者是语言的个体使用者或小的团体使用者。他们根据交际的需要，对于本族语中的概念空缺做必要的弥补和补充。但并不是谁都可能成为借词语义的建构者，需对于源出语言和目标语言与文化都充分了解，才能胜任借词语义的翻译建构工作。借词的意义是在特定的环境下为表达交际的目的，由创造者根据源语词义临时赋予的；借词是创造者根据交际意图，基于自身经验和百科知识，将新概念与已有的概念相比照，用简练的词汇形式来激活复杂的意义建构。

借词不是一种被动的表达工具，而是一种积极的因素，改变着人对自身和世界的认识和理解。借词在走向词汇化的过程中将沉积一代人所积累的经验，给未来的人们提供一种看待世界的方式。

4.3.3 认知深度加工

借词作为一种异质成分，在进入一种语言后，还存在能否被该语言接受的问题。有些借词能够向接受语原有的机制靠拢，甚至成为该语言中活跃的有机成分；同时，也有一部分借词最终没能与接受语融合而渐渐被淘汰。借词进入接受语交际系统而融入其中后，并不意味着对其认知加工进程的结束。随着交际的变化，当借词作为接受语的一员而为交际所广泛使用时，就可能发生深度英语或汉语化现象。这一现象主要用来指借词融入接受语后，随着接受语词汇系统的演变而作的进一步调整，这种深度认知加工无论是在方式、途径还是在程度上都存在着差异。

借词意义建构与演变是由认知个体或小团体创造，被认知群体认可并使用的过程。借词语义的创造出于交际的需要，可能具有一定的偶然性，但创造者的创造过程和一个词的意义逐渐被更多的人理解、接受和使用的过程都蕴涵着深刻的认知机制，需要目标语中的人们对其进行深度认知加工，即再认知，才能为人们所接受和使用并且传播开来。随着语言使用者的认知发展，原有的概念被不断扩充。在已储存和记忆的基础上，人类的大脑认知活动是以最节约的方式进行的，所以面对着层出不穷和不断涌来的新事物和新概念，大脑总是在记忆和储存中寻找已存在的概念，寻找相似性，对其进行范畴化，也就是将已认识的事物和新认识事物的功能、物理等属性发生某种联系和匹配，这样，在原有已形成的概念上进行扩充，从而形成一个更大的语义范畴。在这个认知深度加工的过程中，借词语义范畴更多地发生了隐喻和转喻意义。借词由目标语词汇系统的边缘成分向典型成分逐步靠拢的过程，是接受语按照其核心机制对外来异质成分进行筛选和改造的过程，称为借词词义的同化过程。

在借词词义的同化过程中，隐喻、转喻、联想、类推等认知机制起到了十分重要的作用，使得借词词义从源语的认知基础与语义网络中逐渐剥离，与目标语认知模式与语义的联系逐渐紧密。

隐喻是从一个概念域向另一个概念域的结构映射，即从源域向目的域的映射，也就是说，对一个范畴的解释要依赖另一个范畴或概念域。这种映射通常是用来理解我们不太熟悉的概念，即把人们更为了解、更为熟悉、更为具体的概念映射到不太熟悉的概念之上。总之，隐喻是人们看待和认识事物的一个视角，是人们思维组织的一种工具，是人们用一种经验来解释另一种经验的认知活动，更是一种认知现象。隐喻是英汉借词语义范畴扩大，形成借词词义网络和词义范畴的重要机制。

英语中的法语借词 echelon，首先作为军事专用名词借入，意为“部队、舰船、飞机等排列的梯形队，编队飞行队”，例如：

（1） There are two planes flying in **echelon** with one another.

两架飞机呈**梯队**飞行。

在交际语用过程中，echelon 由认知“实物域”进入了“人类域”，其隐喻义为“梯形排列的群体或个人；组织、社会中的等级或阶层”。

（2） In his fifties, Arnold Schwarzenegger left the upper **echelon** of the show business to enter the political world.

现年 50 多岁的阿诺·施瓦辛格放弃巨星**生涯**，涉足政坛。

又如，entrée 也是法语借词，借入的义项为“进入的行为；入场权”（the act of entering; permission to enter）。

（3） Written and created by the best psychologists in the field, the journal is your personal **entrée** to the inner circle of the development in psychology.

本期刊由心理学领域中最杰出的学者编撰，它将带您**进入**心理学发展的核心领域。隐喻义项则是“主菜”（the main dish of a meal in the US）。

（4） Quanjude is famous for its **entrée** choice of roast duck.

全聚德以烤鸭**闻名**。

汉语中的“门”原意指建筑物的出入口或安装在出入口能开关的装置，借词水门事件（watergate）进入后，“门”形成了政治丑闻事件的范畴义，“门”义脱离了“铁门”“房门”“门槛”等本义，构式“X 门”继而成为社会名流丑闻的代名词，主要对象是西方世界的政界要人。由此，“门”形成了独有的语义特征，即地位显赫 + 丑闻 + 杀伤力强等，在英语本族语内部，由于 watergate 是具有特定内涵的“丑闻性事件”，因而锁定了“门”的语义范畴。然而，“门”在汉语中进一步扩大了引申义，我们能明显看到“门”的语义泛化过程。在汉化思维的影响下，汉语中的“门”具有了其他含义，而不光是指政治丑闻了，具体有如下几个方面：

（1） 丑闻。

1） 政界丑闻。例如：

① 克林顿被“拉链门”弄得焦头烂额，今日，这桩丑闻又平添变数。

② 美国“情报门”事件愈演愈烈，美参议院陷入休会。

2）娱乐、体育、经济等领域中的“丑闻”。例如：

① 异端的权利——由“范跑门”事件而想到的。

② 从“解说门”到“走穴”，央视名嘴也遭遇尴尬。

以上例子的“门”意为丑闻。不仅特指政治领域的丑闻，而且在隐喻机制的作用下，应用的范围扩大到娱乐、体育、经济等其他领域。

（2）绯闻。例如：姚明风趣谈“拥抱门”，笑称不跪搓板改跪洗衣机。

（3）纠纷、黑幕等。例如：沃尔玛的“工会门”事件前途未卜。

由此可以看到“门”语义范畴不断引申和泛化的过程，在汉语认知模式的影响之下，“门”由最初的“高层的政治丑闻”泛化为“娱乐、体育、经济等领域中的丑闻”，随着使用频率的增多，该词的语义更是降级为表示一般性的带有贬义色彩的“纠纷黑幕”“事件风波”，甚至是“花边新闻”。

（4）问题、事故等。例如：苹果手机的“天线门”事件并未得到很好的解决。

（5）情况、情形、事情等。例如：

1）如何跨越“过剩门”是中国经济面临的首要问题。

2）戴尔电脑“报价门”，“乌龙”后面的高明促销。

虽然此时的“门”依然保留了“丑闻”这一基本语义特征，但其色彩度要弱化很多，仅指“不好的事情或情形”。但是这种用法并不多见，还没有大范围地流行开来。在“门”族词语义范畴发展和扩大的过程中，自始至终地持续保留了“丑闻”这一基本语义特征，但是“门”的这一语义特征逐渐模糊，某些语义特征开始脱落。因此，在用“门”来指代中性词语“事情、情形”时，还是有失偏颇的，尽管这里的事件含有贬义色彩，但不具备“丑闻”的义项，于是在某种程度上，此义项的适用范围受到了一定的限制，不能广泛使用。

因此，我们可以认为在隐喻机制的作用下，“门”的词义连续统形成了，“门”由“特指事件域”逐渐泛化为“一般事件域”。词义网络如图4-5所示。

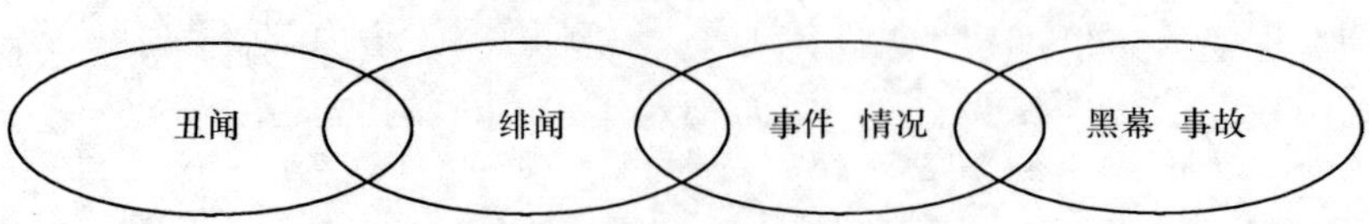

图4-5 “门”的语义网络图

Lakoff 和 Johnson 认为转喻可以使我们通过与另外或其他事件的关系对某一事件或状态进行概念化，他们率先将转喻当做是一个认知过程。Langacker 认为，转喻是一个“参照点”的语言现象（referencepoint phenomena）。Lakoff 和 Turner 认为转喻的概念映射（conceptual mapping）常在同一个认知域中进行，在这一映射中，包括事物之间的不同“替代”（stand for）关系，其中最为主要的是指称。转喻被 Lakoff 描写为 ICM（Idealized Cognitive Model）的一种形式。一个 ICM 是一个有组织的概念结构知识域。Radden 和 Kovecses 基于 ICM 的理论，对转喻做了全面的分析。他们认为转喻在本质上是认知加工过程，是一种概念现象。转喻不仅仅具有指称的功能，在同一个 ICM 中，转喻是一个概念体为另一个概念体，即喻体为本体提供心理可及的认知过程。Alac 和 Coulson 指出：“为不同的转喻提供理据的是相对凸显（relative salience）的认知原则，其基本观点是，不那么凸显的事物是由高度凸显的、中心的事物作为认知参照点所唤起。”例如：

（1）汉语中的英语借词“水门事件”中的“水门”就是“处所”代“事件”的典型例子，由于事件发生地为水门大厦，所以由“处所”为“事件”命名。

（2）汽车道效应（driveway effect），某一广播节目实在太吸引人，让收听广播的汽车驾驶员即使已开车回到家，仍留在车内听完广播的特殊效果。

（3）hit-and-run nursing，指由一名护士照顾多位病患的医疗措施，这些护士甚至执行原本应该由专业医师来完成的任务。选取扎针和快速离开这两个主要环节，能凸显护士工作节奏快、忙碌的状态。

不同词性之间的转化是转喻思维的结果，因为同义而不同词性只是凸显事物不同的方面而已。如名词转化为动词，转化后的动词通常指整个行为过程和场景，这里的转喻大多是目标域包含来源域的转喻。所以，它们之间的意义也有一些微妙的差异。例如：

（1）The President has power to **veto** a bill.

总统有权**否决**一项议案。

（2）Most decisions have required unanimity, thus allowing reluctant members the right of a **veto**.

大部分的决定要求一致通过，这样就使得持不同看法的成员享有**否决**的权利。

在上述示例（1）中，借词 veto 为动词，动词所表示的认知概念与名词所表示的次认知概念之间有密切的相关联系。在这里动词不单单是动作执行者代行动场景和语境中的具体行为活动的问题，而是动作执行者对他所参与的整个场景和语境活动的阐述。上述示例（1）和（2）的差异在于动词指称的目标域是一个较丰富的认知域，即一个场景或语境中的行为活动；而名词指称行为活动的派源域，即场景和语境中的被施动者。（1）中的动词是目标域包含源域的转喻，而（2）中的名词则是源域包含目标域的转喻。前者是认知域的延伸与扩展，后者是认知域的细化与凸显。

联想与激活机制是在线释义得以实现的重要机制。心理学认为联想与激活是人类普通的思维方式和心理活动，是人类大脑特有的功能。联想以相似性和相关性为基础，是由某人或某物想到相关的人或事物的思维活动。激活理论认为:“当听到或看到某词时，大脑迅速从神经网络找出两个域的相似性，与其相关的认知域也就被激活，同时网络中的词就自动被激活。”人的心智存在一个强大的神经网络，在语言学中，联想与激活两者密切相关，联想主要指在形式和意义上词语之间的联想，还可以从互相联系的字词网络来考察语词的意义。

认知者的认知过程和心理表征体现于词义的联想与激活，若不参照识解者的心理模型、百科知识等情况，我们很难对词语的意义达到充分阐述。词义是认知词语与认知百科知识之间的联想推理的结果，词义依赖于认知者的百科知识。联想是以已知的词义范畴激活未知的词义范畴的心理过程，联想与类推也是借词语义深度同化阶段的重要认知机制。通过新旧范畴的联想与激活，原有范畴构成一个更大的意义网络。

类比推理的作用是词义的扩展，由具体义推导出抽象义。人类的认知规律有着相似性，都是从认知模仿发展到认知类推。类推是人类共同拥有的认知能力之一。类推也叫类比，是指在某种规则的影响下语法和词汇的形成发生变化的过程或结果，及促使一些语言成分跟另外一些语言成分协调一致的作用。这是一种十分普遍的现象，它在汉英两种语言的一切发展期都起作用。在一种语言体系中，同类现象达到一定数量就可归纳出规则，这种规则再扩大开来推广利用，将原来不规则的少数现象推广成多数现象。

在2006年中国教育部公布的《中国语言生活状况报告》中，171个新词中有不少以“族”和“奴”为构词成分，类比推理派生出的新词，如装嫩族、洋漂族、试药族、陪拼族、乐活族、啃椅族、飞鱼族、吊瓶族、合吃族、慢活族、赖校族、网络晒衣族、捧车族、奔奔族、证奴、节奴、房奴、车奴、墓奴等。英语中的一些新词作为借词进入汉语后，有些音译词由于使用频率高，逐渐被词素化，成为汉语中活跃的构词成分，具有很强的构词力。如从模特（model）中析出“模”，漆模（浑身涂满彩色油漆，以证明油漆环保的模特）在美女车模后闪亮登场，逐渐为人们所熟知。黑客进入汉语后，汉语中迅速流行起“X客”，有晒客、拼客、博客、红客。晒客的“晒”音译自英语词share，就是这样一群人把自己的心情、生活和经历展示在网上，与他人分享。这种分享，只为展示生活，分享快乐，不为炫耀，不比金钱。拼客指的是“实行AA制消费的一群人，集中在一起共同完成一件事或活动”。还有酒吧（bar）类推出的网吧、陶吧、氧吧、书吧、影吧、餐吧等，脱口秀（talk show）类推出的内衣秀、模仿秀、时装秀等。

借词经过认知的深度加工后，必然会形成多个意义，与源语言词汇之间有千丝万缕的联系，这是借词意义范畴嬗变的内在认知基础和规律。借词词义范畴嬗变中，隐喻和转喻起着关键作用。某一词语表达表面上看起来是独立的，但其实是处于以互相连接的范畴构成的繁复语义网络建构中。尽管通过转喻所引起的义项变化不如通过隐喻所引发的义项变化多，许多认知语言学家仍然认为转喻是比隐喻更为基础的思维与认知方式。但转喻、隐喻等认知机制也是一个连续体，不可单一地割裂来看，往往在对于一个词的认知过程中，这些认知机制都是同时存在并起作用的。

4.4 英汉借词语义的认知凸显性

在日常生活中，那种与众不同的对象最容易进入人们的认知视野，也就是最容易引起人们注意。无论是“鹤立鸡群”之“鹤”，还是“鸡立鹤群”之“鸡”，之所以最引人注目，是因为人们往往只关注或最先关注最突出的部分。这种较容易进入人们认知视野的对象具有“认知凸显性”。从认知的角度看，只有高于社会平均值（一般标准）才具有认知凸显性，才较容易进入人们的认知视野，引起人们关注。

人类这种认知上的特点在语言中也有反映。在语言识解过程中，凸显度高的内容比较容易引起人们的注意，常常被当作前台信息（foreground）；凸显度低的内容不太容易引起人们的注意，常常被当作后台信息（background）或参照。凸显度高的内容使用的频率比较高，相对的，凸显度低的内容使用的频率比较低。认知凸显度高，感知比较容易，在语言中被优先使用。我们力图将此种现象解释为凸显度优先原则（principle of salience priority）。在语言运用中，凸显度高的概念内容容易被感知，往往优先出现，优先被使用。

在全球化的时代，新概念、新事物层出不穷，许多新词汇由国外传入。由于东西方文化差异，汉语在表达过程中往往会遇到困难。比如MPEG Audio Layer 3，汉语翻译时用汉字来记录相当困难，往往只能做阐释说明，即“一种常用的数字音频压缩格式”，根本没有办法为它立名，而且翻译的过程往往耗费大量的精力和时间，与现实交际的迫切需要严重脱节，所以通用、简洁的“MP3”就被大众约定俗成了。字母词语也理所当然地成了汉字的助手，在汉字不便甚至不能使用的领域替代汉字来为汉语服务。

近几年来，越来越多的字母词出现在报刊书籍及网络上，出现的频率也越来越高。教育部在2007年8月16日发布的《中国语言生活状况报告（2006)》中列出了171条汉语新词语选目，其中字母词语只有两个，即“M型社会”（指在全球化的趋势下，贫富分化明显，中产阶级失去竞争力，人数大量减少，社会的构成形成M状）和“EMBA”（高级管理人员，Executive Master of Busniness Administration)。而2008年最热门词语当中也有一处出现了字母词语。这表明普通汉语词汇在字母词语的强势冲击下保持了旺盛的生命力。中国传媒大学教授侯敏表示，在汉语中，字母词语的使用已经有较长的历史，它是汉语和外语在语言接触当中产生的一种很自然的现象。由于人们现在外语水平的普遍提高，所以字母词的广泛使用有了更加广泛和牢固的社会基础，比如2008年奥运会学习外语热的推动、字母词的时尚性等，这也是字母词升温的一个重要原因。

M型社会指在全球化的趋势下：一方面，有些人的财富快速攀升，大赚全世界的钱，迅速跻身富者的行列；另一方面，由于各种资源分配不均，原来的中产阶级由于不具备竞争实力，而沦落到中下阶层，整个社会的财富分配被分成了三块，左边的穷人不断增多，右边的富人也在迅速增长，但唯独中产阶级作为中间这块，忽然塌陷下去，甚至不见了。整个世界就像字母“M”的字形一样，在中间地带，忽然有了很大的缺口。此词简约、形象，仅用字母词M就将复杂的现象诠释得恰如其分，其解释更是诙谐有趣、形象生动、精练简约。

在英语中，hold有“拿、抱、握住、顶住、控制、掌控”等意思。汉语中hold住就是指面对各种状况都要保持住、坚持住，充满自信，从容应对一切。要hold住也有给力、加油的意思。

这些都说明借词相对于某一词汇系统中的普通词汇在语义上是有标记的，意义比较确定。相对于已有的同义词，语义上属于同一范畴。借词是有标记的，另一个是无标记的，有标记词语在语篇与会话中的凸显性表现得更强些。

4.5 英汉借词语义的理据性

认知科学已经证明，现实表征是以人类活动为前提的自为的客观存在，是客观世界存在的样式，但它并不等同于自为的客观世界。客观世界的主观映现是心理表征，是一种概念化的存在，以对客观世界的现实表征为基础；语言表征既包括表征为单个概念的词，也包括表征为复杂概念的词组和句，是心理表征的语言实现。现实表征、心理表征和语言表征三个概念是相辅相成、密切联系的。这三个概念依次具有逻辑上的依存性，语言表征以心理表征为前提，心理表征又以现实表征为基础；要到语言表征，首先要从现实表征开始，经过心理表征，最后到语言表征。在这个顺序表征的过程中，客观性的成分呈递减的趋势，人的文化性或者说人的特性得到越来越多的体现。客观世界通过人类的认知活动反映到语言中，这一过程充分说明字词的产生是有理据的，非任意的。

借词虽然是借来的，但其意义具有理据性，听读者可以从词的形式出发，借助头脑中的认知模型和社会文化脚本，结合借词的使用环境，获得正确的理解。一个借词如果具有实用的价值，就会在交际中得到进一步使用，获得生命力，其词汇意义便在该词的各种使用实例中被总结出来，并与其词形建立对应关系，直到最后完全词汇化，被作为普通词语收录到通用词典。同时，在使用过程中，当初刚创造出来时的单一的意义也在被使用，并在具体语境的反复制约中，或收窄，或泛化，或发生转移。借词大致会经历从创造（initiation）到共识

(agreement)、到广泛传播（spread），最后词汇化（lexicalization）和规约化(conventionalization）的过程。“就如一颗种子，任何变化在开始时都可能是很小的，但是，一旦它牢牢地扎了根，就会大面积地生长起来，以致影响了整个地貌。”

某一借词词义的产生，一定是接受语中的语言使用者对这一词语的概念、语音、语形等观察和认识之后，找出源语与接受语的联系，才能够确定。陆宗达和王宁认为名物是有来源的，在不同程度上有源可寻，完全没有意图、没有根据几乎是不可能的。借词以接受语词汇系统中的词或语素为基础，按照接受语的构词规则进行翻译或者将接受语中原有词语的意义进一步扩展。因此，借词的意义是具有理据的。或是根据源出语词汇的意义翻译或仿译而来，或是根据目的语规则建构而成。借词是立意的（motivated)，不再是任意的（不再造新字)，是有理有据的形态。进入接受语后的借词，也存在于某种聚合关系和组合关系之中，成为构词网络和语义网络中的一个交点，与原有的词紧密相连，互相参照。

现代借词词语的产生更是有理有据，它们的理据性一目了然。近年来，网络流行词之一就是晒客，由此衍生出许多新词语，如晒工资、晒黑等。在一些“晒黑”论坛上，“晒黑”内容可谓丰富多彩。类型之一是针对权利的“晒黑”，“晒黑”目的非常明确，就是以网络为平台，维护自己作为公民的权利。他们所“晒”的内容，并不一定与自己有关，往往涉及民生问题，他们希望以公民的身份介入到社会发展中去，参与法制文明建设，推动社会进步。此“晒黑”“晒”出了一个群体公民意识、公民权利的觉醒。“晒黑”这一词语具有新词语产生的代表性，“晒”源于 share，取其“分享”的意思；在汉语里引申开来又有“曝光”“公开”之意。

4.6 对比阐释

词汇是人类根据自身经验对世界进行认知加工的结果。没有独立于人的认知以外的词汇意义，也没有独立于人的认知以外的客观真理。词汇不是封闭的、自足的体系，而是开放的、依赖性的，是客观现实、社会文化、生理基础、认知能力等各种因素综合的产物。因此，词汇具有百科性。借词是多次认知加工的产物，随着文化全球化和信息全球化的迅速发展，一个民族的新词很快便通过文化和语言接触变为“世界共有词汇”，成为其他语言中的借入词汇。在目标语环境下，词汇远离了源出语语境认知模式和语义联系，人们对其进行再次认知加工和深度认知加工，使其由目标语词汇系统范畴中的边缘成员逐步向中心成员转变。再次认知加工中，人们对借入词语进行再次范畴化和概念化，外语词项进入心理词库后，人们认知识解能力中的“选择”对于借词的再次概念化起到至关重要的作用。但英语和汉语在借词语义二次认知加工的过程中表现不同。英语在加工外来词语时，往往是在语音上略加变动，形式和意义全部借入。而汉语在这个阶段表现为将语形的转换即汉字的转换作为首要，其次是选择性的借入词义。在认知深度加工中，我们认为就词性变化而言，转喻认知机制在英语新借词中发挥更多作用，汉语借词的词性变化不如英语丰富；就词义变化而言，英语新借词的词义变化不大，而汉语借词词义的发展和引申更为丰富些，隐喻机制发挥了很大的作用。由于英语语言自身音义结合紧密的缘故，借词特别是来自欧美国家的借词在英语中显然凸显性不够，英语国家的人也很难区分借词与本族词汇的区别。而汉语中的借词，尤其是音译词的凸显性相对比较高，我们很容易区分出哪些词语不是汉语中自然形成的词汇。英语借词词义形成的理据性也没有汉语借词高。对于英汉两种语言中借词的认知对比，见表 4-1。

表 4-1　多次认知加工阶段英汉借词对比

项　目		英 语 借 词	汉 语 借 词
认知加工	一次	都是根据自身经验对客观新事物进行认知加工，词汇概念化具有民族性，在中西方不同的文化语境中，对于相同的事物英汉两个民族的概念化视角不同	
	二次	考量因素为语音和语义的结合，需要付出的认知努力较少，信息处理量相对较少，表现为直接借用或稍加改写	考量因素为语形与语义的结合，需要付出的认知努力较多，信息处理量相对较多，表现为语码转化和汉字转写
	三次	转喻机制使用相对较多，借词词性变化自如，词义变化相对较少	隐喻机制使用相对较多，借词词性变化较少，词义变化相对较多
认知凸显性		较小，基本与本族词无异，标记性不强	写音借词认知凸显性较大，与本族词语差异较大，有标记
理据性		理据性程度较低，直接借用词形较多，词义变化少	理据性程度较高，并有逐渐走高的趋势（淘汰写音借词，朝着“音义兼表”的方向发展）。但汉语中出现大量的字母词，可谓“零理据”
主观化		认知参与程度不高，词义主观化程度不高	认知参与程度高，词义主观化程度高

5 英汉借词范畴化认知阐释

5.1 引言

借词的范畴化过程比较复杂。一般来说接受语言中往往有一些使用者能理解源语言，当这些使用者熟悉了解语言的某个词并能在本族语中自觉地使用这个词来表达某个确切概念的时候，借词就诞生了。借词的使用最初局限于接受语言的使用者和源语言的说话者之间的交流，随后逐渐在接受语言使用者内部使用开来；对后者来讲，这个借词最初听上去可能像“外语”，但随着使用频率的增加、使用者数量的增长，借词逐渐习惯化并在接受语言中稳定下来，这时，借词完成了在接受语中的范畴化过程。制约借词范畴化的因素有很多，如文化语境、认知模式、心理动因、语言自身因素及人的认知选择等，都影响借词词义的范畴化。

5.2 英汉借词的范畴化

人类所有思想深处都存在着“范畴化”这一重要的认知过程。一边与周围外部环境相互作用一边生活着的人类，当客观环境与主观认知不一致时，进行“分节”（articulation）作业，即主观地将各种不同的客观事物归类为一种事物，或者将客观存在的事物进行主观区分。就这样，人类不是将事物作为个别的存在来逐一认知，而是根据其类似性和普遍性将大量的事物划分为小组，进行有效率的认知。通过分节使人类获得概念，并根据相互关联的概念获得关于环境的整体知识。一个个的概念又被称为范畴，这一认知过程被称为范畴化。

不同民族对同样的客观世界有不同的划分范畴的方法和认知途径，这是因为不同社会文化背景对人类认知能力有限制作用。在对客观世界的事体（包括概念、现象、事物等）进行范畴确定和类属划分的心理活动中，各民族都既要考虑到各种不同的事物本身所具有的特性，也要兼顾到不同的认知主体的主观认知因素，因而不同民族的范畴原型和范畴等级还是有所差别的，而且还会随着空间和时间的变化而变化。在两个民族的语言文化相互影响、相互碰撞的情况下，本民族对外民族的语言进行认知，就需要先掌握和了解两个民族语言的不同范畴原型和范畴层次等级，在两种语言中的范畴原型和范畴等级之间搭建认知的桥梁。但在一定的语言和社会文化中，由于人类具有同样的心理和生理构造，范畴原型、范畴结构和基本范畴都是相对稳定的。

5.3 英汉语借词范畴化方式

认知过程的结果（范畴）会形成心理词汇（mental lexicon），作为概念（mental concepts）储存于大脑，概念和范畴又表现为外部的语言符号。语言及词义运用的基础在于范畴化的结果。“如果我们为每一个新的概念的下级范畴都创制一个新的简单词，那么我们的记忆容量将不胜负荷，而且将不再拥有一个具有清晰的层次结构的词汇库。”新的概念进入接受语后，首先要对其进行范畴化，这个过程既要考虑到源语的语义制约，更多的是要顾及接受语中的认知模式、心理机制和语义联系等诸多因素。一般说来，概念或意义具有普遍性，而语义则会因语言而异，不同民族用语言表达概念的方法，即词汇化方法会有很大差异。借词语义的形成有的会形成一个新的原型范畴，有的则会导致原有范畴边界扩大，表达一个更复杂、更个别、更特殊的概念范畴。范畴的边界不是清晰的、一成不变的，人们在面对新事物时会不自觉地用已知的概念帮助理解，用已有的范畴对其进行框定，结果新的事物成为已有范畴的成员，甚至有时会向原型成员过渡。范畴化的过程是动态的、永不停止的，因而语言的词汇会不断更新，不断地有新的借词加入。

5.3.1 英语借词的范畴化方式

进入20世纪后半期，英语并不单单是借用自身现存的语汇来表达新鲜的事物，而往往是与以前一样，通过借用词语来增强自身的表达能力，尽管借入外族语言的速度逐渐变慢，但是“借入”仍旧是英语语言发展的一个重要因素。不同的是，在这一段时间里，英语的借词并不局限于拉丁语、希腊语、法语或德语等欧洲语言，而是向世界其他语言广收博纳，以充实自己的词汇库，如从澳大利亚土著语中借用了budgerigar（虎皮鹦鹉）、boomerang（飞镖）和kangaroo（袋鼠）等，从马来西亚语中借用了caddy（茶叶罐）等，从汉语中借用了ketchup（番茄酱）、cheongsam（中国旗袍）、by the back door（走后门）和paper tiger（纸老虎）等，从马达加斯加语中借用了raffia（酒椰叶纤维）等，从波利尼西亚语中借用了taboo（禁忌）等，从印度语中借用了jungle（丛林）、shampoo（洗发剂）、bangle（臂镯）、cashmere（山羊绒）、pyjamas（睡衣裤）、bungalow（平房）、dinghy（小舢板）等，从荷兰语借用了gin（杜松子酒）和taffrail（艉栏杆）等，从南非荷兰语中借用了apartheid（种族隔离）等，从日语中借用了kamikaze（神风队队员）、bonsai（盆栽艺术）、chopsocky（武打片）、tamagotchi（电子宠物）、sushi（寿司）、salary man（白领工人）、manga（漫画书）、karaoke（卡拉OK）、kaizen（改进型企业经营原则）等，从瑞典语中借用了moped（机动自行车）等，从俄语中借用了 sputnik（人造地球卫星）等，从古巴和西印度群岛语中借用了 barbecue（烧烤的整只猪或牛）、cannibal（吃人的人）、hammock（帆布的吊床）和 hurricane（飓风）等。一些“老牌”英语借词的输出语言依然提供新借词进入英语，如来自法语的 cosmonaut（太空人）和 discotheque（迪斯科舞厅）；来源于瑞典语的 ombudsman，意为官方指派去调查个人对公共政权有所抱怨的人；apartheid 于 1949 年首先被用于南非，意为种族隔离或者其他方面的隔离；sputnik 是俄语词汇，意为人造卫星；mao-tai（茅台）来自汉语；autos trade（汽车贸易）源于意大利语；而 autopista（高速公路）来自西班牙语。正如英国国会在一篇报道中说道：“英语语言的积累，包含着世界各地艺术和科学的遗产，而且那些把英语作为一门新语言而学习的人所做出的贡献也是世人有目共睹的。”

翻译是借词最有效的范畴化和词汇化的方式。借词进入接受语后，要经过音、义、形诸多方面的“改头换面”，方可在接受语的词汇系统中“扎根”下来。宽泛地说，英语对于借词进行范畴化主要有四种方法：

（1）采取拿来主义，保留借词原来的语音和拼写，这种借词一般被称为舶来词。

（2）对语音和拼写进行完全英语化，这种借词一般被称为归化词。

（3）采取字面翻译的方法加以引入，这种借词一般被称为仿译词。

（4）采用语义借用的方法在英语现有的词语中引入新的意义，这种借词一般被称为语义借用词。

现就这四种方法举例如下：

（1）舶来词。英语中的舶来词，即没有经过翻译就直接进入英语中的“外语词”，从词汇的拼写到词义都是外语词的原貌。与其他借词相比较，这些需要保持原来的“风貌”的借词数量不是很多，因为不符合英语的“习性”，大部分借词一旦被引入英语，就往往被同化。很多来自法语的单词全部保留了与法语一致的拼写形式。例如 café（咖啡馆、小餐馆）、cigarette（香烟）、surveillance（监视）、crochet（钩针编织）、liaison（联络）、fines herbes（调味香菜）、de luxe（豪华的）、répertoire（节目）、coupon（赠券）、matinée（白天举行的演出）、chauffeur（司机）、impasse（僵局）、lingerie（妇女贴身内衣）、communiqué（公报）、chic（别致的款式）、cliché（陈词滥调）、hangar（飞机库）、risqué（淫秽的、败坏风俗的）、foyer（休息厅）、revue（讽刺时事的滑稽剧）、suéde（小山羊皮）、décor（舞台装饰）、flair（才能）、premiére（初次公演）。

20 世纪以来，英语对法语词的吸收仍在继续。英法两国在两次世界大战中都是盟国，英语和法语相互之间借用了很多与军事有关的词，其中进入英语的法语词有 camouflage（伪装）、fuselage（机身）、hangar（置于飞机修理厂）。法语词在英语中一直占有很高的地位，常常带有“高雅”的含义，例如有些厂商喜欢在产品上加上法语“de luxe”字样，以显示一种豪华气派。其他借词包括 limousine（豪华轿车）、déjá vu（似曾相识的感觉）、haute couture（高级女式时装）、rotisserie（电转烤肉架）等，它们也都与法语原词保持了完全一致的拼写形式。

（2）音译词。英语中的音译词数量很多。英语中的音译借词占总词汇量 70%，这些词基本上已被归化，并成为英语词汇的重要部分，从表面上看已很难辨别是本族词还是借词。这些借词涵盖了世界上各个国家现代社会、经济、政治、物产以及语言文化等方方面面，成为英语词汇中必不可少的组成成分。例如 auto route（快速公路）、exportation（出口）、mega death（百万人死亡）、condition（条件）、disregard（漠视）、question（问题）、conspicuous（显著的）、production（生产）、sociology（社会学）、thermo gram（自记温度图）、eventful（多事的）、macrostructure（宏观结构）、ungracious（粗野的）、uncertain（不确定的）、liberation（解放）、grimace（鬼脸）、accident（事故）、opinion（看法）、exobiology（外太空生物学）、meta language（元语言）。

英语属于印欧语系日耳曼语族，与德语（German）、荷兰语（Dutch）、依地语（Yiddish）和斯堪的纳维亚各族语言（the Scandinavian languages）同为该语族的同胞兄弟。它们之间有很多相似的语法结构和共同的词汇。同时，英语中至少一半以上的词来源于拉丁语：一部分直接来自拉丁语，一部分通过法语进入英语，还有一部分则来自其他罗曼语言（Romance languages）。所以现在的英语和其他来源于拉丁语的欧洲语言有不少相同的词语，如法语、意大利语、西班牙语、葡萄牙语等。一个说日耳曼语言或罗曼语言的人会发现英语和他的母语有着很多相似之处，对他来说学习英语并不意味着像中国人学习英语那样需要跨越明显的语法障碍和词汇障碍。

此外，英语在全球化过程中陆续吸收了很多其他语言的词语，英语对于其他地区的语言词汇范畴化时，也大多采用英译的方式。例如：来自南太平洋地区美拉尼西亚（Melanesia）和波利尼西亚（Polynesia）（不包括新西兰和夏威夷）附近的国家和地区的借词有 lavalava（萨摩亚及其他太平洋岛屿土人穿的印花布短围裙）、wantok（来自同一地区的人）、matai（萨摩亚人的部落酋长）；有些已经被英语使用者广泛使用，比如 hula（呼拉舞）、kava（波利尼西亚产的一种冲灌木）、lej（花环）、taboo（禁忌）、tapa（塔帕纤维布）、taro（芋头）、tattoo（纹身）、ukulele（夏威夷的四弦琴）。

来自亚洲日本的借词也很广泛，比如 aikido（合气道）、bonsai（盆景）、bushido（武士道）、futon（蒲团）、geisha（艺妓）、haiku（俳句）、issei（第一代移居北美的日本人)、judo(柔道)、jujitsu(柔术)、kabuki(歌舞伎)、karaoke(卡拉 OK)、kendo(剑道)、kimono(和服)、mikado(日本天皇)、ninja(忍者)、noh(能乐)、origami(折纸手工)、pachinko(弹球盘)、samlrai(日本武士)、sashimi(生鱼片)、satsuma(无核小蜜橘)、Shinto(日本神道教)、sushi(寿司). tatami(榻榻米)、tsunami(海啸)、tycoon(企业界大亨)、yakuza(日本瘪三)、zaibatsu(财阀)等。

(3)仿译词。英语中的仿译词很多,而且以固定短语居多。过去,这些仿译词大多借自在地理位置上相近、彼此之间的文化交流和贸易往来都比较频繁的法语。例如:

1)neogrammarian(新语法学派)←德语的 Junggrammatiker。

2)black humour(黑色幽默)←法语的 humour noir。

3)local colour(地方色彩)←法语的 couleur locale。

4)fall ill(生病)←法语的 tomber malade。

5)near abroad(边界线外的近处)←俄语的 blizhnee zarubyozhe。

6)nouveau poor(新贫)←法语的 nouveau pauvre。

7)found object(拣到的自然珍品)←法语的 object trouvé。

(4)语义借用词。英语中的语义借用词数量少,在此仅举几例:

1)gift(礼品),在古英语里是指"给妻子的报酬"(the payment for a wife),后从斯堪的纳维亚语的"gift"一词中借用了"礼物"(present)之意。

2)dream(梦),在古英语里指"享受或音乐"(joy or music),后从斯堪的纳维亚语的"dram"一词中借用了"睡梦中思想中的片段"(an idea or image present in the sleeping mind)之意。

3)fake(伪装),这一词原先表示"为……而做"(do for 或 do up)之意,后从德语的"fegen"这一词中借用了"polish"之意,现引申为"伪装"或"假冒"的意思。

4)foul(无耻的),这一词原先表示"干净、公平"(clean 或 fair)之意,后从荷兰语中借用了"dirty"的意思,由此引申出"无耻的"或"不正当"的意思。

5.3.2 汉语借词的范畴化方式

受语言文化等因素的影响,汉语范畴化和词汇化借词的方法与英语有所不同。汉语借词具体说来一般采取四种方法。

5.3.2.1 全部音译

全部音译,指按照外语词的读音用汉语的语音系统加以改造的词语,就是用汉字模拟借词的语音。因为汉字是音节语素文字,所以转写其他语言的音不是很准确。例如咖啡（coffee）、雷达（radar）、歇斯底里（hysteria）、克隆（clone）、比基尼（bikini）、麦当劳（Mc Donald's）、三明治（sandwich）、巧克力（chocolate）、色拉（salad）、基因（gene）、奥林匹克（Olympic）、迪斯科（disco）、马拉松（marathon）、多米诺（domino）、木乃伊（mummy）。

全部音译中有一种汉语特有的音译方式，称谐音音译，指的是音译外语词时在记录外语词的读音的同时，整个词语选用的汉字有一定的表意作用，尽量采用有一定意义的汉字，使其有联想意义，例如幽默（humor）、浪漫（romantic）、香波（shampoo）、引擎（engine）、声呐（sonar）、休克（shock）、维他命（vitamin）、康乃馨（carnation）、脱口秀（talk show）、蹦极（Bungee）、黑客（hacker）、粉丝（fans）。

商品、商标和公司名翻译成汉语时都尽量使用有利于自己品牌的字，如奔驰（Benz）、彪马（Puma）、登喜路（Dunhill）、金利来（Goldlion）、口维可（Quick）、舒肤佳（Safeguard）、思必得（Speed）、四通（Stone）、乐百氏（Robust）、美加净（Maxam）、伟哥（Viagra）、百事可乐（Pepsi-cola）等。这种方法一直沿用到现在。

5.3.2.2 部分音译和部分意译

部分音译和部分意译指同一个外语词，一部分音译，另一部分意译，例如浪漫主义（romanticism）、冰激凌（ice-cream）、因特网（Internet）、苹果派（apple pie）、迷你裙（miniskirt）、米老鼠（Mickey Mouse）、剑桥（Cambridge）、万维网（World Wide Web）、多媒体（multimedia）、呼啦圈（hula-hoop）、奶昔（milk shake）。

5.3.2.3 音译加类别词

在用音意结合法时，汉语特别注意加上表示该事物类别或属性的语素，以方便理解，例如啤酒（beer）、艾滋病（AIDS）、桑拿浴（sauna）、芭蕾舞（ballet）、维生素（vitamin）、丁克家庭（DINK）、卡其布（khaki）、太妃糖（toffee）、汉堡包（hamburger）、来福枪（rifle）、霓虹灯（Cleon）、加农炮（cannon）、沙丁鱼（sardine）、贝雷帽（beret）、嘉年华会（carnival）、咖喱粉（curry）、曲奇饼（cookie）、苏打水（soda）。

"酒、舞、病、浴、糖、灯、球、枪、帽、炮、鱼、人"这些类词都是实素，表示所指事物。这样，即使是音译，也能使人一看就知道大致是什么意思。

5.3.2.4 意译

意译（semantic loans）有两种。一种是原词是单纯词，按整体意义翻译。这种借词最多，现在大多数借词都是整体翻译的。由于整体翻译，这些词是无法复原的，也就是说本身看不出任何借词的痕迹，例如安乐死（euthanasia）、备份（backup）、病毒（virus）、内存（memory）、驱动器（drive）、吉祥物（mascotte）、互联网（Internet）、通信卫星（cosmat）、反思（reflection）、电脑（computer）、净化（purify）、自助餐（buffet）、专政（dictatorship）、传真（fax）、灵感（inspiration）、交响乐（symphony）、洗礼（baptism）、盲文（braille）、照相机（camera）、总统（president）、民主（democracy）。

另一种意译方式是用本族语言的材料对构成源词语的语素或词参照其内部构成形式逐一进行翻译的方式，称为仿译，如“代沟”和“峰会”分别是 generation gap 和 summit meeting 的仿译词。仿译词和纯意译词共同构成意译词。这类借词的字义和原词的词义有一对一的联系，例如网民（netizen）、代沟（generation gap）、家庭影院（home cinema）、计算机病毒（computer virus）、白领（white collar）、泡沫经济（bubble economy）、千年虫（millennium bug）、热狗（hotdog）、动作片（action film）、情人节（Valentine's day）、处女地（virgin land）、牛市（bull market）、超市（supermarket）、哑铃（dumbbell）、快餐（fast food）、软着陆（soft landing）、温床（hot-bed）、课件（courseware）、夜总会（night club）、冷战（cold war）、月球漫步（moonwalk）、黑匣子（black box）、马力（horse power）、健美（body building）、外卖店（takeaways）、姐妹城市（sister city）、试管婴儿（test-tube baby）、隐形眼镜（contact lens）、被动吸烟（passive smoking）、滚动新闻（rolling news）、贫困线（poverty line）、连锁店（chain store）、背景音乐（background music）、概念车（concept car）、合资企业（joint venture）、蜜月（honeymoon）、磁悬浮列车（maglev train）、空难（air disaster）、下意识（subconscious）、瓶颈（bottle neck）、购买力（purchasing power）、攀岩（rock climbing）、物流（material flow）、空间站（space station）、软着陆（soft landing）、团队精神（team spirit）、键入（key-in）、跳蚤市场（lea market）、猎头（head hunting）、猫步（cat's walk）、淡出（fade out）、第一时间（first time）、摊牌（show one's cards）、象牙塔（tower of ivory）、一站式（one stop）、宣战（declare war）。

这样的借词，汉语化程度最高，已看不出是借词了。当新词出现时，人们习惯期待这一词语应有一定的理据。仿译词用目标语的语言符号最大限度地传递了源语词的异国文化特色，很好地表达了外国特有的新概念和新事物。新世纪的仿译词，在介绍外来新事物、新概念、确定借词的译名方面将会发挥更大的作用，会有更多的仿译词出现，这是汉语借词范畴化方式总的趋势，可见，意译词更符合汉语使用者的心理和汉语的特点。

5.3.2.5 字母词

这是指不经过翻译直接借入词的书写形式（graphic loans），直接把外语词的字母形式抄写过来，特别是外语缩略词。原词借入大致可分为三种形式。

（1）英语缩略词，一般取英语单词的首字母。例如：

1）CEO（Chief Executive Office 首席执行官）。

2）CPI（Consumer Price Index 消费者物价指数）。

3）IT（Information Technology 信息技术）。

4）IQ（intelligence quotient 智商）。

5）ABC（American Born Chinese 美国出生的华人）。

6）APEC（Asian Pacific Economic Cooperation 亚太经济合作组织）。

7）BBS（Bulletin Board System 电子公告栏）。

8）GDP（Gross Domestic Product 国内生产总值）。

（2）半缩写半意译（半缩写半类名），即英语字母加汉语语素。这是汉语中独有的借词范畴化方式。为了便于理解，在缩略词后加上义词或属性词，起提示作用，例如 BB 机、AA 制、BASIC 语言、VCD 光盘、SOS 儿童村、IBM 公司、4U 书店、IP 技术、IC 卡、CP/IP 协议、P&G 公司、CD 唱片、KTV 包房、APEC 会议、B 超、B-B 商务合作。

也有汉词或语素在前面，英语缩略词放在后面的，如卡拉 OK、维生素 C 等。

（3）英语单词。例如 E-mail、Internet、bye-bye、office、ok、摆 pose、taxi、发 fax、call、hold 等。

5.4 借词范畴中的特设范畴

借词之所以能够被识解，是因为参与认知的源语和接受语双方在认知上很多方面是重叠的，如人们的认知结构、文化知识和语境知识等。双方在借词建构意义时能达成一致，正是因为交际者之间的模型和认知图式具有相同或相似性，因此，借词的语义是作为认知主体的接受语使用者对外语词客体进行认知加工的操作结果。认知主体对借词的认识、理解和记忆依赖于认知加工，而并不是依赖于对借词音形义的直接复制。理想化认知模型和认知框架是认知主体的认知工具，因为人的语义与认知能力和方式、文化、信仰等主观因素以及身体构造和功能等客观因素不可分离，这些都与 ICM 密切相关。每一个 ICM 都是一个完形结构整体。

特设范畴（ad hoc categories）是非固定的范畴，是人们根据需要临时建构的范畴。比如儿时玩的游戏“过家家”，小朋友扮成父亲、母亲和孩子，这样就临时构建了一个家庭范畴。再比如旅游时放在手提箱中的实体，如钱、衣物、日常用品、随身事物和机票等，它们临时构建了一个旅游范畴。建构和使用特设范畴反映出人的重新组织环境的能力以及创新的能力。特设范畴不同于规约范畴，因为规约范畴具有一定的规约度和明确的范围，如银行和家庭等，而特设范畴不具备这些特征。

在某种特定的语境下，人们会根据某种临时的需要而建构特设范畴，如在某些化装舞会上，女孩子会将纱巾或被单披在身上或绑在腰间，充当衣服或裙子。Barsalou 指出，人们铸造特别范畴、重新划分范畴的能力，反映了人们的认知系统适应环境的灵活性。例如，纸板属于供人们做纸箱的材料，但人们可以根据临时用途把它划归到用于供人坐上去休息的“坐垫”的物体范畴中，甚至还可以把它划归到用于乒乓球拍的物体范畴中。他还指出当人们记忆中储存的概念结构与当前概念结构不能匹配，不能满足当前需要时，他们会用已有的概念铸造新概念结构，如垃圾桶篮球筐（trashcan basketball）、宠物鱼（pet fish）、塑料柠檬（plastic lemon）等。这就是概念组合（conceptual combination）的认知过程。他认为，人们重新划分范畴、铸造特别范畴的能力反映了人们的认知系统适应环境的灵活性。

特设范畴的建构体现了人们能够将有限资源运用于无限知识的能力，更体现了人们利用和组合已有知识而产生新知识的创造能力。特设范畴来自人的虚拟思维（counterfactual thinking），即联想思维。巴塞洛认为，人类将不断地复合概念和再复合概念，只要人类依然存在获取知识的欲望。人类智力的核心之一就是复合概念的能力。特设范畴是一种概念整合，其建立的基础是储存于大脑中的长时记忆中的原有范畴（概念结构），是人们根据特定语境的需要进行的临时范畴建构，体现着一种创新。如果当前目标场景知识不能够与人们长时记忆中的场景知识相匹配，那么人们原来具备的数个场景的知识就会被提取并整合。总之，特设范畴的建构是人的信息加工能力和认知能力的体现。我们可以把特设范畴看作范畴嬗变中的一个参照点，它是一定语境下，原有范畴或概念结构经过概念整合而衍生出的混合型范畴。

在认知领域中的“词汇发生模式”证实，同“听觉刺激”和“听觉分析”在一个层面的“视觉刺激”和“视觉分析”对词汇的辨认及产生是十分重要的。“乒乓”作为一种“图像游戏”在视觉分析中具有较明确的意义（或者说联想义）。汉语中的很多音译词，如粉丝是英语“fans”的音译词，汉语原生词粉丝是指“用绿豆等淀粉制成的线状食品”，由于与外语词 fans 在语音上最为接近，因此临时构建了粉丝的“迷”这个义项，“明星忠实而狂热的支持者、崇拜者”的义项范畴；为人们津津乐道的可口可乐（coca cola），在汉语中，与“可口”直接相联系的就是食品饮料之类的东西；脱口秀（talk show）中的“脱口”也与语言相关，且汉语中有“脱口而出”的成语；迷你裙（miniskirt）中的“迷你”也有“魅力，吸引”之意等。可见那些成功引入汉语并最终固定下来的借词，也必定是那些最接近人们认知方便的词汇。

从上面的例子我们可以看出，“铸造特别概念的认知过程，表现为认知者加工长时记忆中的内容，动态地建构新的概念结构的认知运算过程，其形成过程表现为认知者跨越心理空间、映射和复合概念的过程。换言之，认知者可以将长时记忆中的概念映射到工作记忆中，并将它们加工成新的概念结构。所以，概念结构也可以是工作记忆中的临时构造物，铸造特别概念的能力，体现了人们组合已有知识而产生新的知识的创造能力，以及有限资源无限运用的能力；整合概念的能力是人的普遍的认知能力和信息加工能力，由于情景的多样性和复杂性，人们有时不能使用长时记忆中的概念结构去解决新问题，这时就需要创造新的概念结构。"

在言语交际中，人们根据某种现实临时建构特别范畴的现象比比皆是。首先，特设范畴的建构可以从人们的日常行为中观察到。例如，"坐在/躺在草地上"临时建构了"草地"的功能范畴，这个含义是临时附加的，其内在认知过程是转喻；"把秤买回家"中的"秤"则成为健美瘦身的标准等；言语中的例证更是多见，如英语短语 the foot of a list（列表末尾）、sweet music（甜美的音乐）、marble chair（大理石座椅）、day dream（白日梦）、born with a silver spoon in one's mouth（含着金汤匙出生）、cast pearls before swine（对牛弹琴）、throw the baby out with the bathwater（良莠不分一起抛）、put the cart before the horse（本末倒置）、dig one's own grave（自掘坟墓）、carry coals to Newcastle（多此一举），以及如虎添翼、泰山压顶、捕风捉影、空中楼阁等汉语例子。

特设范畴的建构是在线释义中的普遍现象。由于语境的多样性和复杂性等各种原因，说话人需要使用长时记忆中已储存的概念结构进行新范畴建构，以解决新的语言问题。特设范畴理论对于借词的词义发展具有建设性作用。借词词义的发展过程不仅仅是激活原有词义范畴的过程，而且更为重要的是，这一过程也是识解者积极构建新概念范畴的过程。词义是以识解者的百科知识为背景、以认知模式为工具的动态建构。因此，借词词义原型范畴的构建便是在这样相似的背景和认知模式下进行的，并且在构建之初，都是一个临时的特设范畴。特设范畴虽然是临时建构的范畴，但与长久以来在人们认知中的规约范畴有着千丝万缕的联系。

5.5 英汉借词范畴化的制约机制

借词的范畴化现象本身就是语言与文化交互影响的结果。借词，从表面上看是进入了某种语言中的词语；从更深层次上看，则是既源于外来文化，又逾越了语言拥有者的心理屏障及文化堡垒而登堂入室的一部分幸运者，是为某种文化所容纳与吸收的成员。语言的许多特点同时也是普遍的文化特点，而且，只有把意义同文化与思维联系起来，对意义的研究才能收到最佳效果。

文化模式包括个人对客观世界的体验和经验、对语言使用社会规则的了解以及间接知识。文化模式是积聚在一起的知识单元，是储存在我们头脑中的关于特定认知对象的认知表征。文化模式是由多次的实例及概念整合而来的并且为同一文化环境中的人所共享，它反映了个体经验中的原型特征。语词里既有现实的文化表象，又有历史的积淀，它映射着民族文化的方方面面。语词能够更为迅速、更为直接、更为广泛地对文化进行反映。文化模式是人们创造和理解借词、并将之运用于话语之中的基础和依据。

文化模式是受到文化限定的规范性知识模式，为社会特定群体和社区团体所共有。也就是说，文化模式要为相当数量的人群所接受和分享。日常生活中，可能会遇到一些很离奇的知识片段，但只要有一定数量的接受人群，文化模式就可以将这些知识纳入其中。文化模式可以划分出特定的次模式，这些模式之间的各个组成部分联系紧密，模式之间也可以相互组合，并结合百科知识，形成庞大的认知网络和认知框架。因此，文化模式本身也具有层级结构。

文化模式具有开放性的特征。所谓开放性是指对某一特定概念范畴的认知描述永远都不可能穷尽，其认知描述具有高度选择性以及网络构建倾向性。文化模式不仅与客观世界中的事物、人的身体功能和构造有关，更重要的是与人类身处的世界（包括自然界和社会文化环境）的知识和认知能力以及宗教信仰等密切相关。文化模式是后天习得的，即在经验或学习过程中获得的。社会文化在不断发展，新事物、新概念层出不穷，文化模式会相应地不断充实、修改、调整和完善，参与人们的词汇创新。

5.5.1 英汉借词范畴的文化语境依赖

语言由文化养育而成并制约着人类的认知（包括认知方式和认知结构）。人们对外界的认知以语言为中介，又通过语言体现出来。可见，语言与文化历史系统密不可分。语言是文化的重要表现形式，它贮存着一个民族历史发展过程中创造和积累的各种文化知识，一个民族的思想、心理、习俗等特点会在语言中得到体现。语言中的语义特征体现了在特定文化中形成的特定认知，由文化塑造而又反映文化的语言也会随着文化的不断发展而处于经常性的发展变化之中。“范畴的整个内部结构都依赖语境，在更广泛的意义上，依赖我们的社会与文化知识，人们认为，社会与文化知识被组织进了认知和文化模型。”

语义与人们的社会文化、背景知识和主观认识等因素密切相关。语言和文化相互作用、相互影响。词义具有强烈的民族性，反映一个民族的特征，它蕴藏着该民族的思维方式和生活方式，也包含着该民族的文化背景和历史传统，尤其是该民族自身的习惯，这是因为，不同民族的人观察事物的心理、方法是不同的，运用两种语言的人所接触到、听到、见到的具体事物并不完全一样。因而，他们捕捉到的事物的侧面也必然有着某种程度的差异。相似文化背景提供给人们基本的认知范畴。不同的社会和文化背景的人类，其认知能力的局限、范畴原型和等级是有差别的。虽然不同地域的人对基本范畴的认识也是不同的，但就多数领域来说，因为人的认知能力在决定基本范畴中起重要作用，并且人的认知能力基本是相同的，所以，范畴化等级对全人类都是类似的。在范畴等级上，人的认知结构与客观世界的重要关联是人与环境的相互作用和影响。这说明，相似词义的理解基于一定的相似文化背景，文化背景对词义有着一定的制约性。总之，从纵向来看，即使在同一社会文化中，时间、空间和社会的发展也都会导致人的认知模式的变化，认知框架和模式不是固定不变的；从横向来说，处于同一文化背景下的民族中的绝大多数人对某一认知对象有大致相同或相似的基本理解。

语言作为一种社会文化现象，随着人类社会的文化变迁而变迁。邢福义教授说:“一部语言变迁史实际上可以看成人类社会文化的变迁史的缩影，特别是表达概念的词汇系统的变迁，更能看出一个民族、一个国家在政治、经济、文化、艺术等领域的变迁。”语言是各个民族看待世界的方式，一种语言对借词的吸收和同化能力同该民族的文化心理有一定的关系。萨丕尔认为语言是一种世界观，它反映、影响着不同民族的价值观念，借用语言对语言材料的心理态度与其对借词的吸收有很大关系。

不同的民族在进行经济和文化交流时，语言中的某些形式会从一个民族流入另一个民族中去，于是就产生了借词，借词是不同文化和语言交互影响的结果。随着当前世界的经济和信息全球化进程，语言也有全球化的趋势，对外来语言的某些词汇和语法项的借用和吸收已经成为所有语言中的普遍现象。Jespersen 指出:“没有任何一种语言是纯洁的，找不到一个不吸收借词的民族语言。英汉结构的开放性和可塑性为它们吸收借词提供了客观可能性。”萨丕尔也曾指出，要想找出一种完全孤立的语言是很困难的，在初民社会里尤其少。由于交际的需要，操一种民族语言的人会直接或间接地接触和借用吸收文化相对发达的或者邻近的民族语言，然而由于语言系统本身的原因，各种语言对借词的消化和吸收程度存在一定的差异，正是由于这种邻近的民族间不同性质和程度的文化接触，引起了两种民族语言的交往和借贷。

5.5.1.1 英语借词范畴化与文化语境

西方文化建立在基督教文明的价值观之上，提倡“自由”“平等”，认为人生来就是自由、平等的。它强调作为自然状态的人天生就拥有生命、自由等不可剥夺的权利，不能因其进入社会而被任何契约所剥夺或被转让。它认为个人是国家赖以生存的最基本的单位，国家存在的价值就是为了保护和实现个人的权利。所以，任何形式的政府在任何时候损害了“造物主赋予的不可剥夺的权利，其中包括生命权、自由权和追求幸福的权利”时，人们就有权去改变或废除它，组建新的政府。因此，英语民族具有“开放性”的文化背景。这种宽泛的“自由性”在语言上则表现为强大的吸收和同化借词的能力。当今，英语的词汇已经突破了两百万。英语词汇库如此庞大，一个重要原因就是英语奉行“自由主义”“拿来主义”，积极吸收其他语言的词汇，以弥补自身词语的不足，更好地表达思想。

英语的哲学背景是亚里士多德严密的形式逻辑，及后来从16世纪到18世纪弥漫于欧洲的理性主义。理性主义强调科学。出于第二次世界大战及战后各国对高科技的迫切需要，起始于20世纪四五十年代的第三次科技革命使20世纪初的科学理论取得重大突破，形成了一定的物质、技术基础。它促进了社会经济结构和社会生活结构的变化——第三产业比重上升，人们的衣食住行等日常生活也发生变革；它强化了国家之间的科技竞争，扩大了发达国家同发展中国家的经济差距。起始于20世纪后期的第四次科技革命以系统科学的兴起到系统生物科学的形成为标志，形成系统生物科学与技术体系。资本主义社会经过几百年发展，在经济、科技、教育、文化和社会管理等方面，积累和创造了丰富的现代文明成果。

这些哲学、社会制度及科技发展表现在语言上即强调形态的外露及形式的完整。英语对于形式的要求是非常强烈的。英语作为一种表音文字，在吸收借词时，能够将其与英语本土词汇迅速结合形成新词，并按照英语语法转换词性，具有一定的灵活性和优越性。英语虽然拥有百万词汇量，却仍然喜欢吸收新颖别致的借词，在造新词和借用借词之间，英语还是以音译借用优先。借词进入英语后，顺应英语的语法特点而有了时态和语态的屈折变化，多数有英语动词的形态特点，通过加“-s”“-ed”“-ing”等形式构成屈折变化。

前面提到，拉丁语和希腊语这两种语言对英语词汇的发展产生了极其重要的作用，早在古英语时期，英语就从拉丁语中吸收了不少借词。据估计，那一时期英语中出自拉丁语的借词，数量在500个左右，如camp、cheese、consul、silk、table、talent等。虽然这两种语言对英语词汇的发展产生了极其重要的作用，但这两种古典语言的重要性是在1500年之后，也就是现代英语初期才得到真正的体现。到目前为止，尽管英语仍从拉丁语中吸收词语，但借词的数量明显减少很多，不像以前那样有大量拉丁借词产生了。一般来说，英语新词中的一些术语或科技词汇大多是借自现代拉丁语，如ultrasaurus（超大型恐龙，指侏罗纪后期的一种与长臂龙有关的恐龙，据信为世上最高的动物）、realia（实观教具）、ex vivo（来自体外的）、dromaeosaurid（厉爪属恐龙，指白垩纪后期的一类两足食肉恐龙）、candida（念珠菌病）、abducens nerve（外展神经）等。

在现代英语中源语为希腊语的英语新词同样也比较少。过去从希腊语吸收的借词语一般都具有较强的学术性、科技性或显得比较正式，现在有些词语还是如此，如philia（友好，友谊）、orthosis（矫形器）、nomos（法则，生命之法）、

kairos（最佳时机）、hegemon（霸主）、doula（导乐，即助产士）。当然，与拉丁语一样，来自希腊语的最新借词中也不乏一些常用的词语，比如 cyber 和 mega。cyber 是于 1948 年进入英语的 cybemetics（控制论）的缩略。自 20 世纪 80 年代开始，由于计算机和信息产业技术的发展，需要一系列表示“电脑和网络控制”的新词，cyber 这个组合词素也就逐渐活跃起来，cyber-表示“计算机（网络）的”，例如 cyberculture（电脑化文化，电脑化社会）、cyberdepot（网上商店）、cybercrime（网络犯罪）、cyber forger（网上造假者）、cyberphobia（计算机恐惧症）、cyberpunk（电脑科幻小说，计算机高手）、cyber-sex（网络色情）、cyberspace（网络空间）、cyberspeak（网络用语）、cyberfiction（网络小说）、cyberfair（网上集市）等；mega 源出希腊语中的 megas，单独作为一个词语使用开始于 20 世纪后期，最初只表示“巨大的”，后来在英语中用作组合词素的 mega-逐渐用以表示“精彩的、非常棒的”，如“It will be a mega film”（这将是一部非常好看的影片）。这些借词在进入英语之后都有了形态上的变化，成为构词成分或词缀。

5.5.1.2 汉语借词范畴化与文化语境

汉语对借词的吸收，非常明显地受汉民族文化心理的影响和制约。中华民族兼容并蓄的文化精神，“天行健，君子以自强不息；地势坤，君子以厚德载物”，这样悠久而博大的中华文化一贯以开放的态度借鉴和吸收外来优秀的文化和语言。不过“中学为体、西学为用”的借鉴和同化方针始终是中华文化在吸收外来文化时所遵循的，这也反映在汉语对待借词的态度上。

汉文化尤其是近代汉文化有非常保守的一面，这使得汉语在对待借词的态度上，总体上倾向于保守；即使到了当代，汉语在强调“规范化”“纯洁性”的同时，有时对借词也持否定、甚至排斥的态度。这种保守的文化思维方式，决定了汉语中借词的数量远不及英语借词。

但中华民族传统文化自古以来就有强大的包容性，尤其是改革开放以来更加开阔的胸怀和兼容并蓄的态度对待世界其他民族的文化。近 20 年来，汉语从英语中吸收了大量的色彩词语和表达法，如蓝领阶层（blue-collar）、褐色家电（brown goods）、红宝石婚（ruby wedding）、紫心勋章（purple heart）、黑马（dark horse）、灰色收入（grey income）等，这些借词极大地丰富了汉语的表达力。随着英汉两种文化的交流，一种语言中的文化语义词语可以渗透传播到另一种语言文化中，从而造成文明的相互滋润。

中华民族形象思维和整体把握的思维特点，要求汉字的书写符号不仅仅是一种表音文字；作为一种表意文字，它的形体构造本身要能够帮助阅读者理解汉字所代表的词汇的意义。长期以来，使用汉语的人逐渐形成了一种要求名实相符的心理，而纯音译词是不能满足中华民族的这种“望文生义”的审美心理的，于是汉语在吸收借词时，本族语使用者或者一开始就在音译词后面加上表意成分，采取音译双关的借译手段，一个典型例证就是化学元素周期表中的元素名的引进和翻译。在音译金属元素时多加“金”旁，在音译气体元素时多加“气”旁，如钠、铌、钕、镨、锶、锰、氖、氙、氧、氨、氮等，并且在单纯的表音字上加提示类别的义符，如“衣”“金”“鸟”“气”等。或者开始引进时先采用音译的方式，在使用过程中再慢慢改变和同化，尽量采用音义兼备的字，以弥补汉语中纯粹的音译词无法兼顾音义不足，如维他命是 vitamin 的音译词，后来又改用维生素这个意译词。

纵观语言的发展史，汉语更倾向于用自己的语言材料造新词。借词进入汉语时必须在保证语音相似的基础上，选用尽量与该借词的意义挂钩的译音汉字，使人通过汉字的意义或多或少地了解到该借词的意义。陈榴指出和汉语 6000 年的发展历史相比，借词在汉语中所占的比率远远小于英语中的借词比率，而且汉语中借词的词性比较单一，主要是名词，不像英语中借词的词性那么丰富，这是因为汉语吸收同化借词的功能要受汉民族的文化心理的制约。

由于文化背景、思维方式的不同，有些借词的翻译需要按照目的语的历史文化传统和民族思维特点在意译中稍加变化，而不是把概念直接对等地翻译过来。例如：汉语中的“红眼病”所代表的概念相当于英语中的 green-eyed，因而翻译也不需要再另译新词；将 sister states 译成“兄弟省市”而没有译成“姐妹省市”，是因为男性姻亲关系是汉民族的传统。这些差异在引进借词时应加以重视，对客观事物的认知方法、思维的民族性以及约定俗成的言语习惯都会造成语言范畴的不同表现。

英语 Acquired Inmune Peficiency Synbrome 意为“综合性后天免疫缺陷症”，其缩写形式就是我们现在熟知的 AIDS，按汉语的习惯思维和构词规律，最初该词被译为“爱滋病”，因为会产生“因爱而滋生疾病”的联想义，这种译法不久便被废弃不用了，原因是与原义相去甚远，之后应运而生的是不含有任何联想色彩的“艾滋病”。其实，这类借词同原借词仍有较大距离，从本质上讲并不属于意译词，仍属音译词，但确实兼顾了音与义的谐音译词，即外语的异域语言音义与汉语汉字的语言音素在借词上共存。这种谐音形式里面包含的内容虽然是外来的，谐音义的翻译方法和产物（形式）却是汉语独有的。

借词进入汉语，汉民族要按照自己的语言特点、思维习惯对它加以改造，使之在构词、语音等方面具有汉语的特点。也就是说，借词要经历一个汉民族思维的梳理过程，这样才能成为汉语词汇系统的一员，被汉民族所认同。与汉民族思维是否相符决定着借词在汉语词汇系统中所表现出的生命力和活跃程度。进入汉语后，随着社会文化和认知思维的发展，有很多历史较长的借词甚至已经难以辨认其借词的身份了，浓重的汉化色彩常使人忽略其外来性。尤其是义译借词的外来色彩更会逐渐淡化，变得越来越像本族语词汇了。作为从其他民族语言中“移植”来的成分，借词不仅要接受汉民族思维的改造，有些还会“入乡随俗”，逐渐摆脱原来的造词环境，参与新的造词，变得越来越像土生土长的汉语固有成分，这表明借词经过汉民族思维的改造，顺应了汉语词汇特点，汉民族在心理上已接受并允许其在汉语中安家落户、生殖繁衍了。无论义译还是音译借词，都必须经过汉民族思维的过滤，使之具有汉语的特点。

5.5.2 英汉借词范畴化的认知模式依赖

认知模式包括认知心理状态、知识水平、生活经历、社会心理以及信念、道德标准、行为准则等认知域和知识框架。不同的认知模式，源自不同的工作领域、生活经历、知识结构以及心理状态等，影响着人们之间的言语交际。这样的认知图式包含了语言使用者对各种可能的因果关系的知识或信仰。Ungerer 和 Schmid 指出，语言中的词语所表达的意义以及如何使用，取决于人们对周围真实世界的感知和范畴化。

首先，认知模式最终依赖于文化模式，在英语的最新借词中，体现文化的借词不胜枚举。就拿饮食词语来说，许多国家或语种中的食物在英语都有所体现，如越南的 nuoc mam（辛辣鱼酱）、南非的 koeksister（源出南非荷兰语 Afrikaans，指蘸有糖浆的辫子状炸面圈）、南美洲的 churrasco（源出西班牙语，指烤肉）、波兰的 kielbasa（蒜味烟熏红肠）、俄罗斯的 taimen（一种多见于西伯利亚和东亚的哲罗鱼）、土耳其的 imam bayildi（油炒蒜味带馅茄子）和 doner kebab（土耳其烤羊肉）、罗马尼亚的 sarmale（菜叶包加料碎肉）、中国的 fu yung（芙蓉）等。试想一下，当这种具有浓郁地域特色的新词汇刚刚进入英语时，很多英语使用者由于从来没有过这样的经历，大脑也没有产生类似的文化模式，自然，对这样的场景也没有相应的认知模式能启动。由于对于借词的所指完全没有概念，因而在借词词义的范畴化过程中，外语词所在的源语文化模式与认知模式占有较大的优势，而英语中的认知模式的参与度则相对较低，这时的借词产生方式主要以音译词为主，即借来语音，根据源语词汇的词义赋予借词在接受语中的词义。

再如英国和法国关于“一天的第一餐”这个认知范畴，因为文化差异，在认识上也大为迥异。在法国，petit de jeuner 往往就是一顿便饭，通常一大杯咖啡、一块面包便能了事；而英国早餐则包括一系列吃喝的东西。由于准备法国早餐不需要太多原料和餐具，所以法国的旅馆一般不提供早餐餐饮室，而是用托盘将食物带至卧室为客人提供早餐，或者让客人自己到就近的咖啡店或面包店买早餐；相反，在英国，早餐绝不会被带到卧室，而是有专门的早餐室。两国的早餐风格之所以如此迥异，是因为这反映了两国人民对于一天三餐作用的理解和与之相关的不同文化模式。对于法国人，一天三餐中，早餐不是很重要，而午餐和晚餐很丰盛；相反，英国人认为每天的第一顿和最后一顿很重要，而午饭往往是随随便便。所以，我们可以看出文化模式的差异会导致人们在认知上产生差异。

然而，文化模式和认知模式之间仍然存在着很多差异，两者的着重点不一样。认知模式强调的是认知主体心理方面，允许个体间存在差异；而文化模式强调一个集体内共同享有的某些方面。首先，由于个人的经历不同，即使是处于同一社会团体的人们，其认知模式也会有所差异。其次，在不同的语境下，个人的认知范畴也会发生变化。

“文化模式”强调一个集体所共同享有的某些方面，如汉语借词中的多音节词与汉语词汇的“双音化”特点不符，因而通过纯音译借入汉语的多音节借词很少。纯音译法虽不失为引入借词时可采取的一种捷径，但其局限性不容忽视。纯音译只是对语音的记录，而汉字是表意体系的文字，只表音的汉字让人费解，不符合汉民族的认知模式，用表意的汉字来单纯表音，总让人有意犹未尽之感，因此随着使用频率的增加和使用时间的增多，当有些音译词的确切含义已经为人们逐渐掌握，便产生了能够将音译词取而代之的义译词，这些词更符合汉民族思维方式。

音义兼译词是比较符合汉民族的语言习惯和认知模式特点的翻译方法，它往往取汉语的义、借词的音。这种音义合一的翻译方法是汉语中的一大特色。本来音译就是用语音相近的汉字转写外族语词的语音，而音义兼译的借词既发挥了转写汉字充分表意的特点，又保留了与原词相近的读音，顺应了汉语认知模式中的“神形兼备”的特点，因而这种翻译是引进借词的理想方法，中西合璧，又称“谐音双关”。在现代汉语的借词中，用这种方式引进的借词极易融入汉语词汇系统，并因其与汉语的构词特点相吻合而数量众多。如 hacker 的原意是“计算机犯罪者”，但在汉语中译为黑客，这正是汉民族认知模式在这一词语上的折射。在现代汉语中，有“黑钱”“黑话”“黑社会”等，这一系列由“黑”构成的词多含有贬义，可见“黑”有“非法的、不公开的”的意思，汉语在翻译 hacker 时，既兼顾了汉民族的认知特点，又考虑到语音的相似，因此“黑客”看起来与汉语中土生土长的本族词几乎没有什么差别。talk show 译为脱口秀，既能传神地表达出与原词神似的词义，又保留了与原词相近的语音形式，这样的翻译将两种不同民族认知模式的差异调和得看不出造作的痕迹，没有丝毫生硬之感，令人拍手叫绝。由于汉民族喜欢大吉大利的普遍心理，所以我们把 TOEFL 考试译为托福，意思是通过托福考试就意味着幸福的到来，当下中国的典型认知模式是“出国是好事，有海归背景的都是人才”，参加托福考试的直接目的是出国，令人神往的幸福生活就在于考试的成败；cocacola，谐音义译为可口可乐，一听到这名称我们就能感到它的美味可口，这是汉民族思维模式在遇到汉字时条件反射地产生的“别义”。

总而言之，对于英汉借词的范畴化，既依赖于接受语中的文化模式，也依赖于接受语人群的认知模式，两者是相辅相成、缺一不可的。文化模式决定借词词义范畴化的认知域，而认知模式则决定借词词义中主观化和主观性成分的多寡。认知模式是被一个社会团体所共享的，认知模式最终取决于文化模式，而对于处于同一个社会团体的人们来说，文化模式也可以被看作是他们共同享有的认知模式。然而两者所强调的重点有所不同。“认知模式”强调的是认知主体心理方面，允许个体间存在差异，而“文化模式”则强调一个集体内共同享有的某些方面。

5.5.3 语言自身制约

语言作为一个有机系统，其核心问题是音、形、义三者的关系，在借词的吸收上也不例外。各种语言吸收借词的目的是为了引进新的概念，填补本族语语义上的缺项。英语以语形为契合点引进借词。

英语的语音与语义之间结合紧密，是典型的“声音语”，即“有声才有义”。西方语言大多数是拼音文字，语音是概念（语义）的符号，符号就是音响和概念的结合，而文字（语形）是“符号的符号”，仅仅是记录语音的符号。索绪尔认为，语言学的对象不是口说的词和书写的词的结合，而是由前者单独构成的。文字存在的唯一理由就在于表现语言（语音）。在西方语言系统里，作为语形载体的文字，唯一的作用就是摹写出词语中连续的一连串声音。语言和文字是两种不同的符号系统。因此，在西方语言系统中，形成了以语音为中心的语言传统，语形在语言系统中处于次要地位。英语中的形义关系极为松散，甚至可以忽略不计，但音义关系非常紧密。英语音、形、义三者的关系如图 5-1 所示。

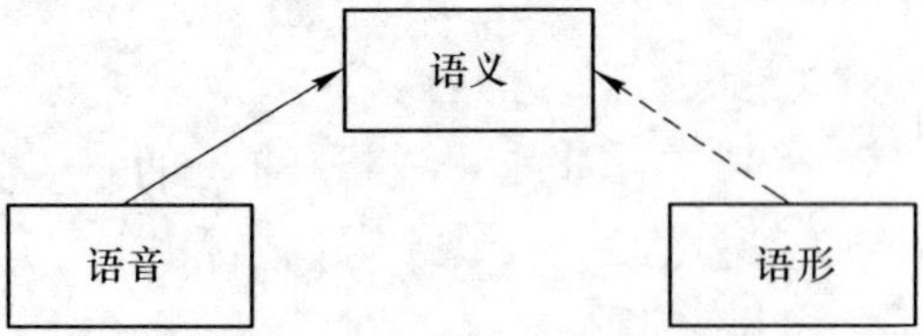

图 5-1　英语形、音、义关系图

Bussmann 指出，接受语对借词的同化从三个方面进行，即语音、语法及书写形式，其中语音上的改变最为重要，但英语也允许词的语音和语形完全分离。

汉语系统中音、形、义三者之间的关系与英语系统中的并不相同。由于汉语是表义语言，汉语对借词的同化功能远不如英语。汉语从甲骨文开始就一直采取象形造字、指事造字、会意造字和形声造字。这种造字传统习惯、民族具体思维原则和音、形、义统一于一个方块字上的特点，决定了汉语在对待借词的“入侵”时，不得不考虑到汉字的表意功能，选择所使用的汉字时需尽量做到音意兼备，形音义结合。而当发生矛盾时则选择牺牲它的语音构造。汉语写音借词是“模仿语音、改变语形”。汉语以语形为契合点引进借词，这体现在汉语对大量写音借词的排斥和淘汰上，如巴力门、梵婀玲等最终被翻译形式国会、小提琴所取代。蔡基刚指出，新外来词中的音译词不足1.5%。被汉语接受的写音借词往往朝着“音义兼表”的方向发展，如尽量选用能提示词义的汉字转写借词。

潘文国认为，汉语吸收借词的实质是用汉字对异质语言成分进行转写，并将汉语中的借词分为写形借词、写音借词和写义借词。其中写音借词是用与借出语读音相近的汉字转写其语音，如用沙发转写 sofa、用坦克转写 tank。写音法主要用来吸收西方语言文化中的概念，也是汉语吸收借词的主要方式。汉语中，因为汉字与西方的拼音文字之间根本毫无语形互通，所以借词的转写是尽量“改变语形而模仿语音”，这与英语中借词“保留语形而改变语音”大为不同。造成这一差异的最合理的解释便是英语和汉语采用不同的文字系统并分属不同的语系。汉语只能利用汉字模仿西方词汇的发音，而西方各语言在语形（文字）上有比较大的通约性，对借词的语形改变较少。

汉语是音、形、义三位一体的语言单位，汉语在对拼音语言借词进行吸收时，绝大多数都要采用汉字转写其语音，这有两个倾向：

（1）一些寓意美好的汉字，是翻译时首先倾向于选用的，这在对商品名、地名、人名进行转写时显得尤为突出，如奔驰（Benz）、太妃（toffee）、美利坚（America）等。这样的汉语字眼符合国人喜欢吉祥、向往美好的审美情趣。百事可乐（Pepsicola）的翻译为了追求“诸事顺意，美味可口”的语义，甚至以偏离语音为代价。中国人对有不祥字眼的借词往往有强烈的排斥心理，如 massage 最初被译为“马杀鸡”，后出现意译词“按摩”，音译词虽然出现很早，但由于其字面语义的原因，国人始终慎用，人们更倾向于使用“按摩”这一译名。

（2）能起到提示该借词意义作用的汉字，也是倾向于选用的，如俱乐部（club）、芒果（mango）、康乃馨（carnation）、蹦极（bungee）等。在吸收借词阶段，我们往往在翻译语音的同时，会添上表义的成分，如爵士乐（jazz）、啤酒（beer）等，添加的表意成分为类属词。在汉语言文化和思维下，这样的写音借词比较便于被国人接受。即使是对借词中的纯表音部分或对纯写音借词的转写，汉语也会尽量使语义成分渗透其中。因为在转写的过程中，附着在汉字上的语义因素往往在语音背后起着不可或缺的重要作用。

潘文国指出，人类通过认识世界，而后形成概念，再用语言表述出来，可以有不同的途径。表音文字和表意文字正体现了这两条不同的途径：一条走的是直线，使用文字直接表示概念，或者说，从概念直接到文字，在这个过程中语音只是必不可少的附加物，没有语音就不称其为文字；另一条走的是曲线，与概念直接联系的是词的读音，然后再用文字把读音记下来，也就是说，从概念经过语音的中介再到文字。汉语集音、形、义三大语言要素于一身，其基本单位是“一个概念对应一个音节，一个音节对应一个字”的汉字。因此，汉语同英语的音、形、义关系极为不同。索绪尔指出，对汉人来说，口说的词和表义的文字都是观念的符号，在这种表义文字系统中，虽然一个词只用一个符号表示，但是这个符号却与词赖以构成的声音无关。也就是说，文字在汉语中显得更为重要，它和语音之间并无直接的联系，汉语的语音是语义（概念）的符号，而更为重要的是语形，语形（文字）同样是语义（概念）的符号。可以说，汉语是一种“视觉语”，汉语系统三大要素中，语音是居于次要地位的。因此，我们认为形义关系对汉语系统来说更重要，尽管汉语的语形和语音都和语义有非常密切的关系。汉语形、音、义三者的关系如图 5-2 所示。

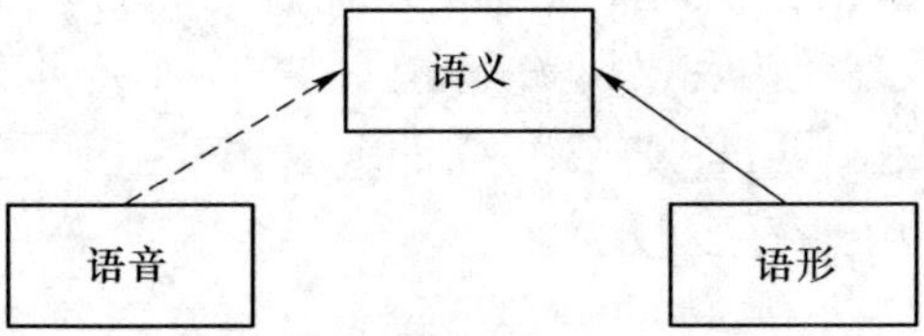

图 5-2　汉语形、音、义关系图

因此，汉语引进借词，尤其是音译借词时，是以语音为契合点，而语音是汉语三大要素中居于次要地位的要素；而英语引进借词时，是以语形为契合点，语形则是英语三大要素中居于次要地位的要素。英汉两种语言中，引进借词均是从语言系统要素中处于次要地位的环节进入的，这符合经济原则。经济原则并不仅是一条语用原则，当前，Zipf 定律已经走出了语言学的范围，进入了物理学、地理学、生物学、社会学、经济学、计算机科学、信息学等众多研究领域，是指导人类行为的一条根本性原则。语言学的经济原则是以最小的代价换取最大的收益，这同样适用于借词的引进。借词作为某种语言中的异质成分，要把语言社团和语言系统自身为引进借词而付出的成本降到最低，要以对语言系统中的其他原有关系和成分的干扰性降至最小进入目标语言。英汉语以对语言系统和语言使用者干扰最小的方式引进借词，也符合语言系统运作的经济原则。

5.6　英汉借词范畴化的认知选择

词义体现着认知操作，同样，借词的词义构建也同样与我们的体验感知、认知途径、识解方式和心智框架密切相关。当人们选择接受语言单位所包含的不同意义时，当事人过去的经验也成为一种重要的参照物，并且影响着人们的选择和解释。借词语义范畴化之初，经验的参照显得格外突出，尤其是在缺乏足够的已知参照物的情况下。借词词义的识别、理解、解释与建构除了要了解源语词义之外，更需要接受语中的认知主体对借词意义进行更为主动的认知选择，如感知的选择、心理频率的选择、心理图式的选择及义项的选择。

5.6.1 感知选择

感知选择指的是在感觉受到刺激的情况下，知觉进行加工的过程。感知是认知主体与客观环境互动的结果。"在当代认知心理学中，知觉过程有直接知觉和间接知觉的区分。直接知觉是指知觉者直接从客观事物中获得信息，并对它们进行整体属性的反映。间接知觉是指知觉者利用自己的知识经验来对客观事物进行整体属性的反映。直接知觉和间接知觉包含着相互联系的两种信息加工过程为自下而上（Bottom-Up）加工和自上而下（Top-Down）加工。自下而上加工是指由外部刺激信息开始的加工，强调感觉器官中滞留信息在知觉中的作用。一般是从较小的知觉单元进行分析，再转向较大的知觉单元，经过一系列连续阶段的加工而达到对感觉刺激信息的解释。""与此相反，自上而下加工是指在知觉时，个体运用自己已有的知识经验和概念来加工当前的刺激信息的过程。""由于是在个体知识经验引导下对刺激信息的知觉加工，因此是一种较高水平的加工，它制约着较低水平的加工过程，故又把它称之为概念驱动加工（Concept-driven Processing)。""知觉的自下而上加工和自上而下加工是两种方向不同的信息加工过程，两者相互作用而构成统一的知觉过程。"寻着这一思路，借词词义的感知选择既要探微——观察其局部属性，又要统筹——进行心理扫描。

"一个语言表达式的意义不但取决于概念内容，而且取决于对这些概念内容的识解（construe）方式。同一概念内容可以有许多不同的识解方式，每一种识解方式表征一种意义。"不同的识解者具有不同的识解方式，要凸显的内容不同，所表达的意义也不相同。因此，Langacker 把语言运用中的识解，看作是语言运用者从不同角度、以不同方式对客体的品质、属性或行为等的概念化。认知凸显度越高，引起的注意力就越大，而且容易被感知；相反，认知凸显度越低，引起的注意力就越小，就不容易被感知。一个语言表达形式的认知是语言运用者心智里的规约性知识和对客体相关特征的在线感知相互影响、相互作用的结果。

在认知活动中，对于认知凸显度低的特征，感知花费的努力要大，或者说，不容易被感知，不太容易被注意；认知凸显度高的特征更容易被感知，比较容易被注意。具体来讲，感知"小"没有感知"大"容易，感知"低"没有感知"高"容易，感知"浅"没有感知"深"容易等。认知凸显度在语言中有所投射。这样的认知特征投射到语言运用中，按照语言的经济原则，比较容易被感知的、认知凸显度高的，被达致（accessible）或激活的可能性比较大，也常常被优先使用。

凸显指人们可以采取图形/背景（figure/ground）的对比手段，或以勾勒（profiling）的方式使某些实体比其余实体更加突出。也就是说，在对同一场景进行描述时，人们常把某一个参与者作为图形，把另一个不那么突出的参与者作为背景。知觉作为认识活动的反映形式，其形成必须要依赖于事物的客观变量，但在很大程度上，更要受主观性的影响，即主观变量的影响。我们常把静止事物作为背景（补语、宾语或其他成分），而把运动图形作为凸显的参与者（主语），这就是主观变量的影响在我们语言表达中的体现。因此，Y is near X 和 X is near Y 的区别是，前句中的 X 是背景，Y 的位置参照 X 来确定，Y 是图形，处于突出位置；后句刚好相反，即 Y 是背景，X 的位置参照 Y 确定，X 是图形，处于突出位置。

语言组织信息的一个基本认知原则是图形/背景分离原则，Talmy 是最先将图形/背景理论用于语言研究的。他给背景下的定义是："相对于一个静止的参照框架，背景是一个参照系，图形的方向、位置或路径是相对于静止背景的"。他给图形下的定义是"图形是一个概念中可移动的物体，其方向、位置或路径被视为变量"。一般说来，图形是包含于背景之中的，人们只能看到突出于背景的成分，不能既看到图形又看到背景。最为明显的成分，在认知中占优势，可以成为注意的焦点。实际上，这种"图形与背景分离"的现象，心理学家早有论述。图形通常是可及性较高、依赖性较大形状完整、结构简单紧凑、能够移动、体积较小、容易被首先见到（如果非对称性不明显，也不排除反过来的可能性）的物体。而背景在认知中不占优势，相对于图形来说，可作为认知上的参照点，凸显程度较低；它是独立性较大的、结构相对复杂的、静止的、更易预料的、体积较大的物体，具有可用来描写图形未知方面的已知特征。如书在书架上，则书（体积较小的物体）常被视为图形，书架（体积较大的物体）则被当作背景；又如飞机在天空中飞翔，飞机（运动的物体）常被视为图形，天空（静止的物体）则被当作背景。

任何事物都可以被看作背景，也可以被看作图形。在特定条件下，背景和图形也可以相互转换和选择，例如："水装瓶子里"（水是图形，瓶子是背景）；"瓶子里装水"（瓶子是图形，水是背景）。"中国人像韩国人"（中国人是图形，韩国人是背景）；"韩国人像中国人"（韩国人是图形，中国人是背景）。"桥在小溪上"（桥是图形，小溪是背景）；"鸟儿在桥上"（鸟儿是图形，桥是背景）。在 Talmy 的研究基础上，匡方涛和文旭对图形/背景的特征和定义进行了补充和修改。他们认为在很多情况下，图形和背景之间不能进行转换。他们认为背景和图形的定义特征是背景可以作为参照系用来确定、描写图形的未知特征，具有已知的时间或空间特征；图形则没有已知的时间或空间特征可以被确定。多个原则之下的认知特征制约着背景和图形之间的关系，我们必须要考虑相关事物之间的相互关系，才能确定某个事物是充当背景还是图形，这种相互关系往往比各自的特征更为重要。如果二者之间的关系不足以相互参照，其可及性、显著度、比例、结构等多方面的因素都比较模糊，那么二者之间就不能够进行自由的相互转换，即必须按照其分工结果，图形固定充当图形角色，背景固定充当背景角色；如果二者之间可以实现交互参照，则可以实现图形和背景之间的相互转换。影响图形和背景的因素很多，概括来说，有经验的因素、有知觉的因素、也有客观事物自身的状态和性质因素。至于把哪些信息作为背景，哪些作为图形，则受到不同的语境和情形非常直接的影响。

如英语中来自韩语的意译借词 shutter man（百叶窗男人），指的是丈夫挣钱比妻子少，甚至专做家务的丈夫。它的由来非常有趣。在韩国有一种常见现象，就是由妻子经营店面，丈夫每天唯一要做的事情就是早上送妻子去店里，帮她拉起店里的窗帘（raise the shutter），晚上去接她回家，拉下窗帘（lower the shutter），久而久之，他们就成了“百叶窗男人”。比如韩国有新闻报道说：“通常药剂师的丈夫是‘百叶窗男人’，因为她挣钱比丈夫多。美容店老板的丈夫也有机会成为‘百叶窗男人’，因为她们挣得也多。就我所知，有两个美容店老板的老公每天傍晚都帮店里拉窗帘，不过他们还不是百分之百的‘百叶窗男人’，他们自己也挣钱，但比老婆挣得少。”经济基础决定家庭地位，从拉窗帘这件小事也看得出。

在这个例词中，可以看到这个借词是根据男人每天为妻子“拉窗帘”这个凸显的表征感知范畴化而来的，其实这样的男人有许多属性或特征，如挣钱少、做饭多、在家的时间多等，但是这里恰到好处地将其最易感知并频繁出现的特征作为了范畴化的表征，是借词词义范畴化的好范例。

每一个物体都可以具有多方面的表征。对于物体众多的共同属性，为什么有些属性会成为说话者概念上的凸显性成分呢？因为哪些物体或概念的出现频率最高，还是人们基于生理结构和自身感官体验得出的结论，这是一个非常复杂的认知过程。大脑所接收到的听觉和视觉信息，是人们依据各部分属性的凸显程度不同来组织，然后根据不同的范畴进行裁决得到的。在原型的凸显性上起着重要作用的有三个因素。有的也许依赖于概念或物体出现的频率或属性；有的也许既需要物体的属性，也需要人的感官；有的范畴的凸显也许完全依赖于人的感官；有的也许三者共同起作用。毫无疑问，在范畴化时，多个样例中属性的较高权重都被分配给了原型结构和范畴。因此，不断变化的环境要求原型成员具有一定的灵活性。

汉语中近年来的流行网络新借词“晒”，其语义来源是英文 share（分享）的谐音。网络上流行的“晒”也就是把自己最得意的东西，比如资源、创意、资本、装备、人、宠物、生活方式等与人分享，展示给别人看。这种人被称为“晒一族”，也就是“晒客”，与英文 sharer 对应。“晒”在汉语词典中的解释为“把东西放在太阳光下使它干燥”“人或物在阳光下吸收光和热”，比如晒被子、晒粮食等。可见“晒”本来并无 share 的“告诉别人，专门让别人知道”的意思。我们可以假设在最初“晒”的语义形成时，语义创造者是根据感知到的 share 的语音，在汉语中寻找相似的音译词。也许当时有很多选择，但是“晒”是最为接近 share 的语音之一，所以确定了“晒”是 share 的音译词。这时，“晒”是“临时范畴”，随着使用频率的增多，我们逐渐完成了“晒”作为“告诉别人，专门让别人知道”的语义范畴化。词汇义项的增多与词项的使用频率成正比，使用频率越高，义项增加越多，借用或隐喻是许多义项增加的主要方式。束定芳指出人们遇到表示某一新的、从未出现过的概念时，通常会从已有的词库当中选取或借用词汇来临时替代新的概念，这些被借用的词汇往往与新概念有同样的功能或形状，如果该替代在语言中获得大多数使用者的默许，很可能就会成为该词的一个新的义项。

原型范畴和基本范畴都是人类心智的产物，都是对客观世界进行图式化后的一种心理表征。所以，对借词的原型范畴的识别需要认知主体做出更加主动的努力，如心理频率的选择和心理图式的选择。

5.6.2 心理频率的选择

词在心理词库中组织成一个庞大的网络系统，每个词就是这个巨网中的一个“节点”，由于词与词之间的可及性程度不同，节点与节点之间的距离也是不相等的。词的使用频率就是影响可及性程度的主要因素之一。这是 Collins 和 Loftus 在心理词汇的组织上，提出的一种“扩散激活模式”。

使用频率既可指心理词库中的编码，也可指使用出现的概率。词义的心理选择倾向于基本层次范畴的典型成员。在心理词典中，“猫”的使用频率要比“小猫”或“母猫”高，“书”出现的频率要比“教科书”“词典”“小说”等出现的频率高。在人的言语交流中，基本范畴词汇的使用频率要大于下属范畴或上属范畴词汇，如使用“水果”的频率会高于下属范畴的“苹果”及其次类“香蕉苹果”“蛇果”等，使用者一般也不会使用其上层范畴词汇“食品”等。

从基本类属到具体实体（个别实体）是认知，是人类认识事物的基本顺序，表现在语言中是以基本概念来表达具体的指称。在日常的交流中，人们一般会使用上义词来表示下义词或使用基本层次范畴的词语来指代具体的词语；在实际交际中，如人们常用“下午要去打球”这一“体育运动”范畴中的典型成员，而一般不说“打排球”“打乒乓球”“打羽毛球”等范畴中的非典型成员；我们说“出去买点儿苹果”，而很少说“出去买点儿国光苹果”。如果我们必须提到词语中的下义范畴或非典型成员，如“你朋友是男孩还是女孩”，那一定是在特殊语境的要求下。

总之，在形成概念的过程中，从典型成员到非典型成员，显著度等级依次递减，典型成员最接近人们的预料或期待。典型成员具有认知上的显著性，我们最熟悉的一定是范畴中的典型成员，它们最容易被提取和储存。心理频率选择的依据和标准是语言中的典型成员和原型范畴。依据这一标准，在借词词义范畴化时，对语义成分的选择存在着劣势选择和优势选择，优势选择就是接受语中词义原型范畴中的典型义（原型义），劣势选择则是接受语中的偶在义和特别义这些非典型成员或边缘成员。

在英汉语借词范畴化的方式中，都有半音半意词，其中表示意译部分的词或词素，通常都是由原型范畴和典型成员来充当的。

一个十分常见的原型单词 syndrome（综合征）经常出现在英美报刊中，在对借词词义范畴化的过程中，人们往往用该词来形容那些病因不明的症状或是闹不清症结的问题，因而含有 syndrome 的各种新借词也常见诸报端，如 tofu syndrome（豆腐综合征）、Four-Two-One Syndrome（四二一综合征）、Gorbachev Syndrome（戈尔巴乔夫综合征）、Gulf War Syndrome（海湾战争综合征）、Post-Vietnam Withdrawal Syndrome（美军撤退后而患的越南战争恐惧症）、Vietnam Syndrome（越南战争综合征）。还有 2003 年我国因爆发“非典”而出现的 Severe Acute Respiratory Syndrome（严重急性呼吸道综合征），即 SARS。

汉语是表意文字，这种基本范畴词汇通常都是表类别属性的，如苏打水（soda）、桑拿浴（sauna）、艾滋病（AIDS）、芭蕾舞（ballet）、维生素（vitamin）、咖喱粉（curry）、沙丁鱼（sardine）、啤酒（beer）、加农炮（cannon）、嘉年华会（carnival）等。水、浴、病、舞、素、粉、鱼、酒、炮、人这些表类属的词都是基本范畴词汇，有强烈的表意作用，这种音译加类属的借词，使读者一看就知道大致是什么意思。

5.6.3 心理图式的选择

认知语言学认为，语言是认知的一部分，是表达经验的一种工具。在使用语言表达客观现实时，认知是现实和语言的媒介，其媒介作用主要表现为：我们对现实世界的感知、认识、识解，不但制约着我们对语言表达式的选择，而且影响到语言表达式的意义；语言使用者的认知特征和规律在语言中的投射是对某个语言表达式的实际运用。借词作为接受语中的外来异质成分，其被识解和重新建构意义的过程也是一种认知过程，这一过程一般是以接受语中认知者的知识图式为基础。知识图式有助于词义的确立和选择。图式并非事物的定义，而是与人的经验知识相关。人拥有一种认知能力，就是通过比较经验中所积累的具体实例，总结出其中相通的部分，从而提取出图式（即抽象化的复合知识结构）。菅井把图式定义为“关于某事物的概念性知识的模型”。总之，图式是指人们把以往经验进行结构化后所得到的认知框架，是我们常用的“模型”或“模式”的近义词。依据 Mandler 的观点，图式由空位（slots）和默认值（default values）组成，空位是图式的知识体，知识体本身有层次有联系；在正常情况下，默认值是填充空位的事件、动作或事物。图式是一种认知结构。例如，“人”的“体形槽”里可以代入“高”“矮”“胖”“瘦”等各种各样的“值”（value）。“空位的值不定时，暂时代入的原型性推断值或在经验中稳定存在的值就是‘默认值’。”例如，银行的默认值是环境、人物和动作行为等，环境一般包括柜台、ATM 机和时间等，人物一般包括银行服务人员、顾客、保安等，动作行为包括存款、取款、等待等。图式抽象程度存在梯度，有具体的图式，也有相对抽象的图式。图式机制通常支撑着由已知知识通向未知知识的推理（inference）过程。因此，理解词和语义的相互关系与认知者的知识和解读能力有关。某一词项，只有在某人特定的认知语境中，词义才可能在信息接收者的脑海里跃然而生。

认知语法的用法依存模型（the Usage-based Model）重视那些在脑中形成的支撑语言现象的图式，并把语法看作是用图式思维根据具体语言实例自下而上归纳而成的“符号体系”。这里所说的符号是“形式与意义的习惯性结合”。小到词素、词和词组，大到句子和话语，都是符号。认知语法认为，因为句法、意义和语音等各方面的语言现象全都基于人的认知能力和认知方法，所以可以用完全相同的理论框架来解释它们。Langacker 指出，在进行语言现象分析时，认知语法学家并不采用句法、语义和语音等领域所固有的理论框架，而是受到一种适用于所有领域的统一理论框架的限制，这个框架有如下内容条件（content requirement）：

（1）作为语言表达实际出现的语音极、语义极及象征结构。

（2）从（1）的结构中提取出来的图式。

（3）（1）和（2）之间形成的范畴化关系。

从认知语法来看，所谓语法，即多个固定的具体语言实例以及由下而上在各层次归纳出来的图式所共同构成的庞大网络或符号体系，这些图式的使用频率和固定程度各不相同。在认知语法中，所谓“规则”被看作是“语法中所纳入的由提取多个具体实例（instance）的共同点而形成的‘图式’（schema）”。

英语中，有音位构式 [sæt]、[kæp]、[set]、[kɪt]。这些具体构式的内部结构基本雷同，都是由一个元音（V）和两个辅音（C）组成；而且元音都是在中间，辅音在两端。根据这些雷同或相似的地方，我们概括出一个图式性的构式——[CVC]，并且把这些雷同或相似的一个个音位构式都看作是 [CVC] 的实例构式。[CVC] 和 [sæt]、[kæp]、[set]、[kɪt] 都是图式——实例关系。再如英语中的X-s图式便是从千百万“名词单数形式+s（es）（复数形式）”的详细图式中提取出来的。

人们从经验中积攒的具体语言实例中提取抽象图式，再将该抽象图式详细化，从而创造新的具体语言实例。从“旧语言实例→图式→新语言实例”这一语法观来看，英汉借词语音和形态的形成便是这些来自一些图式的详细化，这些图式抽取自英汉语中的固有表达。

5.6.3.1 英语中借词的图式选择

英语中的语音图式包括基本的语音规则，如重音、音节、常见字母及字母组合的发音、清辅音的不送气现象等知识。借词的语音构建需要从相关的语音图式中选择、提取和编码相关信息来完成。这些抽象的语音图式都在使用者的心理词库中备选，当新借词进入英语时，受到外语词项的刺激，便开始了从抽象语音图式到新语言实例的转化过程。

英语是一种重音语言，重音具有区别词义或词性的功能，是英语语音表达的主要手段之一，英语对音强的敏感度比汉语高得多。因此，借词进入英语后首先接受英语系统对其重音位置的确定。事实上，在过去很长的历史演变中，英语受到了印欧语系日耳曼语族各种语言的影响，如德语、荷兰语、依地语和斯堪的纳维亚各族语言等，它们之间有很多相似的语音图式、语法图式和共同的词汇。同时，英语中至少一半以上的词来源于拉丁语，所以现在的英语和其他来源于拉丁语的欧洲语言有不少相同的词语，如法语、意大利语、西班牙语、葡萄牙语等。因此，当这些语言中的借词进入英语时，语音图式的制约和压制的现象，只是出现在对于语音的微调，不会出现大的修改和变动，因为两种语言的语音图式非常相像。而对于语言差异较大的，如汉语中的借词进入英语时，则会出现明显的语音图式不适应现象，需要进行较大的调整。

有趣的是，英语中总是允许这种不适应现象的存在合理性。“借用外国词总要修改它们的语音。一定会有外国音或重音上的特点不能适合本地的语音习惯。它们会被改变得尽可能地不破坏这种习惯。时常会出现语音的妥协。”如福娃（Fuwa）是在2008年的北京奥运会期间一个热门的全球性词汇。Fuwa在西方各大主流媒体中频频出现，并将继续存在下去。这里，明显看到Fuwa并不符合英语中的［CVC］的原型语音音节的图式，可见英语对于语音的容忍度是非常强大的，尽管有语音图式，但并不是所有借词都会受到图式的制约。但绝大多数都会在图式制约的范围之内。

英语中的词法结构图式，有复合（compounding）、派生（derivation）、转性（conversion）、首字母缩略（initialism）、拼缀（blending）、截短（clipping）、借代（from proper names）、逆生（backformation）、重叠（reduplication）等。在借

词形成的过程中，复合和派生是使用得最多的两种图式，其他构词图式也时常运用。如汉语词汇进入英语后，主要通过加上-er、-ism、-gram、-gy、-（olog）ist、ation 等后缀派生出名词；通过加上-lan、-ese、-ist、-ic 等后缀派生出名词和形容词；通过加上-ize 等后缀派生出动词。源语词语的音译成分是词根，是借词的基本意义，通过认知机制的作用，导致借词范畴的扩大。在该层次，意义的考察可以分为两种情况：从语境相似的角度来考察词义；从语境相邻的角度来考察词义。这两种方法不是截然对立的，在多数情况下，两者是并用的。一个词语不是几个词素的堆砌，而是一个“完形体”，它们限定了词义的内容，两者整合一起，构成了整体义“向前走”，前缀限制了“行走”的方向，词语若同时受到前、后缀的制约，其词义就具有透明性（transparency）。

2003 年，“神舟五号”载人飞船成功发射，西方媒体在报道中，都使用了一个新词 taikonaut，专指中国的航天员（a Chinese astronaut）。2003 年美联社在介绍杨利伟时说：在我们熟知的“太空”这个关于宇宙的中国词汇之后，对中国首个航天员的身份我们一直一无所知，直到发射成功……中国航天员，被称为“宇航员”或“宇宙旅行者”。“太空人”是他们的英文昵称。（The identity of China's first “taikonaut”——after “taikong”, the Chinese word for space——was kept closely guarded until the launch took place. … Chinese astronauts are known as “yuhangyuan”, or “travelers of the universe”. “Taikonaut” is their English nickname.）2008 年 9 月末的中国“神七上天”，更是让 taikonaut 一词的使用频率大增。比如有报道说：于 2008 年 9 月 27 日中国北京获得的视频，中国太空人翟志刚滑出神舟七号的轨道舱，开始中国的第一次太空行走。（The video grab taken on Sept. 27, 2008 in Beijing, China, shows Chinese taikonaut Zhai Zhigang slipping out of the orbital module of Shenzhou-7, starting China's first spacewalk in the outer space.）

taikonaut 是 taikong（中文“太空”的拼音）和 astronaut 的拼缀，专指中国的航天员。美国的宇航员是 astronaut，中文翻译成“宇航员”。而 1961 年，苏联人加加林成为人类第一个进入太空的宇航员时，西方媒体称他为 cosmonaut。俄文“kosmos”指宇宙，因此，cosmonaut 专指俄罗斯的宇航员。1995 年 3 月，美国宇航员 Norman Thagard 搭乘俄罗斯的火箭进入太空，被当时的西方媒体戏称为 the first American cosmonaut（美国有史以来第一位“俄罗斯宇航员”）。

1998 年，一位叫做 Chiew Lee Yih 的马来西亚华人在一个网络论坛上首先使用了 taikonaut 这个词。2003 年“神五”上天，彻底让这个绝妙的中西合璧的新词穿越大洋阻隔，融入西方的拼音文字中，甚至在美国 Your dictionary 评选的 top ten word lists of 2003 中排名第五。

语言是文化的标签。古老的中华民族在向西方世界输送文明的过程中，曾经在西方语言中植入 Confucianism（儒教）、Taois（道教）等体现博大精深的中华文化的词语，而 china、silk、tea 等代表中国古代灿烂文明的词汇进入英语后，如今已经没有中文的痕迹了。而 taikonaut 一词的诞生正是中华民族科技和文明重新在世界焕发光彩的标志。已经有报道称有人去太空里进行 space tourism（太空旅行）了，想来以后中国人也会到太空里进行一番 taikong tourism 的。

英语词汇形态图式对于词汇制约严格，数、性、格是英语形态的标志，因此，借词一旦进入了英语，顺应英语的语法特点——有了时态和语态的屈折变化，多数就具有了数、性、格的形态标志，通过加“-s”“-ed”“-ing”等构成屈折变化。

另外，英语是采用拉丁字母的字母文字，其书写图式为 26 个字母的拼写图式，一般是一个字母或者字母组合表示一个音素，非常容易读，类似现在德语的拼写。可是随着语言本身的发展，语音发生变化，还有外来拼写法的干扰以及方言的差异，都导致英语的拼写和语音有所脱节。但英语中的所有词汇，包括借词，一定是以拉丁字母书写的，无一例外，即便是从东方语言中进入的借词，也是以翻译的范式进入书写图式，没有直接引用汉语汉字词或日语假名的情况出现。这说明英语的书写图式对于借词的制约性还是很强的。

5.6.3.2 汉语中借词的图式选择

“汉语是典型的声调语言，对音高变化特别敏感。语音的相对音高在说汉语的人的心目中具有举足轻重的价值。”这是因为音高在汉语中具有区别作用，汉语既可以利用一个字的音高变化来区别词汇意义，也可以利用不同的音高模式组成语调，表示语法意义或说话人的态度情感等。所以任何借词进入汉语后，无论是音译词还是意译词（包括字母词），一定要按照汉语的四声——平上去入的声调规定发音。如人们常把美国的 CNN 说成“C 恩恩”，就是加上了汉语的声调。

汉语的音节数目虽然不多，但却有着极其重要的作用。这主要是由汉语音节与意义的关联所决定的。说汉语是一种单音节语，就是从这个角度着眼的。每一个汉字对应一个音节、一个概念，音节与意义的对应性成为汉语的基本特点。音节与意义的关联又使汉语的音节具有强烈的封闭性特点。一个音节，不管是单念，还是在语流中和其他音节连起来念，它的前后界限都非常清楚，不可能出现像英语或法语中那样的连读现象。

现代汉语中有声调音位 4 个、辅音音位 22 个、元音音位 10 个，共计 36 个音位；英语有辅音音位 26 个，元音音位 20 个，共计 46 个音位。英语音位系统和汉语中官话（普通话）的音位系统有很大差异，例如：音位［ð］、［ʃ］、［tʃ］在英语音位系统中有，而汉语中没有；音位 sh［ʂ］、ch［tʂh］、zh［tʂ］在现代汉语音位系统中有，而英语中没有；英语音位［dz］、［z］均为浊辅音，汉语音位系统中也没有；汉语中的 h[x] 不同于英语语音中的 [h]，前者是舌根音，后者是喉擦音。

正是由于这种音位系统上的不对应，在对借词语音进行选择和匹配的过程中，汉语就不可避免地使用相似音位尽量去对应英语中的源词音位。例如：laser [læzə]（莱塞），汉语官话的音位系统中没有 [æ]、[z]、[ə]，因此只能用擦音 s[s] 或者 z[ts] 和相近的 e[γ]、ai[ai] 替代；“比基尼”的英语音标为 [bikini]，其中英语源词音位 [b]、[k]、[n]，进入汉语后，作为借词的音位部分，进入待选择和匹配状态。由于我们的汉语普通话中没有分毫不差的对应音位，根据语音相似性原则，选择了汉语音位中的 b、j、n 作为匹配对象，其中 [k] 音位被匹配成了汉语中早已经颚化的 j 音，因为汉语中的相近音位 [k] 不能和 i 相拼；与此同时源语语音中的重音消失了，出现了汉语中的声调，即比基尼 [$pi^{:214}tɕi^{:55}ni^{:35}$]。

英语 bar 进入汉语之初，有一系列的选择摆在借词意义创造者面前，首先是音译或意译，创造者根据汉语语境下的经验和认知模式选择了音译，之后有“bā”“bá”“bǎ”“bà”等系列音译对应汉字供其选择，创造者根据心理词典和在线语境等因素选择了“吧”作为“bar”的音译对应汉字。

汉语特有的韵律图式——双音化，也在制约着进入汉语中的借词。汉语的双音化反映了音节构成基本韵律单元的倾向，亦即不满一个音步的单音节，变单为双的趋势。冯胜利在论证“双音步定律”时，提出汉语中“韵律词”的概念，即现代汉语中，音步是一个基本的韵律单元，是韵律中可以独立的最小单位；单音节不成音步，双音节才能构成一个标准音步。因此，韵律作用的结果就是汉语的双音化现象，这是汉语所独有的语音图式，并非是语言欧化的产物，而是汉语顺应自身变化规律的产物。这种韵律特点的具体表现之一就是现代汉语中吸收和融入的大量借词多数被译为双音节词，因此并不是借词源词的语音特点欧化或影响了汉语的语音图式，而是汉语本身的语音韵律特点建构了借词的模式。早在近 70 年前，郭绍虞就注意到了口语中的复音倾向，为这观点提供了进一步的佐证：从口语讲，由于同音语词的增多，语言本身不得不增加连缀的词汇，所以有趋于复音的倾向，不能承认为单音的语言。现代汉语产生于近一个世纪以前的白话文运动，提倡“我手写我口”，意图解决古汉语中口语与书面语相差很大的问题。现代汉语已经具有了不少口语的特征，尽管现代汉语中的口语与书面语还是有相当大的差距，但相比古汉语已经有了很大的进步，因此双音节词在现代汉语中的比率远远超过了古汉语。双音节的韵律特点决定了汉语词汇的基本面貌，与离心、向心的构词特点相互配合，相辅相成。离心和向心是构词图式中的核心字的概念，在音韵学中的理论支持是“一个基本的韵律单元至少、同时也至多有一个核心”，无论在意义上、还是韵律上，汉语的词汇都是围绕着一个核心字（音节）生成的，音义互动，韵律与语义相互补充、相互配合，形成汉语词汇组织的原动力。在汉语词汇的构词图式中，韵律与语义发挥着同样关键的作用。

汉语的构词图式大致说来有复合、派生、重叠、缩略等，人们很容易就想起主谓式、偏正式、动宾式这些名称，但这些都是仿效西方语法理论生搬硬套在汉语上的名称，并不符合汉语构词的实际情况。很多专家学者都对汉语的构词模式进行了详尽的研究并分类。在此基础上，徐通锵的提法最为精要，以简驭繁，提出了更为简明的“同心”“向心”和“离心”的说法，这种构词模式研究是以汉语词汇中的“核心字”为出发点的。此外，围绕核心字的字组系族构词法，也体现了汉语造字构词的整体观，符合中国人重整体思维的认知习惯。意译借词使用本民族的语言创造性地来表达新事物，通常指称的都是本民族没有的东西。意译借词体现了汉语对外语词的改造和同化，并同样遵循着汉语构词图式中的“向心”或“离心”的原型构词图式，如外卡（wild card）、峰会（submit meeting）、代沟（generation gap）等。通过对我们现有的语料观察，现代汉语中的意译和音译借词均可被纳入汉语的离心或向心结构中去。以黑客为例，汉语本来就有以“黑”为核心字的离心字组“黑心”“黑钱”“黑社会”等，和以“客”为核心字的同心字组“顾客”“访客”“请客”等，因此“黑客”一词的构成是符合汉语特有的构词特点的。

汉语的书写图式为汉字，“字”是汉语民族认识世界的基本单位。汉字的表意性非常强，长期以来，使用汉语的人逐渐形成了一种要求望文生义、名实相符的心理，而纯音译词并不能满足中华民族的这种音义结合的审美心理。于是汉语在吸收借词时，尽量采用有一定意义的汉字，使其有联想意义。但近年来，大量的字母字涌入中国，并时常见诸媒体或文章中，中英文混用的情况比比皆是，如我形我 show、hold 不住、Cool 就是你、今天我们去吃 KFC 吧等。这说明汉字的书写形式对于借词的制约和压制力越来越弱，汉字这种古老的书写形式，在新时期，更要接受拼音文字的挑战。

汉语中的语言图式没有英语中那么明显，汉语不存在英语语法图式中性、数、格等方面的要求，因此在语法图式匹配时就按照接受语中“约定俗成”的图式结构进行匹配。首先，进入汉语的动词没有人称的变化，如 encourage 在英语中可以根据人称变化为“encouraged”和“encouraging”，但在汉语中只有一种形式——“鼓励”；其次，汉语中除了“们”之外，没有明显的复数标志，如 bread 作为复数名词在英语中是不适宜与表单数的数词连用的，即英语中没有 one bread 的说法，但是在汉语中却能说“一个面包”；又如 car 在英语中的复数形式是 cars，但是汉语中“小汽车”却没有复数形式，能说“两辆小汽车开过来了”，却不能说“两辆小汽车们开过来了”。

5.6.4 义项的选择

汉语借词并不是用汉语词直接对译外语词，它对义项的借入是有选择的。一个义项能够进入另一种语言，一定是在它反映的事物或概念色彩方面适应了借入语言词义表达系统的需要，对借入语言的词义系统有填补空白的作用。如果一个借词有多个义项，最初借入时往往只有某个义项符合借入语言表达的需要。汉语在借入外语原词及其以后，对它的义项会有所删减，词的义项减少，即汉语在借入外语的多义词时，往往并不是借入它的全部义项，而是借入它们的某个或某些义项，而舍去其余。因此，很多借词在从源语言借入汉语的过程中，呈现出明显的单义化倾向。像鲨鱼（shark）、安琪儿（angel）、芭蕾舞（ballet）、香槟酒（champagne）、引擎（engine）、巧克力（chocolate）、坦克（tank）这些借词，在源语言中都是多义词，而借入汉语后（尤其是在借入初期），只有一个义项被保留下来，凸显了交际的需要。例如：

（1）tank 在英语中原有 5 个义项：1）大容器，槽；2）储水池，游泳池；3）船的液体舱；4）坦克；5）混合牢房。但 tank 借入汉语译为“坦克”只借入了义项4），由原来的多义词变成了单义词。

（2）Venus 在英语中原有 4 个义项：1）爱和美的女神维纳斯；2）维纳斯的雕像或画像；3）美人，性爱，色情；4）金星，太白星。Venus 借入汉语译作“维纳斯”，仅借入了义项 1）、2），义项减少了一半。

汉语借入外语多义词的义项时，一般总是根据自己语言的词汇系统中有无交际需要或有无义项空白，而不是无对应词则借入，有对应词则排斥。例如，幽默在汉语中只有“有趣可笑而意味深长”这一个意义，但它的原英语词 humor 除了有“幽默”的义项外，还有“素质、性质、幻想、迎合、适应、让步”等诸多义项。

对于多义借词，如果联系语言交际的本质和过程，我们会有一些新的认识。如卡通，《现代汉语词典》(2005) 中对“卡通”的释义是“漫画”和“动画片”，而《汉语借词词典》(1984) 则将其释义为“动画影片、活动画、漫画”，实际上，汉语最初只借入了“漫画”一个义项，随着动画片传入中国，“卡通”一词又增加了“动画”义项。又如鲨鱼，是名物词，这类词语在借入时大多都是借其原型义即基本义，而由原型义发展而来的非典型义（描述性语义）一般不在借入的范畴以内。在英语中，“鲨鱼”有两个义项，汉语只借入了前一个义项“一种生活在海洋中的凶猛的鱼”，并没有借入其引申义“坑蒙拐骗的人、诈骗者”。由此可见，借词义项的借入并不是一次性完成的，而是按性质、分阶段、有层次地实现的。

借词进入汉语时具有选择性，主要是受认知习惯及由此而形成的认知系统、文化系统的制约。不同语言的语义关系并不是完全对应的，如“鲨鱼”在英语中由“一种凶猛的鱼”联想到“诈骗者”，有其特定的语言环境（或文化背景）。在借入汉语后，随着源出语言环境的隐退和新语言环境的出现，该词固有的认知基础发生了变化，源出语言中的语义联系也随之中断，这就使得借词的语义出现了单义化的倾向。

除了特定语言系统对语义选择的影响之外，交际需要和现实基础也是借词借入时义项选择的一个非常重要的参照。如在初次借入卡通时，当时的交际情境中只有“漫画”这一概念适应了现实交际的特定需要。于根元（2003）认为交际是语言发展变化的动力和目的，是决定语言现象的根本条件。这不仅适用于一种语言系统内部，也同样适用于不同语言之间。一部分借词在借入时只选择其中一个义项，而没有吸收其他义项，正是由于在交际中人们没有对该义项所代表的概念的需求。

本节讨论了借词范畴化与图式的选择，以及图式对于借词范畴化的制约和规定。但我们也要看到心理图式并不是一成不变的，而是随着应用而改变。比如，原型的凸显会因不同的民族、文化环境、风俗习惯、地理位置而有所不同。尽管语言使用者之间存在着个性差异，但是他们对词义的选择总是存在着认知上的共性，正是这种认知共性与各种语境因素的相互作用，使他们对词义做出最终的选择。这是因为人们的心理图式在起着一定的作用。对大多数基本范畴或者原型，人们在认知时都保持着一定的一致性和趋同性，这就是为什么尽管我们不知道晒就是英语 share 的音译词，也不知道“晒”的“分享”义项，在第一次看到晒工资、晒照片这样的表达式时，我们也并不惊讶并很快能够猜出其意义。在缺乏语境或没有已知信息参照物时，人们通常首先会想到词语的基本义，即这个词最常见、使用频率最高的与人们的共同生活经验密切相关的意义，而不是立刻就能够接受上述词语的所有义项。由是观之，一种认知图式已固定在人们的心智中。

5.7 对比阐释

本章着重阐释了英汉借词的范畴化过程及影响这一过程的各种制约因素和动因。范畴化是人们将通过体验获得的概念用语言形式表达出来的认知过程，是人认识世界、描述世界的一种方式手段，也是人思维活动的一种表现方式。Ungerer 和 Schmid 指出，语言的词语所表达的意义以及如何结合使用，取决于人们对周围真实世界的感知和范畴化。借词的范畴化过程更为复杂，范畴化的对象不是客观世界中的具体事物，而是来自外民族的认知产物词汇。在这一过程中，英汉两个民族对于借词范畴化的方式各有不同，并且制约借词语义形成即范畴化的因素有很多，包括文化语境、认知模式、心理动因、语言自身因素及人的认知选择等，这些因素在英汉借词的范畴化过程中表现也不尽相同。对比详情见表 5-1。

表 5-1 范畴化过程中英汉借词对比

<table>
<tr><th colspan="2">项 目</th><th>英 语 借 词</th><th>汉 语 借 词</th></tr>
<tr><td colspan="2">范畴化方式</td><td>以语音改写为主，多采用直接借用或音译的方式；音译借词占总词汇量 70% 左右，近年来意译词有所增加</td><td>音译为语音转写，谐音音译是主要方式，兼音兼义；意译词是汉语借词的主要范畴化方式，仿译是近年来的总趋势；汉语中独有的是半缩写半类名的范式，如 B 超、AA 制</td></tr>
<tr><td rowspan="3">范畴化的制约机制</td><td>文化语境与认知思维模式</td><td>英语民族具有“开放性”的文化背景，这种宽泛的“自由性”在语言上则表现为强大的吸收和同化外来词语的能力；西方哲学、社会制度及科技发展表现在语言上即强调形态的外露及形式上的完整。英语对于形式上的要求是非常强烈的，数、性、格的变化必须严格表征</td><td>汉文化有非常保守的一面，使得汉语在对待外来词的态度上，总体上倾向于保守；这种文化思维，决定了汉语中借词的数量是远远及不上英语借词之万分。中华民族形象思维和整体把握的思维特点要求汉字的书写符号不仅要能表音，而且要能表意，因此说汉语的人逐渐形成了一种要求望文生义、名实相符的心理，借词范畴化一定要满足中华民族的这种音义结合的审美心理</td></tr>
<tr><td rowspan="2">语言自身因素</td><td>英语为音义结合紧密的语言，以语音为契合点对借词进行范畴化，语形则为次要</td><td>汉语为形意结合紧密的语言，汉语以语形为契合点对借词进行范畴化，语音次之</td></tr>
<tr><td colspan="2">英汉语对于借词的范畴化都是以对语言系统中的其他既有成分和既有关系的干扰较小为原则，把对语言系统自身和语言社团为引进借词所付出的成本降到最低，符合经济原则</td></tr>
<tr><td rowspan="6">范畴化的重要认知选择</td><td>感知选择</td><td colspan="2">英汉语都会选择最易感知的、凸显程度高的、容易从背景中分离出来的、频繁出现的特征作为借词语义范畴化的表征</td></tr>
<tr><td>心理频率选择</td><td colspan="2">英汉语均选择使用频率高的、易识别的、显著度高的基本层次词汇作为借词语义范畴化的构词首选成分，通常都是由原型范畴和典型成员来充当</td></tr>
<tr><td rowspan="3">心理图式选择</td><td>语音图式：重音是英语表达的主要图式；固定音节如［CVC］、字母组合发音等都是英语借词认知选择中的重要图式。形态图式对于借词有严格的制约</td><td>语音图式：声调是汉语表达的主要图式，多音节借词进入汉语都要被拆分成单音节汉字。双音化是汉语特有的韵律图式，对借词制约严格，大多数借词为双音节借词</td></tr>
<tr><td>词法图式：复合和派生是借词形成过程中选择最多的两种图式；借词经常通过加上后缀派生出不同的词性，灵活性较大</td><td>词法图式：“向心”和“离心”是汉语构词图式的两大模式，借词都是在这两个图式下构词产生的</td></tr>
<tr><td>书写图式：26 个字母的文字图式对英语借词的制约能力比较弱，英语借词以写音为主，写意为辅</td><td>书写图式：汉字表意性极强，借词均需转写为汉字词语。但近年来字母词越来越多，说明汉字的书写形式对于借词的制约和压制力越来越弱</td></tr>
<tr><td>义项的选择</td><td>大多数借词借入英语，其义项为源出语中的全部义项；借词词义范畴化之初，即为多义词。其原因是欧美文化和认知习惯的趋同，导致借词范畴化时不加选择，吸收全部义项</td><td>借词义项进入汉语时具有选择性，受认知习惯及认知系统、文化系统的制约；英语与汉语语义关系并不完全对应，使得外来词的语义出现了单义化的倾向</td></tr>
</table>

6 英汉借词非范畴化认知阐释

6.1 引言

借词的语义范畴形成后，并不是一成不变的，而是在不断地动态变化。客观世界变化的结果，对词汇意义有所需求，必然会引起语言符号相对应的变化以满足客观需求，但一定以现有的词汇语义为基础，“历史社会因素只能说明词义变化的必要性，而认知因素才能说明词义变化的内在机制和可能性。”Sampson 称，意义创新的行为是不可避免的。词汇意义的扩展导致了一词多义现象的出现，但词义变化并不意味着旧的词义的消失，而是新的词义往往与旧的词义共存。

6.2 借词语义的非范畴化

非范畴化的基本含义是在一定条件下范畴逐渐失去范畴中典型特征的过程。范畴在非范畴化后重新范畴化之前处于一种不稳定的中间状态，在原有范畴和即将产生的新范畴之间存在着模糊的中间范畴，这类中间范畴失去了原有范畴的某些特征，同时也获得了新范畴的某些特征。非范畴化与词汇的多义性紧密相关，非范畴化导致了词汇的多义性，词汇的多义性是通过非范畴化实现的。

范畴化与非范畴化过程是变与不变的辩证关系，是一件事情的两个方面。范畴化与非范畴化二者共同构成一个完整的认知过程，二者缺一不可，范畴化与非范畴化共同参与有机整体，就像一个硬币的两个面。寻求共性的认知过程是范畴化过程，而寻求个性的过程则是非范畴化过程。范畴化是不断发展、不断变化、动态的一个过程，这个过程应该有起始点和中间态，只有这样才能充分体现出人类对于世界的认知是不断向前发展的。范畴化包括无范畴、范畴化、非范畴化和重新范畴化四个阶段。范畴化不是一个单一变化的过程，而是一个由不同阶段组成的循环往复的过程，是一个分阶段、有步骤的动态变化过程。实体或语言从无范畴状态到有范畴状态，然后又失去原范畴的某些特征，开始非范畴化过程，并重新经历范畴化过程，也可能发生第二次、第三次非范畴化，从一种中间状态逐渐过渡成为一种具有稳定范畴身份的实体。经反复、多次使用之后，实体完成重新范畴化的过程。这也是语言发生变化的动因之一，是语言发展过程中认识过程的一种表现。非范畴化的作用在于建立新的关系与联系，实现新的突破，打破原有的平衡状态。词语的非范畴化不是对范畴理论的否定，而是对词语范畴化理论的完善和发展。

借词语义范畴形成过程中所发生的变化首先出现在范畴内部，其次出现在范畴相互作用的过程之中。这些心理范畴或语义网络在母语使用者中间得到发展，而这些范畴不仅有词汇，而且有语素、复合词、短语以及整个语法结构体系。在网络内部，某些语言项目可能被重组，结果，曾经具有原型性质的语言项目因为重组而减少了其原型特质，反之亦然。

非范畴化不但是语言变化与发展的重要途径，更是人类认识的一种重要方式。非范畴化是与范畴化同样重要的认知原则，是对范畴理论的补充和发展。词汇语义的抽象化和泛化，是语言经济性的体现，是语言非范畴化的反映，符合人们交际中简约原则和经济原则的需要。词汇用法的变化，是语言系统生命力的最好体现，也反映了语言系统吐故纳新、新陈代谢的变化过程。

单音节汉字秀的语义发展是作为 show 的音译词义项“表演、展示”出现的，在借入初期作为名词出现。例如：

（1）打开浴室的灯，拿一堆并不好看的衣服，缠在头上或者捆在腰间作秀并且满足着自己小小的一颗心。

（2）具体状态是，糟糕的游戏、粗糙的制作、媚俗的才艺表演、可怜的模仿秀。

（3）美国拉斯维加斯综艺秀“铁的节拍”来到北京。

（4）全球年轻人推崇的澳大利亚“踢踏狗”大腕约书亚、伦敦打击乐与街舞秀明星罗德尼、阿根廷探戈明星卢克等，此次都出席了活动。

（5）广场里，一场时尚互动秀吸引了不少市民，也带“热”了商场的健身类商品。

（6）时尚生活中的皮雕工艺品，绝对是玲珑皮秀的精品。

随着“秀”的使用频率的增高和使用范围的扩大，“秀”用作动词的情况逐渐增多。例如：

（1）老太太在网上秀搭配。

（2）东北虎秀慈悲改吃草。

（3）谢霆锋一家三口机场秀幸福。

（4）美高官秀成语向中国攻心。

（5）街拍日本美女天凉秀裙装。

（6）秀低碳生活，赢世博门票。

这里的秀都为动词，其功能已经发生了变化和转移，原来的名词用法已经丧失，功能已经扩展。上面的几个“秀”大致相当于英语中的动词 show，但具有更多的色彩意义。从语言结构本身看，“秀”的几个新搭配构式是构式强制与语义协调的体现。语言在使用过程中，必然突破原来的语言结构产生新的结构和搭配，偏离原有的固有结构，这种偏离就是语言非范畴化的体现。

再如背包客，英语 backpackers 表示背着背包做长途自助旅行的人。被称呼为背包客的旅行者往往是在有限的预算下进行旅行活动，所以他们对于旅行的规划、景点的独到之处也常有自成一派的见解，在旅游界里，老经验的背包客往往相当令人注目。此外，现在的背包客也泛指登山、露营、冒险活动的户外活动参与者，很多年轻人一到节假日就背起行囊，朝着目的地进发，背包旅行也变成了时尚生活的重要组成。于是在汉语中，背包客有了这样的附加色彩义，表示时尚，有人把它当成了炫耀的资本；而在英语中，则没有这个义项，在国外，背包客都是穷人，参加旅行团的是有钱人。因此，“背包客”词义的发展是非范畴化的体现。

非范畴化的特点即离开原有范畴，也具有即将进入新范畴特征，集两个范畴特征于一身，具有非范畴化过程的模糊特征。还以“秀”为例。在其语义发展过程中，也许还有不少人并未觉察到它的含义经历了非范畴化过程，正在脱离原有范畴，即将重新范畴化。

《现代汉语词典》中“秀”有三个义项：

（1）动词，植物抽穗开花（多指庄稼）：秀穗，六月六，看谷秀。

（2）清秀；聪明，灵巧；特别优异（的人才）：秀外慧中，眉目清秀，后起之秀。

（3）【英 show】表演，演出：作秀，时装秀，泳装秀。

从中可以看出，在现代汉语中，义项（1）和（2）是原型义，义项（3）为借词借入后的临时意义范畴，这种临时意义的出现，实际上也透露出词义的非范畴化。“秀”从原有范畴向新范畴过渡，产生了非范畴化。

无论是现场秀还是时装秀、车模秀、晚装秀，其中的“秀”都为“表演”。“表演”，是“秀”作为音译借词的原型意义。随着使用频率的提高，“秀”也出现了引申义，常见的有：

（1）宣传。如：

1）有敏感的传媒说，这次核战争是一次政治秀。

2）一位导演，为了与影片中演员的半裸背影呼应，竟用万元人头险费和飞刀来做电影秀，真正是“身体”的装置了。

（2）展览。如：最近，××赃物的拍卖预展……现在什么都可以“秀”，这是不是一种赃物秀呢？

（3）做做样子、假装。如：

1）警方对此称，跳楼秀将警察玩得团团转，严重影响正常的接警工作。

2）现在一些贪官的嘴巴秀是多么的厉害，昨天还在作报告，今天人却已经被“双规”了。

3）农民最恨、最怕的就是某些领导的表演秀。白忙乎一阵还不算，更倒霉的是要遭大自然的报复。

这些例句中“秀”的意思显然从原型义引申到非原型新义了，“秀”的原型义本无贬义，但经过上述一些例句反复使用以及经其表达内容的熏陶和沾染，“秀”开始了非范畴化过程，增加了新的义项和色彩，词义就变了味。很自然，这种用法产生的引申义，目前还不能肯定它就会成为词的固定义，还有待对它的变化继续观察。但是它的使用场合却越来越多，如果“秀”的词义要发生变化，非范畴化的过程肯定从这类场合开始。

在“……秀”和“秀……”的构式中，“秀”既作名词，也作动词使用，在特殊的环境中，人们使用新的思维方式，赋予了“秀”更多的含义。这种内涵是临时附加的，其内在认知过程是转喻。以上各例中的新义都在“秀”的框架之内，在转喻的作用下，人们可以随时激活“秀”的添加意义，使“秀”跳出原有范畴，走向新的范畴。“秀”，由褒义词“美丽、美好”，过渡到中性词“表演、演出、展览、宣传”，最后变成了贬义词“做做样子，虚假”，完成了由“褒”到“贬”的非范畴化过程。

与“秀”属于同一类情况的还有有偿服务（paid service）。过去计划经济时代，处处提倡无偿服务，“有偿服务”是改革开放之后引进的新词，正好同“无偿服务”相对应。特别是建立市场经济以后，“有偿服务”这个新概念更是遍地开花。有些人便开始把“有偿服务”当成是乱收费用的代名词，如车站的候车室要收服务费、问路要收咨询费等。事实上，这种非正当形式的“有偿服务”，已经篡改了其真实内容，因此“有偿服务”的非范畴化过程开始了，而非范畴化是一种思维创新方式和认知过程。

英语中由借词的非范畴化导致的借词语义扩展更是非常多，在英语中，许多借词的原型义在日常生活中使用频率没有引申义高，借词的引申义即边缘义明显有向中心靠拢的趋势。例如：masquerade，来自法国的借词，最初借入时有“假面舞会，化装舞会；假面舞会用的服饰”的义项；现在不光指化装舞会上的面具和掩饰工具，还被引申为一切事物的“伪装，掩饰”，例如“a masquerade of modesty”（虚假的谦虚）。

（1）This time his masquerades were completely stripped off.

这次他的层层伪装被全然剥去。

通过转喻机制，也可以用作动词：

（2）She masqueraded as a policewoman.

她假扮成女警察。

又如：tonic，来自希腊，随着使用频率的提高，其语义发展为。

（1）滋补品，强身健体的东西（something that is healthy，refreshing or

strengthening)。

(2) 补药 (medicine that restores health or refreshes the mind and the body)。

(3)(音乐) 主音，基音 (the first note, namely the key note of the musical scale)。

(4) 振奋人心的人或事。

(5) 激励的，滋补的 (adj. healthy, refreshing or strengthening)。例如：

1) I find his company a tonic, especially when laws depressed.

即使心情不好，但若有他陪伴，那也会是件振奋人心的事。

2) It is really a tonic for us to hear that the Chinese woman volleyball team has won the championship.

听到中国女排再次夺得冠军的消息，我们大家欢欣鼓舞。

3) Why not go to the seashore and feel the tonic sea air?

为什么不去海边逛逛？那里的空气能让你恢复精神。

这里，我们可以看到这种非范畴化过程，在英汉两种语言中，有异曲同工之妙。英语中所有的借词都可以通过转喻机制发生非范畴化过程，词性变化灵活，语法意义都可以发生改变。汉语中本来并不是如此，但受到英语借词影响，近几年有了越来越多的灵活变化。

可见，在借词词汇的使用过程中，它们的非范畴化过程被激活；也表明在语言系统中，除了界线分明的部分，还存在大量模糊的中间地带和语言特殊现象。正是由于它们“借来的词汇”这种特殊的复杂身份和境遇，所以他们的含义也极不稳定，随着流行的潮起潮落，时时发生变化。多年以来，有的借词并没有在新的语言环境下生存下来，成为“沉淀”或“淘汰”的词汇，这表明非范畴化过程启动以后，一些词能够完成非范畴化过程，进入重新范畴化的过程。而另一些词，就不能进入重新范畴化的过程，当非范畴化过程还在进行时，整个过程就快速终止，使它们回到原来的范畴里。

新概念的形成过程实际上是一个词义泛化的过程，有些词汇语义范畴中心意义的所指范围有所扩大，有些词义则随着所指称事物的演变发生变化。这种演变和变化自然是随着人们认知的联想、深化，引起视野的扩大，引起词义外延的引申，这种引申的借词义已约定俗成，凸显了人类认识客观世界的经济性和人们运用语言的经济性。众所周知，语言资源是有限的，人类的记忆能力和知识储存系统也是有限的，因为它受到自身条件的限制。然而，客观物质世界包罗万象、无所不有，语言所要表达的事物、事件、情景和概念是无限的。语言系统无论怎样庞大和复杂，也不可能获得和客观物质世界一样庞大和复杂的系统。非范畴化通过扩大或转移语言词汇的词义和功能，使语言词汇在原有的词义基础上，即词义的原型基础上，泛化或扩大原型词义，使其具有新的词义和表达功能。非范畴化充分利用了新旧知识的相互作用与联系，强调和体现了原有知识在认知发展过程中的作用。

进入汉语词汇体系的大量英语借词，导致了汉语本族词汇意义的扩大。在使用过程中，英语借词经过范畴化后，进入了非范畴化过程，会在不偏离原义的情况下添加新义，新的意义会远远超出原词所涵盖的义项，其表现有两种，即指称对象的转移和引申意义的产生。借词词义由原来的单义变为多义，改变了语义的客观性、确定性，新的语义内容将成为现代汉语共同社区中的重要组成部分，借词新义的产生也填补了汉语词汇的空缺。因此，英语借词词义的泛化是词汇丰富化的一条重要途径。

借词本身具有自己固有的称说对象，在汉语社会使用过程中，其固有的称说对象改变了，发生了指称对象的转移。在借词中的这种现象，是通过修饰语制约音译词，促使指称对象转移。如：台风（typhoon）如果有了“经济”的修饰，就不仅仅是指一种自然现象，而是形容经济领域所发生的影响巨大的严重震荡；而我们所熟悉的电话（telephone），也由于受到了“手提”“移动”“程控”“可视”“脉冲”等的修饰，在原来基础上发生了不同程度的功能改进和侧重；还有mouse（老鼠）在计算机术语中成了鼠标；menu 原指“菜馆的菜单”，现在为“电脑的菜单”等。

已进入汉语社会的音译词，在使用过程中，新的意义很有可能在某个义素或原义的基础上引申而产生。例如：

（1）马拉松（marathon），国际上非常普及的一种考验持久耐力的长跑比赛项目，全程距离为 42.195 公里。而现在经常被用于形容一种过程、一部作品、一篇文章等“过程和时间的持久”，引申出了“非常漫长，非常持久”的意思。

（2）多米诺（dominoes），指一种游戏，将骨牌分行排成一片，或按一定间距排成单行。随后推倒第一张骨牌，其余的骨牌发生连锁反应依次倒下，或形成一幅图案，或形成一条长龙。现在，“多米诺”已经成为一种国际性术语，不论是在政治、军事还是商业领域中，只要产生一倒百倒的连锁反应，人们就把它们称为“多米诺效应”或“多米诺现象”。

（3）酷（cool），本义“凉爽”，用法迅速扩展，意思也越来越宽泛，有“好、新潮、帅、棒、有个性、有力度”等。

（4）晒（share），意即“分享”，由此还可以引申为“曝光、炫耀”，就是把自己的淘宝收获、心爱之物、所有生活中的零件拿出来晒晒太阳。

（5）拜拜为英语 byebye 的音译词，本来是分手时的客套话，表示希望日后再次相见，带有客气、友好、难舍的意味。用这个词本来只是带点时兴、前卫的洋味儿，可近年来，该词语在某些场合得到了广泛的使用。可以说是“分手”用“拜拜”，“断绝（关系）”用“拜拜”，“告别、离开或结束（某种交往、过程或某个时段、时代)”还是用“拜拜”。“拜拜”的引申意义不断衍生，而这些引申义所包含的深义又远非是“再见”所能体现出来的。汉语引进借词，并不是对其原义进行照本宣科，而是在吸纳、使用过程中，逐渐赋予了它们某些新的意义，从而逐渐造成了指称对象的转移或引申意义的产生，这便是借词的“本土化”倾向。

6.3 借词词义范畴变化的认知机制

语义范畴的发展与变化主要发生在词汇层面上。对语义的发展与变化，在谈论词义变化的原因时，传统的词汇语义学更多地将词义的变化归于社会的、历史的因素。这些外部因素固然是词义变化的重要因素，但语言使用者的认知思维是词义变化的内在因素，制约作用更为凸显，认知因素才能说明词义变化的可能性和内在机制，而社会历史因素只能说明词义变化的必要性。语义的发展一般指已有词新意义的增加，语义的变化指原义的改变。其实，发展与变化是互相联系的，开始往往是新意义的增加，后来原型意义成为边缘意义，逐渐被遗弃或被淡化，而新产生的意义使语义发生了变化，成为新的原型意义。在语义的变化中，隐喻与转喻起了很大的作用，由于历史的发展、社会的进步，出现了新事物，人们用已有的词语来命名来自外族的新事物和新概念，这时本族语言中的原有词汇的词义范畴扩大了，但这种扩大是建立在人的隐喻或转喻认知方式之上的，不是任意的。事物的认知方式是语义变化的内在因素；所谓“字面意义”与其他“间接意义”是相互关联的，是没有绝对界限的。语义的扩大不仅涉及语义范畴的扩大，有时还涉及范畴等级的变化，甚至涉及原型意义的改变。有些词语义范畴从专业领域扩大到一般用法，或者从一个领域扩大到另一个领域。

认知语义学家认为，概念化的过程会与人类终生相伴，概念化离不开人类对世界及自身的认知。概念化的过程包含两个方面的能力：一是想象能力；二是抽象能力。外部世界表现为实体以及它们的属性，外部世界的刻画和描写离不开人的概念系统，而语言是概念系统的外在表现形式。尽管外部世界独立于人的主观认识之外，但是语言的意义和形式通过概念结构与外部世界建立起一种映射关系。隐喻、转喻和类推构成我们日常的思考和行动方式，是人类认识客观世界的重要手段，是人的主要认知能力和重要思维方式。它们作为想象的认知操作，根植于人们的基本经验之中。因此，在词汇范畴扩大的过程中，隐喻、转喻和类比扮演着重要的角色。

6.3.1 隐喻与英汉借词范畴

隐喻是一种人类重要的认知现象，而不仅仅是一种语言现象。它是人类的一种认知活动，将其某一领域的经验用来理解或说明另一类领域的经验，在本质上是人类理解周围世界的一种感知和形成概念的工具。我们到处都能看到隐喻的存在，在人类很多艺术和文化活动过程中，隐喻无处不在。人的思维是隐喻性的，它通过对比而进行，语言中的隐喻由此而来。Lakoff 和 Johnson 也认为，在日常生活中、在思想和行为中、在语言中，隐喻是无处不在的。日常的概念系统是我们赖以进行行动和思考的基础，从本质上来讲，这些概念基本上是隐喻性的。

隐喻反映了人类使用认知与思维认识世界的方式，语言中的隐喻产生于隐喻性概念和认知思维的过程。隐喻可以帮助我们利用已知的事物来理解未知的事物，或者可以帮助我们重新理解已知的事物。语言中的隐喻是人类认知活动的结果与工具，“近取诸身，远取诸物”。“体认”或“身体化活动”是原始人的一种典型的思维特征，即把人作为衡量周围事物的标准，如树有树根、树身、树冠，山有山脚、山腰、山头等。所以 Embler 指出，原始思维时期，“人是衡量一切事物的标准”。

在语言的具体实现过程中，意义变化才可能出现。词义会向四面八方辐射型地扩散开来。Lakoff 认为词义的认知隐喻性扩展可以用辐射范畴来描述。辐射型词义范畴结构就像是一个仙人掌，它的次范畴就是主体枝干上的分支。每一个次范畴又可形成一个新的原型范畴，更次一级的范畴又在其周围形成。胡壮麟认为，隐喻是导致语言变化的触媒。一代人的隐喻是后一代人的常规表达。赵艳芳认为，一词多义现象是人类借助隐喻认知手段，由一个词的基本义向其他意义扩展和延伸的过程。我们似乎可以预见，一个词的词义发展可以是无限的，会在原型义或者隐喻义的基础上发展出新的隐喻义。隐喻义会在语言中固定下来，只要这一义项被语言社区中的多数使用者所接受。

借词语义在接受语中的演变，受到接受语使用者认知机制的制约，词义的演变过程不是以一种单一的方式变化，也往往不是朝单一的一个方向发展。隐喻对借词语义的触发是以两种语言词语之间语音、语形或语义的相似性为基础的，而这种相似性常常是以接受语使用者的感知和体验为基础的，具有较大的主观性，为人类的联想提供了较大的延展空间。这就意味着两种语言的相似性不表示绝对意义上的、客观的相似，这种联想决定了隐喻义衍生的多种可能性，使人们在看起来相距甚远的现象、事物之间找到相似点和共同点。

6.3.1.1 隐喻与英语借词语义嬗变

近些年来，英语中引入的借词大多数为反映民族特有事物的词语，除了饮食、音乐、舞蹈、特产等方面，还有一些科学技术及军事领域的专门词汇。随着语言使用频率的增加，这些专门领域与普通领域的词语互相渗透，是触发隐喻式新义词的一大因素。

英语中的 guru 来自印地语，是印度教用语，指“上师，私人的精神导师”；

进入英语后，词义扩大，指“具有专业知识的专家”。有一种网站，由某一领域的专家开办，包含该领域有用的精确信息，被称为 guru site。

法语借词 echelon，首先作为军事专用名词借入，意为“部队、舰船、飞机等排列的梯形队，编队飞行队”。例如：

There are two planes flying in echelon with one another.

两架飞机呈梯队飞行。

在交际语用过程中，echelon 由认知“实物域”进入了“人类域”，其隐喻义为“梯形排列的群体或个人；组织、社会中的等级或阶层”。例如：

In his fifties, Arnold Schwarzenegger he left the upper echelon of the show business to enter the political world.

现年 50 多岁的阿诺·施瓦辛格放弃巨星生涯，涉足政坛。

又如，entrée 也是法语借词，借入的义项为“进入的行为；入场权”（the act of entering; permission to enter）。例如：

Written and created by the best psychologists in the field, the journal is your personal entrée to the inner circle of the development in psychology.

本期刊由心理学领域中最杰出的学者编撰，它将带您进入心理学发展的核心领域。

隐喻义项则是“主菜”（the main dish of a meal in the US）。例如：

Quanjude is famous for its entrée choice of roast duck.

全聚德以烤鸭闻名。

任何领域里专有词汇的使用，都不可能永远独立于日常词汇之外，二者必然要进行互动并产生交融。专门用语常会从专用范围推广扩大到专业和行业以外，增加新的所指对象，突破其专业语义，并在此基础上衍生出新意义，这是词汇丰富化的一条重要途径。

第二次世界大战对英语借用印度语词产生了明显的影响，英语从印度语中借用了许多新词，许多旧词被赋予新的活力和新的意义。这些新词中最值得一提的是 blighty（尤指第一次世界大战期间，在英国本土的休假），该词来源于印第语词“bilayati”（外国），由“blighty”构成不少复合词，引申至不同的领域，如 blighty one（可以被送回英国老家医治的轻伤）、blighty leave（到英国休假）、blighty hut（家）、blighty touch（走运）。

wallah 是来自印度的借词，最初意义为“专业军官”，是一个军队中的专业用语。借入英语后，常被用以形容“要人”或“从事某种工作之人”。经过词义泛化，该词从军队专业用语走向政治领域，后又进入基本词汇范畴。现在该词指“起某种作用的东西”，已经不仅仅局限于形容人类的领域，而是进入了事物域。

Sputnik 是苏联发射的人类第一颗人造卫星“伴侣号”。这颗卫星于 1957 年

10月4日由苏联的R7火箭在拜科努尔航天基地发射升空。Sputnik由苏联航天工业之父Korolov提议并主持建造。卫星重83千克，绕地球一圈约98分钟。Sputnik的发射成功为政治、军事、技术、科学领域带来了新的发展，标志着人类航天时代的来临，也直接导致了美国和苏联的航天技术竞赛。这一借词在20世纪50年代曾风靡美国，手表、首饰、食品等商家纷纷以Sputnik作为品牌名。现在Sputnik被“跨界”命名一种噬病毒体。

ad lib来自拉丁语ad libitum，近年来进入英语，原义为“自由自在，任随尊意”，后有“演讲或演戏时，讲稿或剧本中没有的、临时穿插的、即兴的词句或动作”。例如：

A lot of repeat ad libs in this movement.

乐章中有几次任意重复。

在音乐中，ad lib指出现在乐谱上用于表示该部分可以跳过的指令，如不需要的伴奏或可以自由弹奏而不需要严格按照的拍子。这种自由演奏并没有被作曲者清楚地表达出来。

ad lib也常在心理学和生物学中被使用，用来表示动物的自由采食体重，相反的就是限制采食后的体重。例如：

The rat's ad lib weight was about 320 grams.

老鼠自由采食的体重约320克。

在营养学中，是指动物自由采食或饮水，能根据自身的生物需要来自行调节摄入量。例如：

Rats were given ad lib access to food and water.

老鼠们被提供了自由采食和饮水。

在戏剧中，表演者临时使用的机智对白也被称为ad lib。导演会鼓励表演者在特定的表演中进行自由发挥。

6.3.1.2 隐喻与汉语借词语义嬗变

认知语言学认为，人们的生活经验对语言表达有促动和制约作用，生活经验的结构对语言表达的结构也有促动和制约作用。这在汉语对借词语义的吸收、改造、引申的过程中有明显的体现。从语义系统的演变过程本身来看，隐喻机制和转喻机制是借词语义深度汉语化的内促力。隐喻过程使借词描述义在一定范围内得到调整，如“橄榄枝”由专指“和平”到“建议合作”；而转喻则可能使借词的语义对象发生转移，如“酷”由指称人到同时指称物。

桑拿（Sauna），又称芬兰浴，是指在封闭房间内用蒸汽对人体进行理疗的过程。借入汉语后，词义已经至少辐射到了三个截然不同的领域。例如：

（1）首都阿尔及尔当天最高气温也高达44摄氏度，再加上近40%的湿度，使阿尔及尔人真正领教了桑拿天的厉害。许多人闭门不出，更多的人涌向海边，希望借海水和海风消散酷暑。直到晚上，整座城市仍闷热难耐。

(2) 这道菜，吃得我那叫一个忐忑啊，桑拿腰花，果然够桑拿的。

(3) 周末，帅哥美女们一起去桑拿泳吧游个泳，轻松自在，放松心情。

桑拿天指又闷又热，令人浑身汗水外浸的天气；桑拿腰花是一种烹饪的方法（把腰花放在滚热的石头上烹饪的方法）；桑拿泳吧指一种通过高温和蒸汽使人出汗的休闲方式。

瑜伽来自梵语 yoga，指通过现观思悟佛教“真理”的修行方式，现成为一种健身方式。“瑜伽”从字面上看，就是结合、平衡、统一、和谐，提升意识，帮助自身发挥潜能。传统的瑜伽是一种达到身体、心灵和精神和谐统一的体系，高僧们修行获得永恒，除了在战场上委弃身体，就是在瑜伽中离弃世间。如今瑜伽成为了一种十分流行的健身方式，没有了什么宗教性的含义，但仍旧留存了忘我的动作、稳定的头脑和冥想。现代快节奏的生活和压力，使人没有片刻安宁，因此现代人口中的瑜伽，已不仅仅是为了身体协调平衡、保持健康，更增添了希望“培养心灵和谐、情感稳定的状态”的含义。例如：这部书一定会成为相伴您左右的心灵瑜伽。此时，“瑜伽”已经由人的身体域映射到了心灵、思想的抽象域中。

黑名单（blacklist）指不受欢迎的名单。没有一个人愿意上黑名单，因为无论上了什么黑名单，就代表不受欢迎，当然谁也不愿意不受欢迎。黑名单的做法来源于英国的牛津大学和剑桥大学。中世纪的时候，这些学校对于犯有不端行为的学生，将他们的姓名、行为列案记录在黑皮书上，名字被记在黑皮书上的人，即使不是终生臭名昭著，也会在一定时间内名誉扫地。现在，黑名单已不仅仅局限于学生名单的范畴中，人们借用这个表达法进行隐喻，表示很多领域中“不守行规、行为恶劣、成绩拙劣”的人等，比如经济领域中的某些经常赊欠不还、不守合同、不讲信用的顾客，都会上行业黑名单。

(1) 沙特希望联合国把上述 4 个分支机构列入向恐怖分子提供资金支持的黑名单。

(2) 这两个组织均被美国列入国际恐怖组织黑名单。

(3) 有 2000 名有过闹事前科的足球流氓被列入黑名单。这些人将被禁止前往葡萄牙观看今年的欧洲足球锦标赛。

(4) 雌激素已被美国卫生部门列入致癌物质黑名单。

(5) 广东省连续三年进入传销黑名单的地区的领导将被追究责任。

以上例子 (1) 和 (2) 中的黑名单已经进入到了“政治事件域”，(3) 映射到“体育事件域”，(4) 映射到“医学事件域”，(5) 为“社会事件域”。

吧，音译自英语 bar，意为“酒吧”，指西餐馆或旅馆中所设的卖酒专柜。如今“泡吧”已是时尚，各种“吧”相继出现，有人说这叫“吧文化”。上网去网吧，喝酒去酒吧，蹦迪去迪吧，看书去书吧，玩泥巴去陶吧，想舒压去氧吧……各种“吧”围绕着人们休闲生活的需求，遍地开花，形成了新的时尚消费文化。不知道以后还会出现什么形式的“吧”，但是泡各种各样的“吧”成了当下年轻人结识朋友、扩大交际圈的方式。在轻松的环境中，大家能够放下工作和生活中的烦恼，一切可能都在不经意间发生。

混搭来自英语 mix match，即把各种不同风格的事物搭配在一起，源自时装界，指把风格、质地、色彩差异很大的衣服搭配在一起穿，现已被广泛用于其他领域，如混搭文化、混搭音乐、混搭收藏、混搭装修、混搭情感等。混搭虽然来自服装，但是混搭已经成为现代人的一种生活态度。在早餐的时候，你可以喝着咖啡就着油条，也可以吃着三明治就着豆浆；衣服可以选择丝绸与皮革相搭，也可以将光滑的金属亮片与质地粗糙的面料相配，抑或是像张爱玲的小说里那样，西式外套里藏着中式旗袍；上班的路上耳朵里塞着耳机，听的音乐是现代流行的 R&B，但是配乐里却有二胡或者琵琶，饶舌的歌词念的是绕口令或者昆曲念白；休息日在家里，可以沏一杯龙井，嘴巴里“吧嗒”着薯片……无论我们在干什么，混搭都可插一脚，没有那么二元对立，在模糊的界线上跳着自己的舞蹈。

黑洞（black-hole），由美国物理学家 John Wheeler 于 1968 年创造。黑洞是一种引力极强的天体，就连光也不能逃脱。当恒星的史瓦西半径小到一定程度，就连垂直表面发射的光都无法逃逸时，恒星就变成了黑洞。说它“黑”，是指它就像宇宙中的无底洞，任何物质一旦掉进去，似乎就再不能逃出。由于黑洞中的光无法逃逸，所以我们无法直接观测到黑洞。然而，可以通过测量它对周围天体的作用和影响来间接观测或推测到它的存在。现在，black-whole 可以用作动词，意为“使消失，阻止信息的通信”。汉语中“黑洞”的概念映射到经济领域和文化领域也衍生出新义，指“某些业务经营中不为人知的非法行为、无法摆脱的境遇”。例如：

（1）自去年 12 月中旬以来，该公司内部爆出“金融欺诈丑闻”，造成高达 140 亿欧元的债务黑洞无法偿还，不得不宣布申请破产保护。

（2）2003 年 12 月，该公司被发现存在高达 100 亿欧元的财务黑洞，这一消息在国际社会引起巨大反响，被舆论称为继美国某公司破产案之后最大的经济丑闻。

（3）帖子里有原汁原味的民意社情（两会百姓话题），如开单提成、检查黑洞、药价虚高、专家走穴等等。

（4）……拍卖作品进行审核，发现有异议的可建议拍卖行撤拍，而今由于《中华人民共和国拍卖法》出台，使艺术品拍卖成为文化市场的黑洞。

(5) 中国足球文化黑洞：球星即文盲，一生只会踢球。

近些年来，汉语中引进了大量的科学技术领域的专门词汇，随着语言使用频率的提高，这些专门领域与普通领域中的词语，进行互动并产生交融渗透，从而产生隐喻式新义词。这是词汇丰富化的一条重要途径。专门用语常会从专用范围推广扩大到行业和专业以外，突破其专业语义，增加新的所指对象并在此基础上衍生出新意义。任何领域里专有词汇的使用，都不可能永远独立于日常词汇之外。

软着陆（soft landing）本是航天科技用语，指“航天器等逐渐减速，不受损伤地降落”。后被运用于指“飞机的安全着陆”，现在常见于描述“经济较平稳缓慢地下降或经济增长的势头平稳地减弱”。例如：

(1) 在第三季度，中国经济降温和宏观调控的效果将显现出来，这意味着中国经济有望实现软着陆，而不会出现硬着陆。

(2) 相反，一旦内地有效抑制一些行业的过热，成功实现软着陆，对于香港来说则是一个中长期的利好消息。

克隆来自英语 clone，表示无性繁殖，无性系。克隆技术的设想由德国胚胎学家于 1938 年首次提出。1997 年 2 月，苏格兰胚胎学家威尔姆特和同事创造了多利羊，开辟了生命复制新纪元。克隆技术的成功，被人们称为“历史性的时间”“科学的创举”，同原子弹的问世相提并论。克隆技术也给人类带来许多烦恼。唯物辩证法认为，世界上的任何事物都是矛盾的统一体，都是一分为二的，克隆技术也是这样。如果克隆技术被用于“复制”像希特勒这样的战争狂人，那会给人类社会带来什么呢？即使是用于“复制”普通的人，也会带来一系列的伦理道德问题。如果把克隆技术应用于畜牧业生产，将会使优良牲畜品种的培育与繁殖发生根本性的变革。若将克隆技术用于基因治疗的研究，就极有可能攻克那些危及人类生命健康的癌症、艾滋病等顽疾。克隆技术犹如原子能技术，是一把双刃剑。时至今日，“克隆”的含义已不仅仅是“无性繁殖”，凡是由同一个祖先无性繁殖出的一群个体，也叫“克隆”，“克隆”进而泛化为指各个领域中的“简单复制、拷贝和翻倍”，就是从原型中产生出同样的复制品，其外表及遗传基因与原型完全相同。例如：

(1) 未来的伊拉克民主政体将具有自己国家的特色，不会克隆美国和英国的民主。

(2) 银行的网站也采取了添加“防伪标识”等措施，以防银行网站被黑客克隆。

(3) QQ 空间音乐克隆软件是一款可以将网络上的音乐、别人 QQ 空间的音乐快速添加到你的空间的一款音乐软件！

(4) 沪的士装上电子标签后，人们手持仪器一照，克隆车便原形毕露。

（5）现在，淘宝开始着手克隆多个线下淘宝，欲以蚂蚁雄兵之势急速扩张版图。

冷战（cold war）指国际上进行的不使用武器的斗争。该词源自1947年4月16日伯纳德·巴鲁克在南卡罗来纳州哥伦比亚发表的一次演说。1946年丘吉尔著名的铁幕演说，间接表示冷战的开始。这场全面的“东方对西方”的战争并未真正爆发，最大的原因是由于双方都拥有大量的核武器，一旦直接冲突可能导致全人类毁灭，因此双方都尽量避免发生全面的“热”战，实际上只是在经济、哲学、文化、社会和政治立场方面产生严重对立：西方指责东方不民主、集权主义等，而东方则批评西方是中产阶级资本主义和帝国主义；东方国家指责西方国家“帝国主义”“剥削劳工”，而西方国家则称东方国家为“集权铁幕”，企图将民主国家纳入集权专制的统治。这个政治领域的专有名词如今已引申至体育、经济、军事、人际关系等多个领域。例如：

（1）立陶宛外长称与俄罗斯关系并未走向冷战。

（2）国际排联和前阿根廷排协因矛盾僵持了一年多后仍在冷战，国际排联指责戈伊曼在2002年世锦赛期间私自签订赞助协议。

（3）曾一度“高歌猛进”的长三角地区楼市已开始降温，进入了冷战时期。

（4）日本自卫队将大幅度削减现有装备，以改变迄今的冷战型装备体系，旨在提高部队的作战能力和增强机动性。

（5）为冷战夫妻指点迷津，为问题婚姻对症下药。

Petrie（1979）在论述隐喻的认知功能时，把隐喻比作一座“理智的桥”（a rational bridge）。这座桥梁横跨于科学概念与生活概念之间，而且是双向的，既可以由生活概念类比科学概念，又可以由科学概念类比生活概念；这种双向性还表现在生活概念与科学概念之间相互类比过程的循环往复。

6.3.2 转喻与英汉借词范畴

与隐喻不同的是，转喻是通过本体的相关性或相邻性来认知事物的，所涉及的是一种“接近”和“凸显”（salience）的关系。隐喻是不同认知域之间的投射，转喻是一个框架内的投射。与传统的观点不同，当代认知语言学认为转喻是人们认识事物的一种重要方式，而不仅仅是词语的替代关系。人们要认识抽象的事物，必须先从具体的事物中寻找相似性，转喻倾向于具体代替抽象。一个概念、一件事情、一个物体有很多属性，人的认知往往更多地注意到其凸显属性，即最容易理解的、最容易记忆的和最突出的属性。人在认知心理上识别事物的凸显原则是认识事物凸显属性的基础。

转喻同样适用于关于隐喻的所有重要的论述。转喻也是丰富语言的重要手段，是基于人们的基本经验，是无意识的、自发的认知过程。与隐喻相同，其实质都是概念性的。不同的是，隐喻的投射发生在两个不同认知域之间，而转喻是一个凸显事物替代另一事物，其投射发生在同一认知域中或相关联或接近的认知域之间，如容器与其内容或功能、整体与部分之间的替代关系，如 kettle 代替“所盛物”、heart 代替“感情”、head 代替“智力”、国脚代替“著名足球运动员”等。

人们通过转喻认知识别的过程，常常带来词义的扩大。遇到没有参照的陌生事物时，人们用心中原已熟悉的、与之相关的现象或事物的名称来说明或代替这一事物，使该名称成为联结相关事物的纽带，这样既不必再借用其他语言中的词语或造新词，也不增加人们记忆的负担，又可解释新认识的事物，是语言经济原则的体现。人们识别事物时往往是从其最容易理解的、最容易记忆的和最突出的方面和个体入手，然后用这些最凸显的部分来把握、认识和指代整体及一般，并让它以符号的形式固定在人们的认识世界中。转喻机制也可能会带来词义的缩小。当人们对事物有了笼统概括的整体认识以后，就会关注事物中的细节，即凸显的方面和个体，希望能够得到更精微细致的知识；当对细节的熟知达到某种程度之后，就会用整体转指局部细节或凸显以示强调。引起词义扩大与缩小的一个重要因素是心理感知上的显著性。

“对隐含意义的视角化；对一个完整概念结构的构成元素的视角化；突出实体的不同方面”，这是 Taylor 列出的三种通过转喻来实现词汇意义扩展的方式。词语的原型意义在转喻的作用下，发生词义的扩展，也就是说一个词通过转喻获得新的意义，这种新意义的形成在刚开始时一定是在某种特定的语境中形成的，具有偶然性、临时性和创新性，离开了该语境，这个意义就不复存在了，因此具有语境依赖性。要使这种新奇的转喻意义成为常规转喻，就要脱离语境依赖，当这种转喻意义为部分或全部语言社区中的语言使用者所接受时，就可以成为该词语新增加的一个义项。词典中所收录的词汇义项中，有很多是常规转喻义。但值得注意的是，非常规转喻和常规转喻之间存在的差异很小，之间的距离也有模糊性，因此某些特殊的非常规转喻很快就会演变成常规转喻。

不同词性而相同词义凸显了事物不同的方面，转喻思维的结果之一就是不同词性之间的转化。有些词汇的转喻意义纯属出于偶然的事件，所以事物自身的事理逻辑不一定成为转喻关系得以建立的理据。转喻关系可以来源于特殊经历和文化传统的接近，但更多的是来自符号的接近和事物的接近。人们通常会一听到什么就想到什么，一看到什么就想到什么，一想到什么就联想到什么，某种特殊的邻近性可能就来源于特殊经历。很多时候，两个不同范畴的词语之间建立起关联性正是这种偶然的事件使然，词语意义的转喻引申也就具有了其理据性。转喻的类型是多种多样的，因此由转喻触发的词语意义的理据性也是多种多样的。

6.3.2.1 转喻与英语借词语义嬗变

有些词语借入到英语后，由于转喻机制的影响，意义指称发生了变化，在英语中的意义可能不同于原来的意思。夏威夷语 wiki 原义为“快”，借用到英语后，就另有所指了，指的是“读者可以自行编辑的网页”。著名的 Wikipedia 就是一种实时更新的、由用户自由编辑的网络百科全书。这是转喻中的接近原则凸显的结果。

parkour（跑酷）一词来自法语的 parkour，有“超越障碍训练场”的意思，指人们通过有效地完成高难度动作，来穿越城市的障碍物。它把整个城市当作一个大训练场，围墙、屋顶，特别是废弃的房屋，都可成为攀爬穿越的对象。“跑酷族”的目的是最快最高效地到达一个目的地，在这个穿越过程中，人们只能借助自己的身体，不靠外力。根据其发明者法国人 David Belle 的观点，跑酷不是极限运动，而是训练你在危急时候能够越过障碍，如果说武术是训练对打，那么跑酷就是训练飞逃。正因为难以归类，所以有人说“跑酷就是跑酷”（Parkour is parkour）。跑酷族的座右铭是“持之以恒”（to be and to last）。说到它的哲学，也许局外人很难体会，当你成了跑酷一族，当你能冲过那些障碍物时，你就会慢慢明白跑酷是如何改变你的生活了；当你生活中遇到问题时，比如遇到了工作上的问题，你会坚强地克服困难。所以跑酷一族提倡的不是“我去跑酷了”（I do parkour），而是“我的生活是跑酷”（I live parkour）。因此，跑酷族也会经常问自己“Do you parkour today?”这时的 parkour 已由借入时的名词转喻成为动词，凸显了 parkour 一词中的“动作和状态”的属性。

imeldific 由菲律宾前总统马科斯的夫人伊梅尔达（Imelda Marcos）的名字衍生而来。这位第一夫人是号称菲律宾“铁蝴蝶”的世界名女人，是曾被世界银行排名为全球贪腐第二名的马科斯家族的代表。在长期的铁腕独裁统治中，马科斯夫妇聚敛了惊人的财富。最初上任时，马科斯的全部家当不到 3 万美元。20 年后，当他们因积怨太深而被愤怒的百姓赶下台时，有人估计，马科斯家族隐藏于瑞士银行的财产，可能高达 100 多亿美元。马科斯夫妇挥金如土，穷奢极欲，闻名天下。他们夫妇狼狈地逃离菲律宾后，愤怒的老百姓在伊梅尔达的居室里，瞠目结舌地看到了 2000 副手套、3000 双皮鞋、1700 个小提包、5000 条短裤、500 个胸衣、200 双袜子和数百件出自欧洲时装大师之手的名贵服装。在马科斯夫妇倒台之后，英文词库中出了一个新单词 imeldific，意即轻浮、挥霍、过分，正是源于那位穷奢极欲的伊梅尔达。

tofu Syndrome（豆腐综合征），豆腐，是我国最早发明制造的，之后传往日本，又传到西方，现在西方人沿用日语的写法，称之为 tofu。豆腐营养丰富，是百搭菜，什么菜里都可以搭配一点豆腐，因为豆腐本身无味，不会跟别的菜肴味道起冲突。这是它的好处，也是它“招人非议”之处，会被认为“没有个性”。tofu 一词在英语中也有了这一层引申义。英语新词 tofu syndrome（豆腐综合征）就被定义为“software or a product that is so general and portable it does not take advantage of any special features of the machine it is being run on”，说的是“软件或产品设计得太普通或轻便，也没有利用它所运行的机器的特定功能”。如果说一个软件“That new software suffered tofu syndrome”就是说它“made too general in use or appearance for anything specific”（软件太普通，没有特定的用途）。换句话说，有它也行，没有它也行。豆腐软件，没有特点。tofu 被转用来形容平淡无奇、没有特点的电脑产品或软件。

patsy 来自意大利语 pazzo，初指“傻瓜”，后指“傻、容易上当”的一类人。例如：

（1）A detective is your patsy?

让一个侦探做你的替死鬼？

（2）You're just somebody's patsy.

你只是被利用的懦夫。

（3）You picked the son of a company man to be our patsy?

你挑了公司职员的儿子做我们的替罪羊？

（4）There need be no patsy, because the economy is not a zero-sum game.

这里不应该有替罪羊，因为经济并非零和游戏。

我们发现绝大多数借词进入英语后都会发生“词类转换”的变化，尤其是从名词转为动词，极为多见。根据英语的语言规则，在名词后加表示形态和语态的标志“-s”“-ing”“-ed”等，名词的凸显侧面便发生了转变，使得借词的动词侧面得以凸显。

skinship（肌肤接触）一词最早是在日本开始使用的，用来表示肌肤接触，比如拥抱、触摸，以及其他身体接触带来的亲密感，常用在母子之间。日本的研究认为，婴儿和父母的肌肤接触有助于培养孩子处理事情的能力，帮助其成长为情感稳定成熟的成年人。当然英美人说到“肌肤接触”习惯用 touching，而日本人一开始就自己造了 skinship 这个词，并且通过喂乳、合睡、穿衣、按摩等手段来增加“皮肤接触”的机会。现在这个词已经被广泛应用于全球，如“The parents must skinshiped the baby everyday”。

honcho 来自韩语，意为“头头”、老板、军队里小兵眼中的排长等。例如：

The head honcho asked you to fax this to the U. S. office.

老板叫你把这个传真到美国的办事处。

现在用作及物动词，指“监督，掌管，指挥”。例如：

He's honchoed the new company for three months.

他管理这个新公司已经 3 个月了。

plug 来自荷兰语 plugge，初借入英语时是用作名词，意为“堵住一个孔的木塞”和“电器用的插头”。随着使用频率的增多，用作及物动词和不及物动词的场合也逐渐多起来，并且有了新的意义。例如：

(1) She pulled the plug to let out the water.

她拔起塞子放水。

(2) Just put the plug in the socket and switch on the machine.

只需将插头插入插座并开动机器就行了。

(3) He plugged his ears with cotton balls.

他用棉球塞住双耳。

(4) You can plug into the international computer network.

你可以连接上网。

(5) She plugged away at her math.

她埋头攻读数学。

(6) TV show puts in a plug for a new product.

电视节目为一种新产品插播广告。

(7) People are always plugging their books on TV talk shows.

人们总是在电视访谈节目中一再推荐自己所写的书。

(8) He's been plugging his new song on the radio.

他一直在收音机上为他的新歌大打广告。

可见，转喻和隐喻两种认知机制大多是同时作用于词汇意义变化的，不可完全分割开来。

6.3.2.2 转喻与汉语借词语义嬗变

PS 是时下一个流行的说法，是 Adobe 公司旗下的图像处理软件 Photoshop 的缩写形式。Photoshop 是最为出名的图像处理软件之一，是集图像输入与输出、广告创意、图像制作、编辑修改、图像扫描于一体的图形图像处理软件，深受广大电脑美术爱好者和平面设计人员的喜爱。在汉语的日常交际中，我们经常会说“PS 一下”，就是指使用图像编辑软件或 Photoshop 将照片或图片进行修饰。这里的 PS 作动词，凸显了这个软件的动作和实践的侧面。在网络上的论坛和新闻标题中可以看到诸如“太婆脸 PS 成为天使面孔”“求高手帮我 PS 一下这个背景”等表达方式。现在更有甚者，不用“PS”而直接用“P”来代替，如微博上有“你这张照片上，脸‘P’得太厉害了”。

人们的转喻思维就隐藏在这种专门词汇泛化为普通词汇的背后。Walkman 最早是日本索尼公司的便携式收录机的商标名，现在变成了普通名词，指任何的随身听。MPEG Audio Layer 3，是 MPEG 第三代声音文件压缩格式，缩略形式为 MP3，它将声音用 1∶10 甚至 1∶12 的比率压缩，是对数字音乐进行压缩的一种高效的方法。由于 MP3 可以将音乐文档压缩得较小，使用方便，深受年轻一代的喜爱，所以在人们的日常言语中，MP3 经常是用来指代用 MP3 压缩过的歌曲，或者干脆就是指各类格式的歌曲，如“这两天我从网页上下载了好多好听的 MP3”。另外，MP3 还用来指称音乐播放器，例如“昨天我刚买的 MP3 就丢了！”

苹果原来仅仅指一种水果。20 世纪七八十年代美国苹果公司成为全球最大的 IT 科技企业，核心业务是电子科技产品；苹果的 Apple II 于 1970 年代助长了个人电脑革命，因此，当时人们口中的“苹果”便是美国这个知名品牌的名称。苹果公司推出了很多知名的产品，如 Apple II、Macintosh 电脑、iPod 音乐播放器、iTunes 商店、iPhone 手机和 iPad 平板电脑等，在高科技企业中以创新而闻名。2011 年 2 月，苹果公司打破诺基亚连续 15 年销售量第一的地位，成为全球第一大手机生产商。苹果出品的手机 iPhone 4 更是受到了全球的热捧。有一个笑话很有趣，一日“110”接到某公民报警：“我在出租车上丢了一个四代苹果手机（iPhone 4），请你们帮我找回来吧，我刚买的。”“110”的值班民警回答说：“您别着急，您的手机和四袋苹果我们会尽量帮您找回来的，请问您乘坐的什么样的出租车？”可见，“苹果”在时下的汉语表达中已经由指称苹果公司到指称苹果公司的产品，主要指手机和个人电脑系列产品。转喻可能使借词的语义对象发生转移。

再如酷的英语 cool，20 世纪 60 年代 cool 成为美国英语中的流行词。“酷”的概念来自电影《罗马假日》。影片中公主剪了头发后，觉得十分凉爽，就摸着后脑勺说：“Cool！”许多女孩子看了电影后都去剪头发，还学着公主的样子摸着后脑勺说：“Cool！”所以在 20 世纪 60 年代，“酷”就在青少年的口中流行开来。刚开始，美国的青少年觉得这是一种冷峻、反主流的行为或态度，后来演变成潇洒中带点冷漠。可见，“酷”和传统意义的“好”并不一样，特立独行、充满个性才是“酷”的精髓所在。“酷”进入汉语后，形容人深沉、刚毅、潇洒、有个性、气度不凡。青少年追崇的“酷”，只注重外在表现，内心倒不一定有什么深刻的思想和观念，更多的只是一种做派和作秀。随着日常交际中使用频率的提高，“酷”由专门指称人转而指称事物，指事物时尚、刺激、独特，表示对心目中美好事物的赞叹，意为“好极了，棒极了”，带有俚语色彩。有人说“酷”是一种生存状态，一种对世俗的蔑视，这种“酷”是属于成年人的。他们的“酷”从内向外散发，不是酷在眼睛上，而是酷在心里，把自己深埋在从容之中，用成熟的思想领略世事人情。

胳膊蜜糖（arm candy），是新近几年进入到汉语中的一个借词。在西方流行文化里，派对文化是重要一块。在中国都市里，派对也成了时尚生活的代名词，成为时尚人士制造新闻的载体。对追赶时尚的人来说，能够多次被邀请参加各式各样的派对，是一种荣耀。西方的派对里，常见性感女郎挽着某位老人出席派对。他们之间不必有什么浪漫故事，她只是暂时充当派对伴侣。英语借词 arm candy 指的就是这些在派对上陪伴别人的漂亮“花瓶”。挽着这样的女孩子，引人注目，彰显身份，如：“Did you see the arm candy Andrea brought to the dance last night? Her date was so handsome and coy!”（你看到 Andrea 昨晚带到舞会上去的胳膊蜜糖了吗？她的伴侣英俊又解风情!）从这里可以看出当“胳膊蜜糖”的权力不是女人专有的。“蜜糖”一词非常形象，因为这些帅哥靓女看着养眼，给人甜蜜的感觉。此外晚会上寸步不离，颇有糖块黏黏的感觉。如今这个借词已经衍生出了一个常见的新意义，就是指“女性的时尚包包”。买个名牌包包，享受着艳羡的眼光，心里甜蜜蜜，可不正是“胳膊蜜糖”吗?

华尔街，英语 Wall Street，美国纽约的一条街，是资本主义世界投机市场的中心，也是世界和美国的证券交易、金融的中心。华尔街是美国大垄断组织和金融机构的所在地，集中了纽约各保险公司和公用事业的总部、联邦储备银行、信托公司、政府和市办的证券交易商、投资银行、美国证券交易所以及美国摩根、洛克菲勒等大财团开设的制造业、采矿、航运、铁路、保险、银行等大公司的总管理处。垄断资本从这里支配着美国的政治、经济，华尔街成了美国垄断资本、金融和投资高度集中的象征。近年来，由于全球性经济危机的影响，这一词语也频频见诸报端。例如“郎咸平：中国经济回暖与华尔街的阴谋”“华尔街与中国经济”等，“华尔街”俨然成为美国垄断资本主义、美国金融政策等的代名词。

另外，一些词的借入，会在相同或相关的语义范畴内激活其他潜在的词语，不断丰富汉语的词汇系统。例如：

（1）数字（digital）是一个名词，组合成数字地球、数字电视等词时，获得了动词和形容词的功能。

（2）网，这个类词缀，既可以做构词前缀网民、网卡、网线、网吧、网迷，也可以做构词后缀环球网、远程网等，同时拥有名词和形容词的功能。

（3）黑客（hacker）在英语中指精通网络技术，能够侵入别人计算机系统的人；进入汉语中后，又激活了一大批潜在的与电脑技术有关的词语，像灰客、红客、蓝客、白客、黄客、闪客等。

（4）金领、灰领、银领、黑领、紫领、绿领等词语的产生，也是被白领（white collar）、蓝领（blue collar）在汉语交际中的高频使用激活的。这在一定程度上反映了转喻机制在不同语言的人们的认知中都起着重要的作用，人们在对某些事物的认知上有着相同的认知框架。

（5）OK 在英语里常常用作形容词或副词，表示 all right、satisfactory、

correct、acceptable but unremarkable、fine、successfully，相当于汉语“对，好，可以，行”等意思；此外，OK 也可用作及物动词，意思是“在……上签上 OK 字样”，表示“同意”。而在汉语里，OK 可用作感叹词、形容词、及物动词和不及物动词。例如：

1）一位外籍教师伸出大拇指连声对某人喊“OK！OK！”（用作感叹词，表示赞扬，相当于“好极啦”的意思。）

2）这家商店的黄金确实 OK！（用作形容词，表示质量上乘。）

3）我国人工繁殖大熊猫——六年“OK”二十四胎。（用作及物动词，表示成功、完成。）

4）我这单生意 OK 了！（用作不及物动词，表示成功。）

（6）problem 在英语中既可用作名词，又可用作形容词。用作名词时，有 3 个义项：

1）目前不确定的困难、困惑和问题。

2）难对付的人。

3）为审议、讨论或解决方案而提出的问题。

用作形容词时，有两个义项：

1）难以对付或应对的。

2）处理社会或道德问题的。

汉语对应词“问题”只用作名词，没有形容词用法；且用作名词也只和 1）、3）义项对应。“难以管教的孩子”应该是 problem child 对应译词；“论及社会或道德问题的剧本”应该是 a problem play 的对等翻译，而事实上，由于受英语的影响，人们把 a problem play 和 a problem child 分别译作“问题剧”和“问题孩子”的情况居多。由此可见，“问题”用作形容词时所表达的意思与作名词的 problem 对应，如问题球迷、问题球员、问题影片、问题儿童、问题少年、问题青年、问题家庭、问题菜、问题房、问题车、问题股、问题裁判等。

思维是一个复杂的认知过程，不可能把一种思维与另一种截然分开。这是由于人的各种思维不可能完全分开，因此，词义范畴的连续统现象的出现是隐喻和转喻共同作用的结果。转喻这种认知思维方式比隐喻更为基础，人们的认知顺序通常是首先感知、认识具体的、和自己的生活密切相关的事物，然后逐渐认知抽象的、新生的和不熟知的事物。因此义项的排列通常是从转喻开始，这符合人的认知思维结构。词义的延伸和扩展是由人的认知机制决定的，不是随机进行，具有系统性。词义扩展时，刚开始是转喻义，后逐渐向隐喻义过渡。当词义具有转喻特征时，词义与本义差别不明显，非常接近，二者具有邻近性特征；当词义延伸至隐喻方向，词义便超出了源域，这时的引申义与本义的差别越来越大，最后体现出词义的隐喻性。

Goossens 认为“相似性”的概念是建立在这样一种意识之上的，即 A 和 B 通常在同一认知域中处于邻近关系，这一经常的邻近性为我们离散的认知域之间的映射提供了自然的、经验的基础。

转喻和隐喻在词义的延伸中有着千丝万缕的联系，因此它们之间往往容易出现相互交融的现象。Radden 说，在语义扩展中，隐喻和转喻相互紧密地交织在一起，很难区分哪一种起了主导作用。转喻和隐喻是互补分布的，也就是说，一种认知方法不足时，即用另一种来补充，归根到底其目的是为了充分地理解和表达某一概念。

绿色作为“天然环保”的概念是借自英语中的 green，如 green house 等。绿色通道、绿卡、绿色家电、绿色照明、绿色煤炭、绿色消费，这些例子都是“绿色”的隐喻性用法，其源域是语言的直接所指，即颜色，其目标域分别是“通畅”“节能”“天然环保”和“健康”。我们注意到，在源域和目标域的映现之间存在着一层薄弱的概念连接，即以概念的邻近性为基础的转喻映现。“绿色”之所以指畅通，是因为绿色和交通信号灯指示通行时的颜色是一致的。绿色与天然环保和健康之间的连接也是以转喻的邻近性为基础的，这些都是人们可以感知的结果。这一点说明，从源域到目标域的映现过程并非是跳跃的，而是蕴涵着一种梯度的升华和提炼，转喻在其中起到了桥梁作用，例如：

(1) 中国政府还积极改善乡（镇）卫生院接生条件，通过开辟孕妇、产妇急救绿色通道，实行贫困孕妇、产妇救助等措施，提高农村孕妇、产妇住院分娩率。

(2) 河南省新乡市为驻地部队送去一份特殊的新年礼物——借书绿卡。有了这张借书绿卡，官兵们可以免费在部队驻地所有的国营图书馆借书阅读。

(3) 最近，中国家用电器协会决定在全行业推行“绿色家电、造福人类”的计划，积极研制、发展无污染、低噪声、节能高效的家用电器。

(4) 随着国家经贸委等部门提出的“中国绿色照明工程”的推进，在不远的将来，我国将在节约电力、节约能源的同时，使这一目标成为现实。

(5) 煤炭产业的科技创新，就是在循环经济的基础上，构建“绿色煤炭”——用“绿色理念”开采“黑色煤炭”。

(6)“三绿工程”旨在建立健全流通领域和畜禽屠宰加工行业食品安全保障体系，严格市场准入制度，提倡绿色消费，培育绿色市场，开辟绿色通道。

AA 制是英语 all apart 的缩写，意为“各自，分开”，是指一起消费后均摊费用或各自付款的做法，源于 16 ~ 17 世纪荷兰和威尼斯的商人们聚餐时交流信息，分散时均摊费用。因为他们流动性很强，一个人请客，被请的人说不定这辈子再也碰不到，为了大家不吃亏，彼此分摊便是最好的选择。AA 制植根于西方的文化土壤里，属于典型的西方文化产物。在中国，总体上对于 AA 制的认同度并不高，在中国人看来这似乎太小气，实在不适合好面子的传统。但时下年轻人普遍接受 AA 制，连一些夫妻结婚也要选择 AA 制。在夫妻 AA 制中，双方各自是完全的“经济独立体”，与共同财产制下的“经济共同体”你中有我、我中有你，两人财产合而为一的情况全然不同。夫妻各自财产归各自所有，各花各的钱，你给我买东西，我得给你钱；一起花钱时，按约定比例出钱，同时署双方名字，大多数情况下是各出一半。夫妻 AA 制是象征意义上的，确切地说是分开、分清、不扯皮。因此，AA 制的意义范畴发生了转变，由专指“商人间的各自付款”到泛指“各种人之间的经济分开，分清楚”。男人向女人求婚时如果说：“亲爱的，我们 AA 吧?”估计大多数女性还是接受不了，会愤然离席，但这里的 AA 制有了动词的功能，意为“把 AA 制当作以后的生活模式”。

6.3.3 类推与英汉借词范畴

许多科学研究均建立在类比推理这一创造性思维的基础之上，“触类旁通”和“举一反三”式的思维就是人类借助类比推理在生活和工作中形成的。如仿生学中，研究者们之所以能够探究生物系统的结构和功能，就是依凭类比推理，创造出一些能够模拟生物系统和结构的技术系统的科学。所以，类比推理是人类认知世界和改造世界的重要手段之一。

借词的词义范畴由边缘成员逐渐过渡到典型成员的过程中，使用频率不断提高，人们开始利用借词的基本词汇仿拟借词，以应对不断涌现的各种新事物、新现象、新观念。类比推理为人们提供了一条便捷之道，利用现成的、已知的东西来引导认识陌生的、未知的东西，既经济简洁，又新颖独到。类比构词十分灵活，人们根据源词抽象出来的“词模”可以灵活地套用，既可表达具体的概念，也可表示抽象的思想。类比造词的最大特点是它有对应性，在对应关系上可能是一对一，也可能是一对多、多对一或是多对多。类比造词法淡化了借词的陌生性，由于有被类比词的对照，词的内部形式比较清晰，人们一看即懂，一听即知，体现了语言创新与语言自律的统一。正如索绪尔所说：“类比是语言创造的原则。”葛本仪在《汉语词汇研究》中指出：“任何词的形式都有两个条件为前提，一是人们的思维活动；二是语言材料。”而类比推理是人类思维的普遍方式，人类具有通过类比将表现于已知词中的结构形式与借词中的结构形式联系起来的能力。

6.3.3.1 类推与英语借词语义嬗变

大多数新产生的词语，都有一个现成的框架背景，这一框架背景就像是造词的模子一样，能批量生产词语。说写者在创造新词时，会根据要表达的具体信息，从意义关联的已有的词汇中选择一个语素作为模板。类推构词的过程中，成分结构也因特定的组合环境而获得新的特征和意义，并且可以随着模板被带入新的组合结构。因此，成分的意义也在组合中得到了丰富。

cyber 是于 1948 年进入英语的 cybernetics（控制论）的缩略。自 20 世纪 80 年代开始，析出词缀 cyber-逐渐活跃起来。cyber-表示“计算机（网络）的”，例如 cyberculture（电脑化文化，电脑化社会）、cyberdepot（网上商店）、cybercrime（网络犯罪）、cyberforger（网上造假者）、cyberphobia（计算机恐惧症）、cyberpunk（计算机高手）、cybersex（网络色情）、cyberspace（网络空间）、cyberspeak（网络用语）、cyberfiction（电脑小说）、cyberfair（网上集市）等。

英语的 kung fu 音译自汉语的功夫，这是中国文化对英语的贡献之一。据考证，这个词最早是由 18 世纪的法国传教士带入西方社会的。直到 20 世纪 60 年代，该词才被主流英语接受。特别是随着香港武打片的流行，该词居然成了流行词汇。近年来功夫电影片盛行，《骇客帝国》里洋人也可以打得像回事，不过这很大程度是吊钢丝外加电脑特技的功劳，不是真正的 kung fu，英语中把它叫做 wire fu（钢丝功夫）。wire 是钢丝绳，wire fu 是 kung fu 和 wire work 的结合，指演员在钢丝绳的帮助下完成惊险动作。这个 wire fu（威也夫）是“钢丝夫”，在钢丝或滑轮的帮助下，演员具有超人的技能。

从 kung fu 到 wire fu，这个“fu”（夫）字在英语中获得了新的生命，它已成了一个词缀，表示掌握某项特定技能（particular “mastery” of a subject），比如 cooking fu 表示“烹调技能”，math fu 表示“数学水平”，anime fu 是“动漫水平”，Google fu 则表示“运用 Google 搜索获得信息的能力”（skill using Google to find information）。善于运用 Google 搜索也是一种重要的能力。如果有人说“Your (whatever) fu is weak”那就是说“你太差了”——不仅仅是功夫。

类比造词偏重于模仿，从源词到仿词，思维跳跃跨度不大，可以一词多仿、连锁类比。源词的意义具有积极的认知引导功能，对仿词的意义具有较强的提示作用；仿词本身也可以成为新的基础形式，因为类比造词具有传递性。有时一个原型词能够连锁类比出一长串一长串的新词来。例如 golden handshake（黄金握手），即公司的高级主管人员在即将退休时，被支付的一笔相当可观的解雇金。该词是 1960 年左右进入英语的，现在也有 golden goodbye（黄金告别）的说法。基于 golden handshake，还有一个类比借词，叫做 platinum handshake（白金握手），意思是退休金（退职金）极为丰厚，golden 也难以形容其价值之高，所以用了 platinum 来形容，比“黄金握手”还来得贵些。根据 golden goodbye，还有一个与之相对的借词是 golden hello，意思是公司给新近加盟的员工提供的数额可观的见面礼、奖金或其他报酬。golden parachute（黄金降落伞）于 1980 年左右进入英语，有了降落伞的保护，坠落当然不会重重摔下，所以该词是指公司高层管理者被解职的时候可一次性领到的巨额退休金及额外津贴。而 golden parachute

也是基于 golden handshake 类推出来的。借词 golden bungee（黄金蹦极）意为公司企业将员工解雇后，员工虽然是跳下去了，但不会有危险，还是有根线拴着，这个词是类比 golden parachute 而来的，其寓意是原公司还希望其依然与之保持联系，并随时为之效劳。现在还有一个以此类推出的词 golden handcuffs（金手铐），公司用股权、股票等作为福利待遇，以此来稳定住员工，等于员工的一部分钱掌握在公司手中，如果员工要跳槽或提前辞职，那么这些优厚的福利公司将会收回，剩余的期权不再归该员工所有，这样一来员工就失去了一部分自由。现代企业常用 golden 命名给高管和员工的各种福利待遇。

6.3.3.2　类推与汉语借词语义嬗变

从 talk show（脱口秀）到时装秀、模仿秀、内衣秀展示，“秀”可构成许多词语，并有类词缀化的倾向。“有型就要秀”似乎已经成了这个时代的标语，对于含蓄谦虚的国人性格来说，要突破这种状态是需要革新的，革新的不仅仅是心态，更是观念。在物质贫乏、精神也不富裕的年代，“秀”似乎是被束之高阁的禁区；但是如今物质和精神都不是那么贫瘠，“秀”的概念也不再犹抱琵琶半遮面了。从西方开始的“脱口秀”一下子让国人见识了智慧和自由的快乐，服装秀也完全展示了什么是表现主义。其实“秀”就是表达，不需要什么技巧，只需要勇气，不需要粉饰，只需要直白，不要用复杂的解释，简单地表达出所思所想才是“秀”真正的含义。

迷你意为“超级小的，超级短的”，如迷你巴士、迷你裙等。英语 mini，“迷你”通常形容小巧可爱的物品，同类中的极小者。笔记本电脑越做越小、女孩的裙子越穿越短、自行车越折越小、食堂里的馒头越做越小、茶餐厅里的蛋挞也越来越小……出现的“迷你”类推词不胜枚举，例如迷你信用卡、迷你工程、迷你摄像机、迷你马拉松、迷你地图、迷你硬盘、迷你移植等。

Harley 认为，人类常常会在客观世界中寻找一致性，从相邻的事物中寻求相似性，这即是认识世界中的相邻效应。类比造词得以存在的重要基础是事物或现象之间的相邻性原则。创造借词的个人要表达某抽象的事物时，在心理词库中没有找到相应或相近的现成表达或词语，于是就当时的语境展开联想，根据甲乙两种事物之间的某种联系，就可能联想起与抽象事物有关的具体事物，指称抽象事物的词语一定是仿照指称具体事物的词语创造类推而来的。因此，类推只可能从具体的构词格出发，而不可能从抽象的构词格式出发。相邻类比就是利用新现象或事物与原有现象或事物之间的相似点，由此及彼，类推而产生的构词方法。

可口可乐（Coca Cola），是畅销全球的碳酸饮料，在中国市场上也十分走俏，国内生产的许多类似饮料都仿其命名，有天府可乐、欢廷可乐、百利可乐、汾煌可乐、非常可乐等，国外来的同类饮料也译为百事可乐（Pepsi Cola），以后还将可能类推出更多的“可乐”新词。如今“可乐”已经成了这类饮料的代名词，人们已经习惯于用“可乐”来统指这一类碳酸饮料。

从酒吧（bar）到网吧、餐吧、影吧、书吧、氧吧、陶吧、冰吧、布吧、餐吧、茶吧、迪吧、果吧、画吧、水吧、汤吧、剪吧等，“吧”也从无意义音节具有了“类”的概念意义，表示一种娱乐场所，现在已经成为一个独立的构词语素，即“有特定功能或设施的休闲场所”。再如的士（taxi）的“的”字，比照“X + 的”这一构式类推出了摩的、货的、驴的、骆的、飞的、水的、马的、火的、板的、面的、轿的、警的、的哥、的姐、的票、的爷等，“的”也随之具有了“类”的概念，成了“出租的交通工具”的统称。从“酒吧”到“X 吧”，“吧”字的典型性依次降低，由表示最典型的场所泛化到非典型的一般场所，逐渐具有了“类”的概念，概括性越来越强；“的”字的情况也是如此。因此，通过类推机制，这些汉字逐渐“语素化”，被赋予了“类”的概念，指称意义都扩大了。让无意义音节负载整个词义，是借词在目的语中发展、演变与驯化的一种方式，需以民众对该词的熟悉度、接受度以及语境提供的解码明晰度为基础。共时层面的缩略语素大多是粘着的，不能自由使用，尚未取得词的资格。

Ryder 认为手边可以利用的语言资源是语言使用者创造复合新词的基础，从现实语言中抽象出的语言模板（linguistic templates）以及储存的习惯表达式都可以被纳入这些语言资源中。这些语言模板是一种语言图式（构式），包括组合结构和成分结构的语义和语音等特征。我们用来构建新复合词的类比基础是其中的个别语言模板，各种不同类型的复合词都可以被用作类比的模板，这些图式（构式）的概括性和抽象性逐渐增加，形成了一个图式（构式）的连续体。由类推创造新词语的语言现象，一些最初是从临时性的、局部性的类推模仿中发展而来的，并逐步形成了系列。言语拥有者和使用者从词库中的词例中总结归纳出来一些构词图式或构词模板作为类比基础，这些模板能够提供意义的提示；根据需要表达的详细信息，在新词的创造阶段，人们会从已有的意义相关联的复合词中选择一个最为合适的作为模板。李宇明（1999）指出，类比造词的基础是造词模子（简称词语模），它是一个现成的背景和框架，在这一背景下，我们能批量生产新词语。类比构词的过程中，成分的意义也在组合中得到了丰富。成分结构可以随着模板被带入新的组合结构，在新的组合环境和组合机构下，获得新的意义和特征。

源词意义、语境信息和对借词相关背景知识的掌握是理解借词类推产生新词的必要条件。源词的结构和意义是借词创造者和使用者双方的共知经验导致形成的。只有掌握了这些相关的信息才能体会造词者所要表达的真正意义。由借词类推而来的新词语必须能与接受者的认知图式、先在经验、认知习惯相吻合。借词本来对于接受语中的使用者来说就相对新奇而陌生，借词的构词成分类推出的新词更是使接受语中的使用者感知到有一种似曾相识的而又新奇陌生的感觉。在这种情况下，人们就会积极展开联想，在关联思维的引导下最终找到与仿词相匹配的源词，这就好比是代数中的方程式，已知条件是借词的典型意义，将它代入新的公式，经过类推，即得到新词的意义。这里，类比的源词一般应是进入汉语或英语词汇体系的人们所熟知的借词语义，其作用不单单是作为已知条件代入的“图式”（构式），而是解读和建构借词类比新词的一个不可缺少的组成部分。

下面再看几个汉语中的例子：

（1）丁克译自英语 dink，由 double income no kids 缩略而成，意为“双收入无孩子”。20 世纪 80 年代雅皮士夫妇不要孩子，出现了丁克家庭，应该是社会走向成熟的产物。丁克家庭的夫妻主张摆脱传统婚姻生活中传宗接代的观念，倾向于过有质量的、自由自在的“两人世界”。夫妻双方一般都有较高的收入，生活在城市里，生活和工作的压力很大，而且生活成本也高。其中有些人是因为觉得自己还没有做父母的心理，还不能承受养育下一代的重担，有些人则是追求另类的生活，不愿意让孩子影响自己的工作和生活，所以他们拒绝让孩子成为“第三者”。在丁克一族中也有这样两种状态。白丁曾经宣称自己决心要丁克，可是一段时间后主动放弃了丁克的计划，也就“白白地丁克了一回”；丁狗则是发誓把丁克坚持到底的人，改养小孩为养狗，这是丁克的最高级别。这两个例子也是“丁克”类推造词的一种表现。

（2）粉领（pink-collar）指从事脑力劳动的女职员，多指女秘书、女助手、女文书等，因女职员常穿着色彩鲜艳的服装而得名。不知道从什么时候起，人们以“领”取人。白领穿得光鲜亮丽，出入高档写字楼，在小格子间里互猜心事；蓝领在流水线上做着重复的动作，随着科技带动生产力，技术要求也越来越高，下岗的危险也越来越近。这两个阶层是社会学家最先提出的，也是大家关注度最高的，而在这之后各行业阶层纷纷涌现，又出现了新“领”人，金领、粉领、灰领等就这样被叫了出来。记得以前老人们说，要知道一个人是做什么的，看他脚上的鞋就能知道，也许是受了这些影响，如今看他“领”上的颜色就能猜出一二。

（3）黑客（hacker）指网络上的非法入侵者，常有破坏或捣乱行为。“黑客”原本是指那些热心于计算机技术、水平高超的电脑专家，尤其是程序设计人员。但到今天，黑客一词已被用于泛指那些专门利用电脑搞破坏或恶作剧的家伙，对于他们也许应该称为骇客。“黑客”和“骇客”根本的区别是：“黑客”们建设，而“骇客”们破坏。“黑客”曾经是一种荣耀，一种美好的传统，它代表着反对权威却奉公守法的网络英雄。如今，“黑客”的形象已经十分暧昧，被“骇客”混淆了，代表的究竟是英雄还是罪犯，正义还是邪恶，高尚还是卑劣？有一种新的黑客类型称为爱国黑客（patriot hacker）。“爱国黑客”是出于爱国心而攻击对其祖国怀有敌意的个人或组织的计算机系统的黑客（a hacker who attempts to infiltrate or disable the computer systems of people or organizations that are perceived to be hostile to the hacker's country）。在中国，“爱国黑客”通常被称为红客。因为我们的军队被称为“红军”，我们的国家被称为“红色中国”（Red China）。“红客”曾被英译为 red hacker 或 honker，其实最对应的词还是 patriot hacker，才不会让人误解，造成歧义。先是有“黑客”，后有了红客、博客、拼客、晒客。拼客指的是“集中在一起共同完成一件事或活动，实行 AA 制消费的一群人”。晒客的“晒”音译自英语词 share，“晒客”就是“把自己的生活、经历和心情展示在网上，与他人分享的人群”。这种分享，不为炫耀，不比金钱，只为展示生活，分享快乐。

6.4 对比阐释

借词在经过了范畴化后，便开始了非范畴化过程。“词义是变化的、流动的，而不是僵化的、恒定的。”在认知机制的作用下，原有词汇或字产生了新义，正所谓“旧瓶装新酒”，这种词汇新义项的产生方便快捷，并让读者觉得既熟悉又陌生，保持新鲜感。

借词由异质的语言成分逐步转变为完全同化了的词汇，成为某种语言中活跃的成分。完全同化了的借词往往丧失了其异质性，摆脱了词汇系统中的边缘地位，发展了与典型词汇一样的功能，甚至普通的语言使用者已经无法辨认其借词的身份。但是也有一部分借词在进入接受语之后，没有完成同化，始终保持其外国词的身份，或停留在同化过程的某一阶段。借词同化作用的本质，是语言按照其核心机制和规则对外来异质成分进行筛选和改造。同化过程也是借词由词汇系统的边缘成员向典型成员逐步靠拢的过程。在这一过程中，隐喻、转喻、类推都发挥了重要的作用。

隐喻、转喻和类推对人们认识事物及事物概念结构起到了十分重要的作用，作为人们重要的认知方式和认知机制，在语言的形成和发展过程中都扮演了重要角色。隐喻和转喻是互动的关系，一方面是隐喻，另一方面是转喻，它们的作用达到了相当的平衡。一个词的词义范畴最先产生的、最基本的是原型义项（中心义项），由于与原型义项具有某种密切相关的联系（隐喻、转喻或类推关系），其他义项产生，并形成同一词的多个义项，其中有的仍明显保留着转喻和隐喻色彩，有的已经成为该词的常规义项。虽然并非原型义项，但这些常规义项由于已形成一种经常性关系，也被列入字典中的词义条目中。其基本词义，称为原型。一般来说，原型是语言集团成员想到的该词的第一词义。尤其在汉语环境下，以表意文字为语言符号，借词的意义变化更显得尤为趣致。

同时，隐喻、转喻和类推被广泛应用于生活的各个方面，并都是以事物之间的相似性为心理实现基础，通过已知事物推想未知事物，将对这种相似性的深刻认识投射到未知事物上，在生成和理解语言时扮演了一个重要的角色。每一个民族的语言都有通过隐喻、转喻和类推机制产生的词汇。在当代汉语和英语中，根据借词产生的新词或新词义，几乎都是通过这三种认知机制合成或派生出来的，具有很强的能产性。但由于各自语言系统本身和民族文化的差异，因而隐喻、转喻和类比推理思维在构成借词过程中的角度有所不同。从我们对英汉借词的分析来看，英汉借词比较典型地体现了不同语言词汇的认知共性和文化特性之间的关系，具有较大的趋同性，其中共性是主要的，见表6-1。

表6-1 非范畴化过程中英汉借词对比

<table>
<tr><th>项 目</th><th>英 语 借 词</th><th>汉 语 借 词</th></tr>
<tr><td>隐喻机制</td><td>新时期，大多数进入英语的借词仍然保持单义的状态或与借入时义项变动不大，即借词词义发展不明显，没有突出的词义扩展或引申的状态。原因：(1) 英语中借词的同化程度没有汉语借词高，英语借词处于非范畴化过程中。(2) 英语中的借词数量明显多于汉语，这就在客观上不需要借词语义发生更多的变化，可以有新的词汇来承担新义的功能</td><td>新时期，进入汉语的借词大多数都会发生词义的增加和引申，由单义走向多义。隐喻机制对于汉语借词的影响高于对英语借词的影响。汉语中的借词词义完成了由范畴化到非范畴化到再范畴化的过程，使用频率较高，借词由汉语词汇中的边缘成员发展成为中心成员。这些都与现代中国年轻人追求创新与个性的新理念分不开的</td></tr>
<tr><td>转喻机制</td><td>转喻机制对于英语借词的作用主要在于语法意义的转变，绝大多数借入英语的词汇都会发生语法意义的转变，借入时为名词，通过加后缀等方式，很快用作动词或形容词的现象极为普遍。转喻机制在英语借词中普遍使用</td><td>汉语中的借词语法意义极少发生改变。原词汇如果有语法意义的不同，则汉语借词可能会有与之对应有不同的语法意义，如“秀”。但在借入汉语后转喻机制影响下的语法意义一般不发生改变。转喻机制对于汉语借词作用没有英语中普遍</td></tr>
<tr><td rowspan="2">类推机制</td><td>英语借词中，大多数都类推语素化为“前缀”或“后缀”积极大量地参与英语词汇的构词</td><td>汉语借词中，大多是由借词类推出的缩略形式或借词整体作为实语素参与构词</td></tr>
<tr><td colspan="2">（1）类推是英汉借词词义非范畴化中普遍使用的认知机制，有着惊人的相似之处，具有相对的稳定性，又有相当的灵活性。
（2）在英汉两种语言中，类推机制都具有相当的能产性。由于类推机制的作用，在英汉两种语言中都形成大量的根据借词类推出的复合构词成分和准词缀、借词缀等构词成分，它们能产性极强，带来许多系列化的词汇从而形成词族。
（3）类推借词具有较强的透明度和理据性。类推的原词是一个具有典型意义的语言形式，使用频率和熟悉度高，因此当读者一看到类推出来的词，就会自然从形式的相似搜索原词并发生意义联系，这就是类推词的理据性。当然，类推词都不是简单的复制和模仿，而是不同程度在引申和喻化。词语在类推中出现了新的含义，即浮现意义（emergent meaning）。尽管有别于原来字面意义的浮现意义是新的，是喻化了的，但是由于其传播速度和高频率使用，其透明度和理据性得到了加强</td></tr>
</table>

7 结　论

近几十年来，国家之间、民族之间以及社会集团之间的交往日趋频繁，使语言接触、语言之间相互影响的问题变得尤为突出。世界的交流频繁而密切，我们的词汇也不断而快速地从一种语言借入到另一种语言。人们在认识、了解客观世界和自身的过程中，出于交际的需要与方便，不总是创造新词，很多时候会不断地从外族语言中吸收外来词语弥补本族词语的概念空白。借词的生命力是各不相同的，有的借词可能是昙花一现，有的借词可能在语言中活跃一段时间，也有的借词可能成为语言中的基本词汇。“在语言使用中，从某种意义上说，词居于核心地位。不管是语篇层次的语言现象，还是句子层次的语言现象，都离不开词的运用。”因此，在我们日常生活会话过程中，如果你听见任何借入的外来词语，要是仅仅因为它们还没有进入词典、不是标准英语或汉语、还没有被广泛认可就不予理会，是不正确的。正视借词，研究借词，更好地应用借词才是我们应该采取的态度。

在前面各章节中，在认知语言学的框架下考察了在英汉借词词义范畴化与非范畴化的过程中，文化模式、认知机制和民族认知心理等对借词词义制约作用的共性与差异，对英汉借词词义现象做出了比较合理和全面的解释。在本章中将总结研究中的一些主要发现及启示，并探讨本研究中存在的局限性和未来的研究方向。

7.1　本书研究的主要发现

本书研究立足英汉语言事实，采用归纳与演绎相结合、定性研究为主的跨学科综合实证研究方法。研究所采用的英语和汉语借词语料主要为20世纪后半期出现在两种语言中的借词，归纳出英汉语认知模式的共有规律及各自特点，并对之进行深入的分析与讨论。本书研究主要取得以下发现：

(1) 本书研究的理论发现体现于：在前人研究的基础上，本研究对英汉借词的普遍认知机制进行了深入的探讨。研究首次提出，借词是复杂的语言现象，并非由单一的心理机制所能够解释，在范畴化的不同阶段由不同的认知机制起主导作用。借词的认知机制作用揭示了联想与激活的相似性的体验本质（embodied nature），有助于我们更好地理解感知与概念、经验与知识的关系，具有重要的认识论启示。

1）借词是不同民族多次认知加工的产物。人们在不断地借入新词汇的过程中，留下了自己认识世界的痕迹。借词是人们认识现实、反映现实的体现。人们在借词的范畴化与非范畴化中需要借助不同民族的思维方式，激活相关的语言与非语言知识，使用词汇进行信息加工和表达，这些都离不开人的认知加工。新的借词范畴最初总是产生于个体的认知活动，之后便是民族和社会成员整体对外来概念进行范畴化的过程，这需要一个社会的整体成员利用共性认识形成特定的概念系统，作为人们已有的经验，以语言的形式储存在人的大脑中。认知活动，通常以其所在社会规约性的经验认识作为坐标和参照，利用已有的认知经验，与新获得的信息相互作用，形成新概念和概念结构。在此过程中，人们的认知选择如感知选择、心理频率的选择、心理图式的选择以及对外来词汇中义项的选择，起到关键性作用。借词填补了词汇空缺，反映了客观世界的变化。

2）借词是一个范畴连续体，词义的变化实际上是词义范畴的嬗变，包括原型范畴的嬗变、特设范畴的建构以及新旧范畴之间的互动。词义范畴嬗变的机制是非范畴化。借词词义范畴的构筑过程是相互关联的认知过程，有着共同的认知机制，都体现了人的隐喻、转喻和类推思维。这些认知机制是潜意识的普遍的认知活动，是在常规化或凝固化的概念结构上进行的多轮的认知操作。借词的范畴化与非范畴化符合“语言经济原理”。借词的范畴嬗变就是启动认知行为，激活人们头脑中的百科知识和社会文化模式，借助上下文填充相关信息，并决定最终的语义通道。洪堡特曾经说过：语言是一种表达手段，更是一种认知手段。Nuyts 认为语言研究，从本质上讲，基本上是认知研究。语言的使用是语言知识中不可或缺的一部分。语言使用的频率、方式等都直接导致人们对语言中各个系统的调整和组织。但是，现有的语言表达并不能够满足人们所有的表达需求，许多关系、事件、情景、场合并不能被完全准确完整地表达或清楚阐释，原因之一在于语言使用者周围的语境是不断地变化和发展的，文化环境、社会和物质生活都处于动态的变化之中。因此，借词就是语言使用者采用非常规的方式，利用已有的语言资源，做出的协调和调整。

（2）英汉语借词的范畴化与非范畴化过程具有显著的认知共性。研究结果符合认知语言学提出的“人的心智与人的身体的其他机能一样，都会限定和促成潜在的经验。它不是分离的、自治的，而是对所有的人都是大致相同的。现实世界的身体经验是想象世界和抽象概念的基础和根本，所以人的心智的产品，在某种程度上都是相通的、相称的，即使是在不同的文化环境中”的理论，与 Lakoff 和 Johnson 的隐喻理论所提出的隐喻的普遍映射方向（从简单认知域到复杂认知域）是一致的。

（3）在具有显著认知共性的同时，英语和汉语借词范畴的动态变迁过程中也分别具有鲜明的文化个性。英语语言和文化对汉语语言和文化的渗透和影响要远远大于汉语语言和文化对英语语言和文化的渗透和影响。英汉民族对于外来借词的范畴化过程也体现了不同的惯性化思维与凸显优化思维，两个民族不同的地理位置、社会历史及民族认知心理造就了不同的思维方式。

7.2 本书研究的主要创新

本书研究在吸收和借鉴前人研究成果的基础上，有以下几点创新：

（1）首次对20世纪后半期的英语和汉语借词语料进行大规模的、系统的整理和分析，并自建语料库。

（2）首次在认知语言学的框架下对英汉借词进行对比研究，对于探求借词认知模式的共性与个性具有重要的意义。

（3）同时对借词现象进行综合多维度对比阐释和探索。本书研究从英汉语借词的角度对人类认知方式的共性和个性，以及不同文化对语言和认知的具体影响做出了进一步的探索，对丰富和发展英汉语词汇学研究具有一定的理论和实践意义。与此同时，研究对于翻译和词汇教学也将具有一定的应用价值。

7.3 本书研究的启示

7.3.1 对于英语借词翻译的启示

借词之所以要“借”，是为了弥补本民族词汇概念系统内部的概念空白，填补词汇空缺。来自英语的借词大部分为文化局限词，是用来表征外来的新概念、新事物的，因而在提供汉语对应词上存在较大难度。但并不是说将借词翻译成汉语就完全没有可能。译者在翻译过程中要尽量真实地反映出原词中所反映、描述的认知世界和现实世界的特征，但是不论译者采用何种语言表达方式，都具有一定的创造性。各个民族、国家的文化是随着社会、政治、经济和文化的发展和演变而动态变化的，不是静止不变的，当前文化的趋同是这种动态变化趋势的主要表现。不同文化的交流和趋同必然首先反映在语言的融合趋势上，语言的融合趋势又必然首先体现在语言的词汇层次上。我国社会生活的各个方面都被西方的生活方式、管理技术、价值观念等广泛地影响着，中国社会与西方世界中新生事物的大量涌现以及各个领域的发展与进步基本上是同步的。中国社会当下正处在世界文化、经济、政治全球化之中，英语中的新词通过不同的渠道频繁地出现在人们的日常生活和各种媒体中，当它们进入汉语词汇系统后，引起了国人的广泛关注，尤其是它新鲜灵活的词义和独有的时尚性，引起了学者的广泛注意。

仿译是一种越来越受到国人认可的借词翻译形式。仿照英语词汇的内部形式进行翻译，即把英语原词的词义直白地表达出来，既移植了原词的内部形式，又按照汉语的语素和组合规则进行语义合成，其构词理据一般从字面意思就可以推得，在翻译过程中最大限度地消磨了外来色彩，得到的是汉化最为彻底的外来词。据认知语言学的体验哲学，人类有着基本相同的生存需要、生活模式和思想感情，人类的思维具有一定的共通性。这就解释了为什么不同语言中存在着大量的对等、对应或相似的成分。

随着“速食时代”的到来，国人以速度取胜。当有些借词一时找不到合适的对应词时，不妨采用“拿来主义”，直接借用英文，直接使用字母词。很多英文已经进入寻常百姓的生活。《中国语言生活状况报告（2006）》指出：通过直接借用产生的字母词已成为汉语不可缺少的组成部分，“VS”“NBA”“GDP”“IT”“MP3”“DVD”“CEO”等进入前5000高频词语。字母词语主要表示机构、品牌名称和各种代号、型号，大多为专业术语，主要被用于电子、医学、汽车、经济等领域。字母词符合经济原则，脱氧核糖核酸，既难写又难记，远远不如用“DNA”方便。

音译一直是汉语译介借词的一种常见的范式，谐音译介更是音译词中的最佳方案。谐音译介是指翻译时以原词的发音为基础，同时考虑汉语使用者对所指事物的认识、评价和审美情趣，在谐音的前提下挑选汉语语素，有意拼凑附会出一种内部形式，从而产生一个新词。这种附会的内部形式就是此类音译词的构词理据，其奥妙在于融音意为一体，充分发挥了汉字的表意特性，更易于被国人接受。

7.3.2 对于词汇教学的启示

英语词汇在以惊人的速度增长。将英语作为外语的中国学习者也需要掌握利用借词创造新词汇的诀窍并对引进的新表达方式保持敏感。一个民族长期认知体验的结果是民族的语言。从某种意义上说，学习一种外语就是学习另一个民族的认知经验。教师可以适当讲解和补充新词并进行中英文词语的对比，让学生接触活的语言材料，以此来增强学生对英语词汇变化的感性认识，掌握借词词义在母语中的变化。透过英语这个多棱镜，教师可以增强学生语言交际的跨文化意识，促使学生多方位地了解丰富多彩的西方流行文化。

隐喻、转喻、类推这些认知机制广泛地反映在借词语义中。词汇教学中，教师可以分析借词意义的理据，提示词语各个义项之间的转喻、隐喻和类推联系，教会学生按照一定的认知规律，根据已经学过的词的义项，推导上下文中词的确切含义。毕竟，任意性的知识与有理据的知识相比，后者更容易被记忆。

另外，英汉语中外来成分语素化，成为英汉语中活跃的构词成分。外语借词经过“本土化”，直接以词素身份参与造词，或逐渐脱离原来的造词环境参与新的造词活动。借词素不仅接受目的语的改造，而且能“入乡随俗”，渐渐摆脱原来的造词环境，随着社会和语言的发展，自由参与新的造词，变得越来越像土生土长的固有词素。近年来，借词素构成的英汉语词汇的数量明显增多，说明借词参与英汉语构词的能力在加强。例如：cyber 进入英语后，迅速成为活跃的构词语素，构成了 cyberfair（网上集市）、cyberfiction（电脑小说）、cyberspeak（网络用语）、cyberculture（电脑化文化，电脑化社会）、cyber-sex（网络色情）、cyberdepot（网上商店）、cybercrime（网络犯罪）、cyberpunk（电脑科幻小说，计算机高手）、cyberspace（网络空间）、cyber forger（网上造假者）、cyberphobia（计算机恐惧症）等词。现代的信息网络时代，英语学习者一旦掌握了词汇意义构建的认知规律，就不会再去枯燥地死记硬背词汇了，而是通过联想和想象，举一反三，达到事半功倍的效果。作为英语词汇的教学者，应该多关注英语借词，敏锐发现借词词汇化与语法化的过程，特别是新借词参与构词的程度与变化，会让学生受益匪浅。

在汉语对外教学中，外国学生总是对中国的“一词多义”困惑不已。因此，在对外汉语教学中，注重外语词与中国词汇义项的对应关系十分必要，往往对外国学生解释其借入后的音译义项后，学生才会恍然大悟。

7.3.3 对于词典编纂的启示

普通语文词典和借词词典中都会收录借词，这也是记录、整理和传播新词的途径。在这个问题上，从事语言文字工作的专家应该具有高度的敏感性，国家语言文字权威机构应该充分发挥权威的职能。语言学家更需要关注活的语言，时刻关注媒体中、百姓生活中语言的新动向。当新事物、新现象、新概念进入时，有关部门和人员应根据语言规范化的原则充分运用媒体加以引导，不能图方便省事而音形义全盘照抄。关于如何选择收录借词，辞书界并没有十分明确的标准。新词进入词典的门槛设得过高，会导致词典的“滞后性”；而门槛过低则词典的规范性会受到挑战。只要是词典，就有规范性问题，而只要规范性问题存在，在对待借词时，要求词典逢词必收就是不可能的。我们认为借词词典有别于普通词典，可以采取宽泛的原则，只要有相当数量的书面例证，就可以收录。

对词（词条）进行释义是词典编纂的主要任务，也是词典编纂的基础组成部分。在传统的词典编纂中，词典编纂者们往往根据词汇的“固定意义”观认为词的意义是固定的。词典中的释义只能启动人们对词义的理解，人们还必须依赖于大量的体验性知识，进行认知推理，才能决定恰当的词义。传统的词典编纂一般很少关注词与认知的关系，然而词义与认知的关系对于词典编纂有着不可低估的意义，因为以学习为目的的词典释义不仅仅取决于词汇本身，而且还取决于人类的认知思维。借词更是体现了两个国家、两种文化之间的认知思维关系。因此，我们建议在释义词条时，应有“源出语义”“借入语义”“隐喻义”“转喻义”和“类推用法”等，总之，借词词条的释义应多关注词汇的认知信息。

另外，专门的借词词典应更加注重词汇的借入时间和年代，这对于借词研究者具有重大的研究意义，笔者在写作期间便深受其扰，这也是很有价值的研究课题之一。

7.4　本书研究的局限性及进一步研究方向

在当今世界网络信息时代，一个新的表达法只要几分钟就能传遍全球。词汇尤其是英语词汇发展速度之快，是我们无法赶得上的。新的借词层出不穷，梳理研究新借词，探讨其演变过程及动因，可以帮助我们了解当代英汉语借词的发展变化，解释其思维认知的规律。

与成千上万的英语和汉语中出现的新借词相比，本书研究所依据的语料显然数量较少，不一定能全面反映当代英汉语借词的特点和规律。运用计算机建立大规模的英语和汉语借词语料库将会为今后的借词研究提供便利和数据支撑。

本书研究中定性分析居多，对比解释具有较强的主观色彩，还有待认知心理学及其他相关科学的验证。

汉语从英语中所借入的借词，其实在英语中也是借词，它们通过英语这个"媒介"纷纷传入中国，可以说，现代的词语是世界性的。今天还是一个地区的新词，明天就很有可能已经成为其他民族或者国家的借词，其流通速度之快十分惊人。所以，这些词汇在两种语言中，无论是语言形态，还是语义范畴的不同发展方向，都是今后大有可为的课题。

参 考 文 献

英文文献：

[1] Aitchison J. *Language Change: Progress or Decay?* (3rd *ed.*) [M]. Cambridge: Cambridge University Press, 2001.

[2] Aitchison J. *Words in the Mind* [M]. Blackwell Publishers Ltd., 1994.

[3] Alac M., S. Coulson. *The man, the key, or the car: Who or what is parked out back?* [J]. Cognitive Science Online, 2004, Vol. 2: 21 –34.

[4] Barcelona A. *On the Plausibility of Claiming a Metonymic Motivation for Conceptual Metaphor* [A]. In A. Barcelona (ed.). *Metaphor and Metonymy at the Crossroads* [C]. Berlin/New York: Moulton de Gruyter, 2000.

[5] Barsalou L. W. *Ad hoc category* [J]. Memory and Cognition, 1983, (3): 211 –227.

[6] Barsalou L. W. *Cognitive Psychology: An Overview for Cognitive Scientists* [M]. Hillsdale, NJ: Lawrence Erlbaum Associaties, 1992.

[7] Bauer L. *Watching English Change: An Introduction to the Study of Linguistic Change in Standard English in the Twentieth Century* [M]. New York: Longman, 1994.

[8] Behrens L, D. Zaefferer (eds.). *The Lexicon in Focus: Competition and Convergence in Current Lexicology* [C]. Frankfurt am Main: Peter Lang, 2002.

[9] Berlin B., P. Kay. *Basic color terms: Their universality and evolution* [M]. Berkeley: University of California Press, 1969.

[10] Birnbaum L. *Inferential Memory and Linguistic Creativity* [J]. Metaphor and Symbolic Activity, 1990, 5 (3): 175 –193.

[11] Black M. Metaphor [A]. In M. Black (ed.). *Models and Metaphors* [C]. Ithaca: Cornell University Press, 1962.

[12] Bolinger D. *Language and Social Knowledge* [M]. London: Longman, 1980.

[13] Boyd. R. Metaphor and Theory Change: What is "metaphor" a metaphor for? [A]. In A. Ortony (ed.). *Metaphor and Thought* (2nd *ed.*) [C]. Cambridge: Cambridge University Press, 1993.

[14] Clark E. V., H. H. Clark. *When nouns surface as verbs* [J]. Language, 1979, 55 (4): 767 –817.

[15] Clark H. H. *Space, Time, Semantics and the Child* [A]. In T. E. Moore (ed.). *Cognitive Development and the Acquisition of Language* [C]. New York: Academic Press, 1973.

[16] Cohen T. *Metaphor and the cultivation of intimacy* [A]. In S. Sacks (ed.) *On metaphor* [C]. Chicago: University of Chicago Press, 1978.

[17] Collins A. M., E. F. Loftus. *A spreading activation theory of semantic processing* [J]. Psychological Review, 1975 (82): 407 –428.

[18] Company C. C. *Grammaticalization and category weakness* [A]. In Wischer & Diewald (eds.), 2002: 201 –216.

[19] Croft W., D. A. Cruse. *Cognitive Linguistics* [M]. Cambridge: Cambridge University

Press, 2004.

[20] Cruse A. *Lexical Semantics* [M]. Cambridge: Cambridge University Press, 1997. Crystal, D. *English as a Global Language* [M]. Cambridge: Cambridge University Press, 1986.

[21] Crystal D. *The Cambridge Encyclopedia of the English Language* [M]. Cambridge: Cambridge University Press, 1995.

[22] Deese J. *The Structure of Associations in Language and Thought* [M]. Baltimore: The Hopkins Press, 1965.

[23] Deignan A. *Metaphor and Corpus Linguistics* [M]. Amsterdam/Philadelphia: John Benjamins, 2005.

[24] Dirven R., M. Verspoor. *Cognitive Exploration of Language and Linguistics* (2nd *revised ed*) [M]. Amsterdam/Philadelphia: John Benjamins, 2004.

[25] Embler W. *Metaphor and Meaning* [M]. Everett/Edwards, Inc., 1966.

[26] Evans V. & M. Green. *Cognitive Linguistics: An Introduction* [M]. Edinburgh: Edinburgh University Press, 2006.

[27] Fauconnier G, M. Turner. *The Way We Think: Conceptual Blending and the Minds Hidden Complexities* [M]. New York: Basic Books, 2002.

[28] Fauconnier G. *Mappings in Thought and Language* [M]. Cambridge: Cambridge University Press, 1997.

[29] Fauconnier G. *Mental Spaces: Aspects of Meaning Construction in Natural Language* [M]. Cambridge: Cambridge University Press, 1994.

[30] Firth J. R. (ed.) *Papers in Linguistics 1934 – 1951* [C]. London: Oxford University Press, 1957.

[31] Gardenfors P. *Some Tenets of Cognitive Semantics* [A]. In Allwood & Gardenfors (eds.). *Cognitive Semantics: Meaning and Cognition* [C]. Amsterdam: John Benjamins, 1999.

[32] Garland Cannon. *Japanese Borrowings in English* [J]. American Speech, 1981 (56): 190 – 206.

[33] Garland Cannon. *698 Japanese Loanwords in English* [J]. Verbatim, 1982 (9): 9 – 10.

[34] Garland Cannon. *Dimensions of Chinese Borrowings in English* [J]. Journal of English Linguistics, 1987 (2): 200 – 206.

[35] Garland Cannon. *Chinese Borrowings in English* [J]. American Speech, 1988 (1): 3 – 33.

[36] Geeraerts D. *Diachronic Prototype Semantics: A Contribution to Historical Lexicology* [M]. Oxford: Clarendon Press, 1997.

[37] Geeraerts D. *On necessary and sufficient conditions* [J]. Journal of Semantics, 1988: 275 – 291.

[38] Gentner D. *Structure-mapping: A theoretical framework for analogy* [J]. Cognitive Science, 1983 (7): 155 – 170.

[39] Gibbs R. W. *The Poetics of Mind: Figurative Thought, Language and Understanding* [M]. Cambridge: Cambridge University Press, 1994.

[40] Gibbs R. W. *Speaking and Thinking with Metonymy* [A]. In K, -U, Panther & G. Radden (eds.). *Metonymy in Language and Thought* [C]. Amsterdam/Philadelphia: John Benja-

mins, 1999: 61 – 76.

[41] Goatly A. *The Language of Metaphors* [M]. London: Routledge, 1997.

[42] Goossens L. *Metaphtonymy: The interaction of metaphor and metonymy in expressions for linguistic action* [A]. In R. Dirven & R. Porings (eds.). *Metaphor and Metonymy in Comparison and Contrast* [C]. Berlin/New York: Moulton de Gruyter, 2003.

[43] Goswami B. *The Metaphor: A Semantic Analysis* [M]. Calcutta: Sanskrit Pustak Bhandar, 1992.

[44] Haiman J. *Dictionaries and Encyclopedias* [J]. Lingua, 1980, 50: 329 – 357.

[45] Haiman J. *Iconic and Economic Motivation* [J]. Language, 1983, 59.

[46] Halliday M. A. K., C. Yallop. *Lexicology: A Short Introduction* [M]. London/New York: Contimuum, 2007.

[47] Harley T. *The Psychology of Language* [M]. New York: Psychology Press, 2001.

[48] Haugen, Einar. *Bilingualism in the Americas: A bibliography and research guide* [M]. Univ. of Alabama, 1956.

[49] Hatch E., C Brown. *Vocabulary, Semantics and Language Education* [M]. Beijing: Foreign Language Teaching and Research Press, 2001.

[50] Hesse M. *Models and Analogies in Science* [M]. Notre Dame: Notre Dame University Press, 1966.

[51] Holyoak K. J., P. Thagard. *Mental Leaps-Analogy in Creative Thought* [M]. Cambridge, MA: MIT Press, 1995.

[52] Indurkhya B. *Metaphor and Cognition: An Interactionist Approach* [M]. Dordrecht: Kluwer Academic Publishers, 1992.

[53] Jacbson Howard, Etienne ZéAmuela. *Words, Meaning and Vocabulary* [M]. London: Cassell & Co., 2000.

[54] Jackendoff R. *Semantics & Cognition* [M]. Cambridge and London: The MIT Press, 1985.

[55] Jackson H., E. Z. Amvela. *Words, Meaning and Vocabulary: An Introduction to Modern English Lexicology* [M]. London/New York: Cassell, 2000.

[56] Jackson H. *Lexicography: An Introduction* [M]. London/New York: Routledge, 2002.

[57] Jespersen O. *Growth and Structure of the English Language* [M]. Doubleday Anchor Books, 1938.

[58] Jespersen O. *Mankind, Nation and Individual: from a Linguistic Point of View* [M]. London: Allen & Unwin, 1946.

[59] Katz J. J. *Semantic Theory* [M]. New York: Harper and Row, 1972.

[60] Keller R. *On Language Change: The Invisible Hand in Language* [M]. London: Routledge, 1994.

[61] Kovecses Z. *The Language of Love: The Semantics of Passion in Conversational English* [M]. Lewisburg, PA: Bucknell University, 1988.

[62] Lakoff G. *The Contemporary Theory of Metaphor* [A]. In A. Ortony (ed.). *Metaphor and Thought* [C]. Cambridge: Cambridge University Press, 1993.

[63] Lakoff G. *Women, Fire, and Dangerous Things: What Categories Reveal about the Mind* [M]. Chicago/London: University of Chicago Press, 1987.

[64] Lakoff G., M. Johnson. *Metaphors We Live by* [M]. Chicago/London: University of Chicago Press, 1980.

[65] Lakoff G., M. Johnson. *Philosophy in the Flesh-The Embodied Mind and Its Challenge to Western Thought* [M]. New York: Basic Books, 1999.

[66] Lakoff G., Turner M. *More Than Cool Reason: A Field Guide to Poetic Metaphor* [M] Chicago/London: University of Chicago Press, 1989.

[67] Lamb Sidney. *Pathways of the Brain: The Neurocognitive Basis of Language* [M]. Amsterdam: John Benjamins, 1998.

[68] Lambrecht K. *Information Structure and Sentence Form. Topic, Focus and the Mental Representations of Discourse Regerents* [M]. Cambridge: CUP, 1994.

[69] Langacker R. W. *Concept, Image, and Symbol The Cognitive Basis of Grammar* [M]. Berlin/New York: Mouton de Gruyter, 1990.

[70] Langacker R. W. *Foundations of Cognitive Grammar: Theoretical Prerequisites* [M]. Stanford, CA: Stanford University Press, 1987.

[71] Langacker R. W. *Grammar and Conceptualization* [M]. Berlin/New York: Mouton de Gruyter, 1999.

[72] Langacker R. W. *Reference-point constructions* [J]. Cognitive Linguistics, 1993, (4): 1-38.

[73] Langacker R. W. *The contextual basis of cognitive semantics* [A]. In J. Nuyts & E. Pederson (eds) *Language and Conceptualization* [C]. Cambridge: Cambridge University Press, 1997.

[74] Langacker R. W. *Why a mind is necessary?* [A]. In Albefrazzi, L. (ed.). *Meaning and Cognition* [C]. Amsterdam/Philadelphia: John Benjamins, 2000.

[75] Leech G. *Semantics: The Study of Meaning* [M]. (2nd ed). Harmondsworth: Penguin Books, 1981.

[76] Levin S. R. *The Semantics of Metaphor* [M]. Baltimore: John Hopkins University Press, 1977.

[77] Lipka L. *Metaphor and Metonymy as Productive Processes on the Level of the Lexicon* [A]. In W. Bahner et al. (eds.). *Proceedings of the XIVth International Congress of Linguists*, 1990.

[78] Lyons J. *Semantics* [M]. Cambridge: Cambridge University Press, 1977.

[79] Mandler J. M. *Categorical and Schematic Organization in Memory* [A]. In C. R. Puff (ed.). *Memory Organization and Structure* [C]. New York: Acadamic Press, 1979.

[80] Mcfedries P. *Word Spy: The Word Lover's Guide to Modern Culture* [M]. New York: Broadway Books, 2004.

[81] Metcalf Allan. *The World in so Many Words* [M]. Boston: Houghton Mifflin Company, 1999.

[82] Nerlich B. D. Clark, Z. Todd. *Mummy, I like being a sandwich: metonymy in language acquisition* [A]. In K. -U. Panther & G. Radden (eds.) *Metonymy in Language and Thought* [C]. Amsterdam: John Benjamins, 1999.

[83] Newmark P. *A Textbook of Translation* [M]. Shanghai: shanghai Foreign Language Education

Press, 2001.

[84] Norrick N. *Semiotic Principles in Semantic Theory* [M]. Amsterdam: John Benjamins, 1981.

[85] Nuyts J. *Aspects of a Cognitive-Pragmatic Theory of Language* [M]. Amsterdam: John Benjamins, 1992.

[86] Panther K. U. , L. Thornburg. *Coercion and metonymy: The interaction of constructional and lexical meaning* [A]. In B. Lewandowska Tomaszczyk (ed.). *Cognitive Perspectives on Language* [C]. Frankfurt: Peter Lang GmbH, 1999.

[87] Panther K. U. , Thornburg, L. *The potentiality for actuality metonymy in English and Hungarian* [A]. In Klaus-Uwe Panther & Gunter Radden (eds.). *Language Arts and Disciplines* [C]. Amsterdam: John Benjamins, 1999.

[88] Panther K. U. , Thornburg, L. *The role of conceptual metonymy in meaning construction* [J]. Metaphorik. De (http: //www. Meta-phorik. De/), 2004.

[89] Papafragou. A. *On metonymy* [J]. Lingua, 1996: 169 – 195.

[90] Petrie H. G. *Metaphor and Learning* [A]. In A. Ortony (ed.), *Metaphor and Thought* [C]. Cambridge: Cambridge University Press, 1979.

[91] Pinker S. *Words and Rules* [M]. New York: Perennial, 2000.

[92] Quinn N. , D. Holland. 1987. *Culture and cognition* [A]. In D. Holland & N. Quinn (eds.). *Cultural Models in Language and Thought* [C]. Cambridge: Cambridge University Press, 1987.

[93] Radden G. , Kovecses, Z. *Towards a theory of metonymy* [A]. In Klaus-Uwe Panther & Radden. G. (eds.). *Metonymy in Language and Thought* [C]. Amsterdam: John Benjamins, 1999.

[94] Radden G. *How metonymic are metaphors* [A]. In A. Barcelona (ed.). *Metaphor and Metonymy at the Crossroads* [C]. Berlin/NewYork: Moulton de Gruyter, 2000.

[95] Reddy M. J. *The conduit metaphor: A case of frame conflict in our language about language* [A]. In A. Ortony (ed.). *Metaphor and Thought* [M]. Cambridge: Cambridge University, 1979.

[96] Rey A. *Essays on Terminology* [M]. Amsterdam: John Benjamins, 1995.

[97] Richards I. A. *The Philosophy of Rhetoric* [M]. Oxford: Oxford University Press, 1936.

[98] Rosch E. *Human Categorization* [A]. In N. Warren (ed.). *Studies in Cross-Cultural Psychology* [C]. London/New York: Academic Press, 1977.

[99] Ruiz de Mendoza F. , Campo, J. L. Otal. *Metonymy, Grammar and Communication* [M]. Granada: Editorial Comares, 2002.

[100] Ruiz de Mendoza, Velasco, D. *High level structure metonymy and linguistic structure.* Unpublished draft, 2001. (http: //sincronia. Cucsh. udg. mx. /metonymy. htm)

[101] Ryder M. E. *Ordered Chaos: The Interpretation of English Noun-Noun Compounds* [M]. Berkeley: University of California Press, 1994.

[102] Sampson G. *Making Sense* [M]. Oxford: Oxford University Press, 1980.

[103] Searle J. *Metaphor* [A]. In A. Ortony (ed.). *Metaphor and thought* [C]. New York: Cam-

bridge University Press, 1979.

[104] Speake Jennifer. *The Oxford Dictionary of Foreign Words and Phrases* [M]. Oxford: Oxford University Press, 1997.

[105] Sperber D., D. Wilson. *Relevance: Cognition and Communication* [M]. Oxford: Blackwell, 1995.

[106] Stockwell R., D. Minkova. *English Words* [M]. Cambridge: Cambridge University Press, 2001.

[107] Sweetser E. *From Etymology to Pragmatics: Metaphorical and cultural aspects of semantic structure* [M]. Cambridge/New York: Cambridge University Press, 1990.

[108] Talmy L. *Toward A Cognitive Semantics* [M]. Cambridge, Mass.: MIT Press, 2000.

[109] Taylor J. R. *Linguistic Categorization: Prototypes in. Linguistic Theory* [M]. Oxford: OUP, 1995.

[110] Taylor J. R. *Cognitive Grammar* [M]. Oxford: Oxford University Press, 2002.

[111] Taylor J. R. *Linguistic Categorization: Prototypes in Linguistic Theory* [M]. (2nd ed). Beijing: Foreign Language Teaching and Research Press, 2001.

[112] Taylor J. *Possessives in English-An Exploration in Cognitive Grammar* [M]. OUP, 1996.

[113] Thornburg L., K. U. *Panther. Speech act metonymy* [A]. In W. Liebert, G. Redeker, & L. Waugh (eds.). *Discourse and Perspectives in Cognitive Linguistics* [C]. Amsterdam/Philadelphia: John Benjamins, 1997: 205 - 219.

[114] Ungerer F., Schmid H. J. *An Introduction to Cognitive Linguistics* [M]. London: Longman, 1996.

[115] Ungerer F., H. J. Schmid. *An Introduction to Cognitive Linguistics* [M]. Beijing: Foreign Language Teaching and Research Press, 2001.

[116] Volosinov V. N. *Marxism and the Philosophy of Language* [M]. Translated by L. Matejka & I. R. Titunik. New York: Seminar Press, 1973.

[117] Weinreich U. *Languages in Contact: Findings and problems* [M]. The Hague: Mouton, 1968.

[118] Wertheimer M. *Modern cognitive psychology and the Gestalt problem* [A]. In G. A. Kimble et al. (eds). *Portraits of Pioneers in Psychology* [C]. Hillsdale, NJ: Lawrence Erlbaum, 1991.

[119] Wierzbicka A. *The Semantics of Grammar* [M]. Amsterdam: John Benjamins, 1988.

[120] Wilson R. A, F. C. Keil (eds). *The MIT Encyclopedia of the Cognitive Sciences* [Z]. Cambridge, MA: MIT Press, 1999.

[121] Zipf G. K. *The Psychobiology of Language* [M]. New York: Houghton Mifflin, 1935.

[122] Zlatev J. *Situated Embodied Semantics and Connectionist Modeling* [A]. In J. Allwood & P. Gardenfors (eds.). *Cognitive Semantics: Meaning and Cognition* [C]. Amsterdam: John Benjamins, 1999.

[123] Zuckermann Ghil'ad. *Camouflaged Borrowing: "Folk-Etymological Nativization" in the Service of Puristic Language Engineering* [D]. University of Oxford, 2000.

[124] Zuckermann Ghil'ad (Zhugeman). *Language Contact and Lexical Enrichment in Israeli Hebrew* [M]. London/New York: Palgrave Macmillan, 2003.

中文文献：

[1] 爱德华·萨丕尔．语言论：言语研究导论［M］．陆卓元，译．北京：商务印书馆，2009.
[2] 艾森克，基恩．认知心理学［M］．4版．高定国，肖晓云，译．上海：华东师范大学出版社，2004.
[3] 巴赫金．言语体裁问题［A］．巴赫金．文本、对话与人文［C］．白春仁，等译．石家庄：河北教育出版社，1998.
[4] 包惠南．文化语境与语言翻译［M］．北京：中国对外翻译出版公司，2001.
[5] 步连增．从汉语借词来看汉英语言接触中的匹配回归机制［J］．菏泽学院学报，2007，(4)：97－101＋126.
[6] 布龙菲尔德．语言论［M］．袁家骅，等译．北京：商务印书馆，2009.
[7] 蔡基刚．英汉词化对比与综合表达法［J］．山东外语教学，2005（5）：37－42.
[8] 蔡基刚．英汉词汇对比研究［M］．上海：复旦大学出版社，2008.
[9] 蔡梅．现代汉语外来词探源［J］．齐齐哈尔社会科学，1999，(6)：90－92.
[10] 曹炜．再论现代汉语外来词［J］．江苏大学学报：社会科学版，2004，(1)：71－78.
[11] 车录彬．汉语外来词音节词素化现象及其原因探析［J］．广西教育学院学报，2007，(6)：131－133.
[12] 陈昌义．汉英借词对比分析［J］．浙江师大学报，1996，(2)：58－62.
[13] 陈建生．认知词汇学概论［M］．上海：复旦大学出版社，2008.
[14] 陈蒙．汉语外来新词翻译的认知语言学研究［J］．杭州电子科技大学学报（社科版），2008，(S1)：28－32.
[15] 陈忠．认知语言学研究［M］．济南：山东教育出版社，2006.
[16] 董秀芳．汉语的词库与词法［M］．北京：北京大学出版社，2004.
[17] 冯胜利．汉语的韵律、词法与句法［M］．北京：北京大学出版社，1997.
[18] 冯胜利．汉语韵律句法学引论（下）［J］．学术界，2000，(2)：94－117.
[19] 高明凯，刘正埮．现代汉语外来词研究［M］．北京：文字改革出版社，1958.
[20] 高娜，图雅．现代汉语外来词的特点［J］．桂林航天工业高等专科学校学报，2008，(1)：111－114.
[21] 高永伟．英语最新外来语初探［J］．上海翻译，2005，(1)：61－64.
[22] 葛本仪．汉语词汇研究［M］．济南：山东教育出版社，1985.
[23] 葛宁宁．从认知视角看英汉词语的语义变化趋势［J］．合肥工业大学学报（社会科学版），2007，(6)：168－171.
[24] 耿二岭．外来词的语义平面［J］．天津大学学报（社会科学版），2001（4）：310－314.
[25] 郭伏良．新中国成立以来汉语词汇发展变化研究［M］．保定：河北大学出版社，2001.
[26] 郭鸿杰．二十年来现代汉语中的英语借词及其对汉语语法的影响［J］．解放军外国语学院学报，2002，(5)：1－4.
[27] Michael K. Tanenhaus，桂诗春．心理语言学概述（下）［J］．国外语言学，1991，(2)：7－15.

[28] 胡晓清．外来语 [M]．北京：新华出版社，1998.
[29] 胡兆云．语言接触与英汉借词研究 [M]．济南：山东大学出版社，2001.
[30] 胡壮麟．认知隐喻学 [M]．北京：北京大学出版社，2004.
[31] 霍尔．无声的语言 [M]．侯勇，译．北京：中国对外翻译出版公司，1995.
[32] 冀荣江，杨文海．英语词汇的形成、发展和完善 [J]．河北师范大学学报（哲学社会科学版），1997，(3)：92－96＋100.
[33] 菅井三实．概念形成和比喻的思考 [A]．迁幸夫编．认知言语学 [C]．大修馆书店，2003.
[34] 姜望琪．Zipf 与省力原则 [J]．同济大学学报（社会科学版），2005 (1)：87－95.
[35] 蒋勇．特别概念与认知参照点 [J]．外语教学，2005，1 (2)：1－5.
[36] 居兰坚，杨超．关于外来词和外来词词典的一些想法 [J]．辞书研究，2007 (2)：55－61.
[37] 金其斌．汉语外来词翻译中的仿译研究 [J]．中国科技术语，2007 (2)：40－45.
[38] 匡方涛，文旭．隐喻的认知语用学研究 [J]．外语学刊，2002 (4)：42－45.
[39] 赖彦．汉语借用英语外来词的特点及语用理据 [J]．汉语学习，2008 (3)：62－66.
[40] 蓝纯．认知语言学与隐喻研究 [M]．北京：外语教学与研究出版社，2005.
[41] 黎昌抱．英汉外来词对比研究 [J]．外语教学，2001 (5)：92－96.
[42] 李丽君．浅析英语中的法语借词在音素与词素模式上的变体 [J]．郴州师专学报（综合版），1996 (4)：35－40.
[43] 黎良军．谈谈侨归词 [J]．宁波大学学报（人文科学版），2010 (3)：36－42＋51.
[44] 李文平．汉语外来词古今比较与反思 [J]．吉首大学学报（社会科学版），1998 (3)：37－38.
[45] 李艳，施春宏．外来词语义的汉语化机制及深度汉语化问题 [J]．汉语学习，2010 (6)：59－68.
[46] 李勇忠．言语行为转喻与话语的深层连贯 [J]．外语教学，2004 (3)：14－18.
[47] 梁宁建．当代认知心理学 [M]．上海：上海教育出版社，2003.
[48] 刘国辉．《认知文体学——语篇分析中的语言与认知》介绍 [J]．外语教学与研究，2004 (5)：398－400.
[49] 刘森林．认知语境因素结构化 [J]．四川外语学院学报，2000 (4)：54－59.
[50] 刘伊娜，王明树．认知凸显对翻译的制约——以李白诗歌英译为例 [J]．西南农业大学学报（社会科学版），2010 (6)：129－132.
[51] 刘正光．语言非范畴化——语言范畴化理论的重要组成部分 [M]．上海：上海外语教育出版社，2006.
[52] 卢植．认知与语言 [M]．上海：上海外语教育出版社，2006.
[53] 陆国强．现代英语词汇学 [M]．2 版．上海：上海外语教育出版社，1999.
[54] 陆宗达，王宁．训诂与训诂学 [M]．太原：山西教育出版社，1994.
[55] 罗常培．语言与文化 [M]．北京：国立北京大学出版社，1950.
[56] 罗聿言．试论现代汉语“新借形词” [J]．语言文字应用，2000 (4)：43－48.
[57] 马睿颖．英语中汉语借词研究概览 [J]．外国语言文学，2008 (3)：172－176.
[58] 马西尼．现代汉语词汇的形成——十九世纪汉语外来词研究 [M]．黄河清，译．上海：

汉语大词典出版社，1997.
[59] 马玉蕾，房红梅．类比和隐喻［J］．外语学刊，2005（5）：77－82.
[60] 梅忠波．英汉语外来词的差异及其影响［J］．抚州师专学报，2003（3）：41－45.
[61] 牛保义．凸显度优先：TALL-SHORT类相对反义词的认知研究［J］．外语学刊，2007（2）：46－52.
[62] 牛保义．主题提升理论评介［J］．当代语言学，1999（2）：53－59.
[63] 欧阳友珍，赖一华．改革开放以来外来词的吸收及其前景预测［J］．江西教育学院学报（社会科学版），2002（1）：34－36＋45.
[64] 潘文国．汉英语言对比概论［M］．北京：商务印书馆，2010.
[65] 潘文国．外来语新论［A］．《中国语言学》工作委员会编．中国语言学·第一辑［C］．济南：山东教育出版社，2008.
[66] 潘文国．字本位与汉语研究［M］．上海：华东师范大学出版社，2002.
[67] 庞林林．英汉语对外来词的吸收和使用——英汉词汇比较系列论文之十［J］．广西民族学院学报（哲学社会科学版），1995（S1）：68－73.
[68] 齐冲．借词生成过程中的认知性及概念合成［J］．长江学术，2006（2）：61－65.
[69] 乔光明．关于汉语音译借词中所谓“天朝心态”的质疑［J］．西安外国语学院学报，1999（4）：113－116.
[70] 秦秀白．英语通论［M］．武汉：华中师范大学出版社，1988.
[71] 沈家煊．句法的象似性问题［A］．束定芳．语言的认知研究——认知语言学论文精选［C］．上海：上海外语教育出版社，2004.
[72] 史有为．外来词研究的十个方面［J］．语文研究，1991（1）：2－3＋28.
[73] 史有为．外来词：两种语言文化的融合［J］．汉语学习，1991（6）：23－28.
[74] 史有为．异文化的使者——外来词［M］．长春：吉林教育出版社，1991.
[75] 史有为．汉语外来词［M］．北京：商务印书馆，2000.
[76] 石毓智．语法的认知语义基础［M］．南昌：江西教育出版社，2000.
[77] 史忠植．认知科学［M］．合肥：中国科学技术大学出版社，2008.
[78] 束定芳．论隐喻产生的认知、心理和语言原因［J］．外语学刊，2000（2）：23－33＋92.
[79] 束定芳．认知语义学［M］．上海：上海外语教育出版社，2008.
[80] 束定芳．隐喻学研究［M］．上海：上海外语教育出版社，2000.
[81] 隋晓冰．现代英语词汇学概论［M］．哈尔滨：哈尔滨工程大学出版社，2005.
[82] 孙伟平．优化思维论［J］．北方工业大学学报，1994（2）：41－48.
[83] 索绪尔．普通语言学教程［M］．高名凯，译．北京：商务印书馆，1980.
[84] 唐祥金．“洋”词“中”用及其文化透析［J］．石家庄职业技术学院学报，2004（1）：22－25＋31.
[85] 唐祥金．英语中的汉语借词及其语言文化因素［J］．西安外国语学院学报，2000（3）：86－89.
[86] 汤志祥．当代汉语词语的共时状况及其嬗变［M］．上海：复旦大学出版社，2001.
[87] 陶岳炼．英汉互借词对中西文化的影响［J］．台州学院学报，2008（5）：40－43.
[88] 涂纪亮．现代西方语言哲学比较研究［M］．北京：中国社会科学出版社，1996.

[89] 王艾录，司富珍．语言理据研究［M］．北京：中国社会科学出版社，2002.
[90] 王红梅．思维的民族性在汉语外来词中的体现［J］．北方论丛，2005（6）：67－69.
[91] 王吉辉．意义泛化的性质和方式［J］．汉语学习，1995（3）：33－36.
[92] 王力．汉语词汇史［M］．北京：商务印书馆，1993.
[93] 王丽坤．“门”族网络新词及其折射出的社会文化心理［J］．辽东学院学报（社会科学版），2009（3）：74－78.
[94] 王珏．汉语对外来词的语音驯化［J］．解放军外语学院学报，1993（1）：62－66＋101
[95] 汪榕培．英语词汇探胜［M］．上海：上海外语教育出版社，1999.
[96] 汪榕培．英语词汇学高级教程［M］．上海：上海外语教育出版社，2002.
[97] 汪榕培，常骏跃．英语词汇中的汉语借词的来源［J］．四川外语学院学报，2001（4）：70－73.
[98] 汪榕培，杨彬．高级英语词汇学［M］．上海：上海外语教育出版社，2011.
[99] 王铁昆．汉语新外来语的文化心理透视［J］．汉语学习，1993（1）：35－40.
[100] 王文斌．英语词法概论［M］．上海：上海外语教育出版社，2005.
[101] 王文斌．英语词汇语义学［M］．杭州：浙江教育出版社，2001.
[102] 王文斌．英语构词中析取现象透视［J］．外语研究，2005（2）：31－35.
[103] 王寅．认知语法概论［M］．上海：上海外语教育出版社，2005.
[104] 王寅．认知语言学［M］．上海：上海外语教育出版社，2007.
[105] 王寅．认知语言学探索［M］．重庆：重庆出版社，2005.
[106] 王寅．认知语言学之我见［J］．解放军外国语学院学报，2004（5）：1－5.
[107] 王寅．体验哲学和认知语言学对词汇和词法成因的解释［A］．王寅．认知语言学探索［C］．重庆：重庆出版社，2004.
[108] 王寅，李弘．体验哲学与认知语言学对句法成因的解释［J］．外语学刊，2003（1）：20－25＋112.
[109] 王寅．语义外在论与语义内在论——认知语言学与TG语法在内在论上的分歧［J］．外国语（上海外国语大学学报），2002（5）：23－30.
[110] 威瑟斯布恩，等．多维视界中的维特根斯坦［M］．张志林、程志敏，选编，郝亿春，李云飞，等，译．上海：华东师范大学出版社，2005.
[111] 魏慧萍．汉语外来词素初探［J］．汉语学习，2002（1）：28－32.
[112] 魏向清．双语词典释义研究［M］．上海：上海译文出版社，2005.
[113] 魏志成．英汉语比较导论［M］．上海：上海外语教育出版社，2003.
[114] 温格瑞尔，施密特．认知语言学导论［M］．彭利贞，等译．上海：复旦大学出版社，2009.
[115] 文旭．认知语言学的研究目标、原则和方法［J］．外语教学与研究，2002（2）：90－97＋160.
[116] 文旭，刘先清．英语倒装句的图形——背景论分析［J］．外语教学与研究，2004（6）：438－443.
[117] 吴传飞．论汉语外来词分类的层级性［J］．语言建设，1999（4）：12－15.
[118] 吴礼权．谐译：汉语外来词音译的一种独特型态［J］．长春大学学报，1996（1）：37－

41 +19.
[119] 吴顺俪．汉民族对英语词的认知再加工［D］．上海：华东师范大学，2007.
[120] 吴思聪．汉语外来词对汉语词汇系统的影响［J］．云南师范大学学报（哲学社会科学版），2003（1）：102 -107.
[121] 谢之君．隐喻认知功能探索［M］．上海：复旦大学出版社，2007.
[122] 辛斌．论意义的合法化、习惯化和语境化［J］．外语学刊，2004（5）：21 -25 +112.
[123] 邢福义．文化语言学［M］．武汉：湖北教育出版社，1990.
[124] 熊代文子．认知音韵论［A］．吉村公宏编．认知音韵形态论［C］．大修馆书店，2003.
[125] 熊文华．汉语和英语中的借词［J］．语言教学与研究，1996（2）：126 -142.
[126] 许爱军．英语中的汉语借词及其生存状态［J］．华北电力大学学报（社会科学版），2009（2）：110 -115.
[127] 徐盛桓．常规关系与认知化——再论常规关系［J］．外国语（上海外国语大学学报），2002（8）：6 -16.
[128] 熊学亮，刘国辉．也谈礼貌原则［J］．四川外语学院学报，2002（3）：60 -62.
[129] 徐盛桓．转喻与分类逻辑［J］．外语教学与研究，2008（2）：93 -99 +160.
[130] 徐通锵．汉语结构的基本原理——字本位和语言研究［M］．北京：中国海洋大学出版社，2005.
[131] 徐通锵．语言论［M］．长春：东北师范大学出版社，1997.
[132] 徐友香，王茜．中期英语词汇中法语借词的特征及社会影响［J］．西南交通大学学报（社会科学版），2005（6）：29 -32.
[133] 姚小平．洪堡特——人文研究和语言研究［M］．北京：外语教学与研究出版社，1995.
[134] 杨彬．心智的门铃［D］．苏州：苏州大学，2008.
[135] 杨玉玲．认知凸显性和带“有”的相关格式［J］．修辞学习，2007（5）：31 -34.
[136] 杨元刚．英汉词语文化语义对比研究［M］．武汉：武汉大学出版社，2008.
[137] 野村益宽．认知言语学史的理论背景［A］．迁幸夫编．认知言语学［C］．大修馆书店，2003.
[138] 于根元．应用语言学概论［M］．北京：商务印书馆，2003.
[139] 于根元，等．语言哲学对话［M］．北京：语文出版社，1999.
[140] 余广川．异域文化与汉文化的碰撞——外来词的附加色彩义（联想意义）试析［J］．西南民族学院学报（哲学社会科学版），2001（8）：170 -173.
[141] 余朝晖．试论汉语中的国内民族语借词［J］．云南民族学院学报，1987（2）：91 -94.
[142] 乐金声．汉语仿词与英语类比构词之异同［J］．安徽师范大学学报（人文社会科学版），2003（4）：483 -486.
[143] 张德鑫．第三次浪潮——外来词引进和规范刍议［J］．语言文字应用，1993（3）：70 -76.
[144] 张洪芹．英语词义动态识解研究［M］．北京：中国社会科学出版社，2009.
[145] 张辉．熟语及其理解的认知语义学研究［M］．北京：军事谊文出版社，2003.
[146] 张辉，承华．试论汉英语法形式的转喻理据与制约［J］．外语研究，2002（6）：15 -19 +32 -78.
[147] 张辉，卢卫中．认知转喻［M］．上海：上海外语教育出版社，2010.

[148] 张辉，孙明智．概念转喻的本质、分类和认知运作机制［J］．外语与外语教学，2005（3）：1-6.
[149] 张维友．英语词汇学教程［M］．武汉：华中师范大学出版社，1997.
[150] 张维友．英汉语词汇对比研究［M］．上海：上海外语教育出版社，2010.
[151] 张志公．语汇重要，语汇难［J］．中国语文，1988（1）：60-66.
[152] 赵宏．英汉外来词吸收机制和动因对比研究［J］．解放军外国语学院学报，2009（3）：21-26+76.
[153] 赵艳芳．认知语言学概论［M］．上海：上海外语教育出版社，2001.
[154] 郑竹群．词竞人择，适者生存——论外来词的规范化问题［J］．外国语言文学，2006（4）：231-234+243.
[155] 周日安．“粉丝”、“铁丝”与“钢丝”［J］．修辞学习，2006（6）：71-72.
[156] 周有斌．“秀”的组合及其语素化［J］．语言文字应用，2005（4）：61-65.
[157] 周玉琨．论由汉字带来的汉语日源外来词——日语借形词［J］．汉字文化，1998（4）：18-22.
[158] 朱俊伟．网络词语“晒”的认知语言学解释［J］．内蒙古农业大学学报（社会科学版），2010（4）：403-404.
[159] 朱庆之．汉语外来词二例［J］．语言教学与研究，1994（1）：153-160.
[160] 朱永生．论语言符号的任意性与象似性［J］．外语教学与研究，2002（1）：2-7+80.
[161] 朱永生，蒋勇．特别概念与梯级含义的关系［J］．外语与外语教学，2003（2）：1-4.
[162] 邹妍．浅析现阶段英语外来语词“汉语化”现象［J］．高等教育与学术研究，2006（1）：63-65.

词典类：

[1] Alexakis V. *Foreign Words* [Z]. Autumn Hill Books, 2006.
[2] Algeo J. *Fifty Years Among the New Words: A Dictionary of Neologisms, 1941 - 1991* [Z]. Cambridge: Cambridge University press, 1991.
[3] Ayto J. *20th Century Words* [Z]. Beijing: Foreign Language Teaching and Research Press, 2002.
[4] Bussmann H. *Routledge Dictionary of Language and Linguistics* [Z]. London: Routledge, 1996.
[5] Crystal D. *The Cambridge Encyclopedia of the English Language* [Z]. Cambridge: Cambridge University Press, 1995.
[6] Frank L. M. *The Browser's Dictionary of Foreign Words & Phrases* [Z]. Booksales, 2008.
[7] Gove. *Webster's Third New International Dictionary* [Z]. G. & C. Merriam Company, Publishers, 1998.
[8] Hartmann R. R. K., G. James. *Dictionary of Lexicography* [Z]. London: Routledge, 1998.
[9] Speake J., Andrew D. *Oxford Dictionary of Foreign Words & Phrases* [Z]. Oxford: Oxford University Press, 2005.
[10] 岑麒祥．汉语外来语词典［Z］．北京：商务印书馆，1990.
[11] 刘正埮，高名凯，麦永乾，等．汉语外来语词典［Z］．上海：辞书出版社，1984.

[12] 高永伟，陆谷孙．当代英语新词语词典［Z］．北京：外语教学与研究出版社，2002.
[13] 韩哲．新英语外来语词典［Z］．哈尔滨：哈尔滨工业大学出版社，1997.
[14]《近现代汉语新词词源词典》编辑委员会．近现代汉语新词词源词典［Z］．上海：汉语大词典出版社，2001.
[15] 许家金．英语常用外来语双解词典［Z］．合肥：安徽科学技术出版社，2005.
[16] 朱中和，等．英语外来词大辞典［Z］．北京：外文出版社，2000.

后　记

转眼博士毕业已经六载，六年以来，在工作岗位上担任了研究生和本科生的数门课程的讲授工作，我不喜敷衍，每门课程都是全力以赴，不断修改调整PPT内容，不敢懈怠。

回首八年前，我初次来到桂子山上，桃李园那缤纷绚烂的红至今梦中萦绕。导师张维友先生不弃我无知，带我走上了治学研究的道路，三年的读书生涯，老师口传心授，砥砺治学，使我终身受益不尽。三年的学习，是纯粹的读书时光，每天读书学习，构思论文，烦闷苦楚，却丝毫不敢懈怠。

回到工作岗位后，工作的压力，生计的奔波，科研的烦恼，生活的无奈，接踵而至。期间也取得了国家社科基金项目这样的小小成绩，但再也不能心无旁骛地沉下心来纯粹地做学问，自己的精力也不复如初。今年恰逢这样一个合适的机会，让我能够在自己的博士论文的基础上，结合多年研究成果编纂成书予以出版。

我要特别感谢我的父母，为我提供了各种超乎想象的帮助和支持，用一生的心血成就了我的学业和事业。父亲在我的心目中是最伟大的父亲，他豁达的胸怀、坚韧的性格和奋斗的精神一直是我学习的榜样，我的母亲完美的气质和乐观向上的内蕴使我始终相信人间的那份美好。我时常感恩，让我成长在这样一个温馨而快乐的家庭，得到了那么多来自他们的关爱、理解与支持。

感谢我的丈夫王青先生，对我的支持与疼爱，唯愿恩爱两不疑，白首不相离！

当然，今天呈现在读者面前的这部著作，还存在着种种瑕疵，心中充满期待与忐忑，同时，也希望读者能够通过我的学术作品看到学术人的坚持与奋斗。

作　者

2018年7月